国外国防科技年度发展报告（2021）

国防生物与医学领域科技发展报告

GUO FANG SHENG WU YU YI XUE LING YU KE JI FA ZHAN BAO GAO

军事科学院军事医学研究院卫生勤务与血液研究所

国防工业出版社

·北京·

图书在版编目（CIP）数据

国防生物与医学领域科技发展报告/军事科学院军事医学研究院卫生勤务与血液研究所编著.—北京：国防工业出版社，2023.7

（国外国防科技年度发展报告.2021）

ISBN 978-7-118-12910-6

Ⅰ.①国… Ⅱ.①军… Ⅲ.①军事生物学-科技发展-研究报告-世界-2021②军事医学-科技发展-研究报告-世界-2021 Ⅳ.①E916②E82

中国国家版本馆 CIP 数据核字（2023）第 117821 号

国防生物与医学领域科技发展报告

编　　者	军事科学院军事医学研究院卫生勤务与血液研究所
责任编辑	汪淳
出版发行	国防工业出版社
地　　址	北京市海淀区紫竹院南路 23 号　100048
印　　刷	北京龙世杰印刷有限公司
开　　本	710×1000　1/16
印　　张	20¼
字　　数	225 千字
版 印 次	2023 年 7 月第 1 版第 1 次印刷
定　　价	142.00 元

《国外国防科技年度发展报告》
(2021)
编委会

主　　任　耿国桐

委　　员（按姓氏笔画排序）

王三勇　王家胜　艾中良　白晓颖
朱安娜　李杏军　杨春伟　吴　琼
吴　勤　谷满仓　张　珂　张建民
张信学　周　平　殷云浩　高　原
梁栋国

《国防生物与医学领域科技发展报告》

编 辑 部

主　　编　张　珂　王　磊

副 主 编　张　音　李丽娟　周　巍

执行主编　刘　伟

《国防生物与医学领域科技发展报告》

审稿人员（按姓氏笔画排序）

刁天喜　王以政　伯晓晨　陈惠鹏
徐天昊　程　鲤

撰稿人员（按姓氏笔画排序）

习佳飞　王　瑛　王　磊　王小慧
王晓玲　王静怡　邓　略　邢晓昭
刘　迈　刘　伟　刘　娟　刘　珺
纪　筠　杜思铭　李　哲　李丽娟
李炳志　杨晓明　吴海涛　张　音
张玉龙　张向阳　张莉莉　张晓丽

陈　珊　陈　婷　陈为刚　林　凯
岳　文　周　晓　周　巍　周玉彬
郭　青　郑书彬　郝继英　钟方虎
祖　勉　姚　钦　徐余海　黄　翠
梁慧刚　蒋丽勇　韩明哲　傅俊英
楼铁柱　詹林盛　颜　颢　薛晓芳

编写说明

科学技术是军事发展中最活跃、最具革命性的因素，每一次重大科技进步和创新都会引起战争形态和作战方式的深刻变革。当前，以人工智能技术、网络信息技术、生物交叉技术、新材料技术等为代表的高新技术群迅猛发展，波及全球、涉及所有军事领域。智者，思于远虑。以美国为代表的西方军事强国着眼争夺未来战场的战略主动权，积极推进高投入、高风险、高回报的前沿科技创新，大力发展能够大幅提升军事能力优势的颠覆性技术。

为帮助广大读者全面、深入了解国外国防科技发展的最新动向，我们以开放、包容、协作、共享的理念，组织国内科技信息研究机构共同开展世界主要国家国防科技发展跟踪研究，并在此基础上共同编撰了《国外国防科技年度发展报告》(2021)。该系列报告旨在通过跟踪研究世界军事强国国防科技发展态势，理清发展方向和重点，形成一批具有参考使用价值的研究成果，希冀能为实现创新超越提供有力的科技信息支撑。

由于编写时间仓促，且受信息来源、研究经验和编写能力所限，疏漏和不当之处在所难免，敬请广大读者批评指正。

军事科学院军事科学信息研究中心

2022 年 4 月

前　言

近年来，生物科技与信息技术、新能源技术、新材料技术等其他尖端科技不断交叉融合，推动新一轮科技革命，并对未来国防和军队建设产生深远影响。世界主要国家高度重视国防生物与医学领域科技发展，在战略规划、研究项目、关键技术等方面均进行全面部署，为应对各类重大威胁、加速研究开发向实战应用转化提供硬核支撑。

为帮助广大读者及时、准确、系统、全面地掌握2021年度国防生物与医学科技领域的发展动态和重点方向，军事科学院军事医学研究院卫生勤务与血液研究所牵头编写了2021年《国防生物与医学科技发展报告》。本报告由综合动向分析、重要专题分析和附录三部分构成。其中，综合动向分析部分对2021年国防生物与医学科技、军事脑科学、生物安全、战伤救治、军事作业医学、生物电子、干细胞与再生医学、野战输血、航空医学等领域发展情况进行系统梳理；重要专题分析则针对DARPA 2022财年生物科技研究项目、俄罗斯《生物安全法》主要内容和特点、美国脑计划实施进展及特点、合成生物学技术进展及潜在威胁分析等热点技术展开深入研究和讨论；附录部分记录了2021年国防生物与医学科技领域新发布的战略政策和规划文件，以及发生的重大事件和重大科技进展。

本报告是在"小核心、中辐射、大外围"统一编撰思想的指导下完成的，凝聚了军内外国防生物与医学领域优势单位数十位专家学者的智慧，在此向所有参编单位及专家学者表示衷心的感谢。由于时间紧迫、水平有限，错误和疏漏之处在所难免，敬请各位读者批评指正，并提出宝贵意见。

编者

2022 年 5 月

目 录

综合动向分析

2021年国防生物与医学领域科技发展综述 …………………………… 3
2021年军事脑科学领域发展综述 ……………………………………… 11
2021年生物安全领域发展综述 ………………………………………… 20
2021年生物电子领域发展综述 ………………………………………… 28
2021年战伤救治领域发展综述 ………………………………………… 39
2021年军事作业医学领域发展综述 …………………………………… 53
2021年干细胞与军事再生医学发展综述 ……………………………… 65
2021年野战输血领域发展综述 ………………………………………… 75
2021年航空医学领域发展综述 ………………………………………… 83

重要专题分析

重要报告解读专题

美生物防御两党委员会呼吁实施阿波罗生物防御计划 ……………… 95
美国《新冠肺炎应对和防范国家战略》解读 ………………………… 101
美国陆军首部《陆军生物防御战略》解读 …………………………… 108
美国智库发布加强国防部全球卫生战略能力报告 …………………… 115

俄罗斯《生物安全法》主要内容和解读 …… 122

DARPA 专题

DARPA 2022 财年生物科技研究项目分析 …… 127

DARPA 2021 年生物交叉技术项目进展 …… 135

DARPA 利用生物技术开发稀土元素分离和提纯方法 …… 144

DARPA "阿卡迪亚"项目有望缓解装备微生物腐蚀 …… 149

美军研究利用生物水泥快速建设战区前沿机场 …… 154

美军研究建造可自修复的沿海基地海岸防护系统 …… 159

DARPA 项目管理与决策经验分析 …… 163

前沿技术专题

美国脑计划实施进展及特点分析 …… 173

脑机接口技术军用前景分析 …… 187

合成生物学技术进展及潜在威胁分析 …… 193

美国陆军"集成视觉增强系统"进入快速部署阶段 …… 199

DNA 数据存储技术研究进展 …… 203

全球脑机接口领域文献科学计量分析 …… 208

生物安全专题

美国对生物防御建设项目进行整体分析和评估 …… 228

美军生化专家警告合成生物学带来的生物武器威胁 …… 235

美军全球生物监测哨点分析 …… 239

新冠抗体、药物、疫苗、检测新技术和新方法分析 …… 244

综合专题

美军战场镇痛药物的应用与启示 …… 258

俄军探讨混合战争卫勤工作新理念 …… 264

VR 技术在核化生医学模拟训练中的应用及启示 ……………………… 271

附录

2021 年国防生物与医学领域科技发展十大事件 ……………………… 285
2021 年国防生物与医学领域科技发展大事记 ………………………… 292
2021 年国防生物与医学领域重要战略政策 …………………………… 305

综合动向分析

ZONG HE

DONG XIANG FEN XI

2021 年国防生物与医学领域科技发展综述

2021 年，以新冠肺炎为代表的新发突发传染病在全球蔓延，国际生物安全形势依然严峻。世界主要国家在国防生物与医学领域全方位加强战略谋划，军事脑科学研究在新理论和新技术取得关键性突破，生物电子、干细胞与再生医学、军事作业医学等领域基础研究成果加速向军事应用集成转化，颠覆性生物技术发展在军事领域呈现出巨大的创新性应用前景。

一、加强国防生物与医学领域战略谋划

生物科技的迅猛发展引领了新的科技浪潮，面对全球生物科技领域的深刻变革，美、俄、英等世界主要国家加紧制定多层次、全方位的国防生物科技战略和规划，推动基础研究及成果应用的集成创新向作战能力转化，以维持其军事优势，在国家发展战略和全球科技竞争中所占的比重不断增大。

一是注重国家层面新冠肺炎应对和防范措施。美国发布《新冠肺炎应对和防范国家战略》，该文件阐释了美国政府应对疫情防控应对措施和目标，开展安全有效全面的疫苗接种行动，为美国应对公共卫生危机提供了

路线图。二是发布多个国家和军队层面的生物安全法和生物防御战略。2021年1月，美国生物防御两党委员会发布报告《阿波罗生物防御计划：战胜生物威胁》，建议美国政府紧急实施"阿波罗生物防御计划"。2021年3月，美国陆军发布首部《陆军生物防御战略》，该战略旨在实现生物防御能力范式从高技术、专业化、小范围向广集成、常规化、全陆军转变，提高陆军应对生物威胁和危害的防御能力，并为联合部队和国家提供生物防御支撑。美国国防部发布《生物防御愿景》备忘录，评估了当前生物威胁情况，研究制定国防部新的生物防御政策。英国国家安全战略联席委员会发布《生物安全和国家安全》报告，对英国《生物安全战略》的实施情况进行了审查，提出了英国未来应对生物安全风险的建议。俄罗斯正式颁布《俄罗斯联邦生物安全法》，为确保其生物安全奠定了国家法规基础，体现了对生物安全领域高度重视。三是加强国防卫生能力战略布局。2021年5月，美国战略与国际研究中心（CSIS）智库发布《加强国防部全球卫生能力战略报告》，认为国防部是国家生物安全的主要机构，将打击生物威胁作为国防部的主要职能，提出了国防部面对生物安全威胁的主要任务。

二、脑机融合及脑智新成果助力军事脑科学深度发展

2021年，以脑机接口为代表的军事脑科学相关研究领域取得一系列重要研究进展，在新理论和新型关键技术方面产出一批突破性研究成果。一是新型脑机接口硬件装置逐渐向柔性化、精密化、高通量和无线化方向发展。2021年8月，来自布朗大学的科研人员在《自然·电子学》上发表了迈向下一代脑机接口系统的重要研究成果，开发了只有盐粒大小的、被称为"神经颗粒"的独立无线微型化神经传感器，可独立记录由神经元触发

产生的电脉冲，并将信号无线发送到中央集线器端进行信号处理，这将为探索大脑工作原理带来全新思路，并有望为大脑或脊髓损伤患者的治疗提供全新的治疗方案。二是脑机接口的临床转化应用研究迈上新台阶。2021年5月，《自然》杂志封面论文报道了斯坦福大学和布朗大学等机构科研人员，在脑机接口应用方面取得的最新联合研究成果。该研究首次从脑电信号中解码手写字母动作，使瘫痪人士意念中的写字动作可实时转换成为屏幕上的文字，写字速度可达90个字符/分钟，经计算机校正后，正确率高达99%以上，远超其他脑机接口的意念写字速度。6月，纽约大学医学院科研人员在《自然·生物医学工程》杂志上发表了脑机接口应用于疼痛治疗的重要研究成果。该研究首次通过闭环脑机接口技术，实现了对急慢性疼痛感知信息的实时解码以及光遗传刺激反馈，从而达到了对疼痛的实时闭环调控与治疗。10月，《自然·医学》杂志报道了加州大学旧金山分校科研人员在脑电植入治疗抑郁症方面取得的最新成果。研究人员开发了一种个性化的植入式闭环神经刺激疗法，在监测并发现最佳刺激候选传感点的基础上，通过植入类似于神经起搏器的慢性刺激装置对候选目标进行刺激，在大脑植入刺激装置并进行刺激一年后，重度抑郁症患者的症状得到了成功缓解。三是脑机接口技术持续发展使军事领域"制脑权"的实现成为可能。脑机接口技术被美军认为是提升人机协作能力的关键，也是美国商务部限制对外出口的技术之一。据兰德公司2021年为美军提供的报告显示，随着脑机接口技术的日益成熟，未来各类军事装备的操控、信息技术交互，将变得更加简便、高效。基于上述认知，以DARPA为首的美军高新技术研发机构近年来在脑机接口技术领域投入不断加大，并取得诸多具有军事应用前景的研究成果，试图以此增强士兵在战场环境中的感知能力与学习能力，抢占多维空间"制脑权"。

三、国际生物安全形势依然严峻

2021年，新冠疫情仍在全球肆虐，国际生物安全形势依然严峻。现代生物技术的颠覆性发展叠加交织新冠疫情的持续冲击和挑战，世界范围内生物安全风险持续增大。一是新冠病毒持续传播和变异。随着新冠病毒的不断进化和变异，相继出现多种变异株。从2020年底引发欧洲恐慌的Alpha变异株开始，2021年，贝塔、伽马、德尔塔、奥密克戎等新冠变异株先后流行，尤其11月首次在南非监测到的奥密克戎，是目前传播力最强的变异株，迅速传播至89个国家地区，逐渐成为全球主要的流行毒株，并导致多个国家和地区疫情反弹。二是两用生物技术科技风险持续存在。美国环境保护署4月27日批准于2021年和2022年在佛罗里达礁岛开展实验，释放超过7.5亿只基因编辑雄性埃及伊蚊，通过与雌性埃及伊蚊交配，从而使其后代无法生存，美国二十几万人在网上签名请愿反对这项提议。世界卫生组织7月就人类基因组编辑问题发布建议，呼吁建立一个全球登记数据库，并提出建立监督机制；10月发布《新兴技术与值得关注的两用性研究：全球公共卫生地平线扫描》，讨论了未来20年可能引发关注的两用性研究。10月，美国加州大学劳伦斯伯克利国家实验室的科学家首次创造出自然界中无法自然合成的人工金属酶及其产物，拓展了合成生物学边界。三是生物交叉技术军事化应用影响国际军事格局。以美国为代表的世界军事强国高度重视军用生物交叉技术发展，在生物计算、生物传感、脑机接口、基因编辑及合成生物学等多个领域技术上积极突破并推进其军事化应用，在催生新的作战样式和作战理念的同时也将进一步加剧今后国际军事竞争格局及大国战略博弈复杂性。2021年10月，美国国家反情报与安全中心发布报告《保护美国关键和新兴技术，免受外来威胁》，将生物技术列为决定中美竞争结局的五大关键领域之一，并指出生物技术可能带来国家安全和经济隐患。与此同时，美国科学家还发现新的基因编辑技术能够"开启"引起DNA碱基突变的酶。

四、生物电子领域平稳有序发展

2021年度，生物电子领域继续平稳发展。一是不断研发新型生物电子元器件。美国耶鲁大学揭示地杆菌纳米线蛋白质基础，可实现从对抗疾病和感染到构建活体电路的无数功能，也可能带来利用细菌发电的能力。二是生物燃料电池实现微型化、实用化。日本东京理工大学探索将汗液作为可穿戴电子设备唯一能量来源，加州大学圣迭戈分校将手指触摸变成小型电子产品，未来与其他能量收集器相结合，创造新一代自供电可穿戴系统，美国加州大学洛杉矶分校通过跨膜和外膜银纳米颗粒大幅提高希瓦氏菌的电荷提取效率，创下微生物燃料电池效率最高纪录。三是生物电子信息处理与存储更加高效复杂。美国北卡罗来纳州立大学实现DNA存储数据文件"预览"，大幅提高存储效率同时更具兼容性；美国西北大学提出了DNA存储新方法，只需几分钟而不是几小时或几天就能完成存储。四是类脑元器件逐步实现神经形态计算。韩国三星电子公司通过复制粘贴方法制造出一种新型神经形态芯片，距离更好模仿大脑的神经形态芯片更近一步；英特尔公司宣布推出第二代神经形态芯片Loihi 2以及用于开发神经启发应用的开源软件框架Lava。五是量子生物学研究初现曙光。美国芝加哥大学等研究发现，温性梭菌可利用量子效应将光合作用能量生产线调至低速，表明其他光合生物体可能动态调节分子中的量子力学耦合。

五、干细胞与军事再生医学技术与产品军事应用快速发展

2021 年,干细胞作为新冠肺炎新型治疗方法的研究,更进一步显现出其应用前景;同时,借助于单细胞技术的发展及 3D 打印的逐渐成熟,包括人造器官与移植在内的再生医学为组织器官再生提供了令人期待的美好前景。

一是干细胞疗法推动战伤修复的研究及应用。基础研究中对干细胞疗法对神经损伤等的有效性进行验证之后,对作用机制进行了探索。美军基于基础研究,投入资金及技术着力开发并优化了以间充质干细胞为主的一系列细胞疗法,在半月板、神经、皮肤、视网膜等战伤修复中观察到显著的疗效。二是干细胞结合生物材料促进组织修复。美国军方和多个地方科研单位积极推进 3D 打印技术的革新及改良,利用悬浮水凝胶的自由可逆嵌入 3D 打印方法解决生物墨水失真的问题,迅速推进美军在 3D 打印器官移植领域的研究。三是干细胞产品直接用于组织或器官的损伤修复效果显著。干细胞的再生能力衍生出的再生医学一直吸引着人类的目光。无论是科技发现还是军事应用,都表明干细胞产品直接用于组织或器官的损伤修复是行之有效的,新材料及工业制造的快速发展也在不断推进器官再生与移植的实现,在未来可应用于战前预防与战斗创伤治疗。加强基础研究并结合更多新兴技术,将为干细胞与军事再生医学的发展以及军事应用提供更为广阔的前景。

六、美军立足多域作战保障需求开展军事作业医学研究

美军始终关注"人"效能的提升,致力于发展和培养一支随时待命且

具有战斗力的部队,将健康维护和效能提升贯穿于军事行动的全过程和每名军人的整个服役生涯。美军 2021 年度军事作业医学研究进展主要表现在以下 4 个方面。

一是持续强化部队全面强健理念。美军通过颁布与作业医学相关的系列条令、手册、指南,不断强化军人体能、营养、心理、精神和睡眠 5 个方面整体效能提升,不断更新军事体能评估理念和标准,不断细化与军人作业效能评估相关的技术指标。二是持续关注特殊环境损伤防护研究。针对高原、寒区、热区等特殊自然环境作战保障需求,美军深入研究有害因素损伤机制,开发损伤预警评估技术,研制损伤防护装备,并加快科研成果在战场的转化应用,保证军人在极端恶劣的环境中可以维持作战能力。三是持续改进作业有害因素防控措施。针对噪声、空气污染、缺乏光照等特殊军事作业环境作战保障需求,美军开展昼夜节律、睡眠监测与调节、战场听力测试、健康饮食行为管理等研究,全方位提升军人作业效能。四是持续关注女性军人作业效能维护。恰逢美国国防部女性军人咨询委员会成立 70 周年之际,美军系统回顾了女性融入军事力量的变化过程,梳理了该委员会提出的 1000 多项建议,以及这些建议对美军女性健康和效能提升产生的重要影响。

七、围绕军用装备组件老化、环境侵蚀加剧等重大需求提供最优解决方案

2021 年,美军军用物资装备组件老化、环境侵蚀加剧以及机动性差等问题日益突出,研发和维护成本高达数十亿美元,严重制约了美军能力建设的提升。美军为解决这一重大问题,统筹布局了多个生物科技项目,为

美军在本土或作战环境中列装最优性能的军用物资装备提供支撑。

一是采用仿生技术加强沿海低洼地区军事基地的防御能力。针对美军沿海地区军事设施由于长期遭受风暴潮、海浪作用，发生不同程度结构侵蚀、功能退化并导致其防御能力减弱的问题，通过设计、开发和涂刷人造珊瑚礁底漆，加速珊瑚礁天然繁殖和生长速度，构建可实现零成本自我维护和持续功能改进的防御性珊瑚礁。二是通过研发保护性细菌生物被膜，防止军用材料设备由于细菌侵蚀而发生霉变和功能退化。通过研究细菌生物被膜的生长、形成和组装机制，人工制造保护性细菌生物被膜，在军用材料和设备表面形成坚固的涂层，来对抗天然细菌可能对军用材料和设备造成的侵蚀。三是部署利用环境微生物开发并生产新型军用关键材料。通过研究微生物在极端环境下的性能，阐明生物分子结合无机元素（如稀土元素、金属）的机制，并利用高性能计算和高通量实验方法来加速微生物组装功能性纳米无机材料（如光电、磁性材料）的原型制作。

（军事科学院军事医学研究院　王磊　张音　李丽娟　刘伟　楼铁柱
习佳飞　岳文　吴海涛　李哲）

2021 年军事脑科学领域发展综述

2021 年期间，神经科学研究领域继续在脑认知原理解析、脑重大疾病、脑机接口与类脑人工智能等研究领域取得一系列重要突破性研究进展。相关研究工作不仅加深了对大脑工作原理和脑重大疾病发生机制的理解，还催生了脑认知功能提升与脑疾病治疗的新型技术手段和工具，对于保障和维持作战人员身心健康和认知状态，遂行军事任务具有至关重要的意义。此外，对于促进军事智能化装备发展、改进军事指挥与新型作战样式的生成也提供了重要参考依据，对国防和军事装备发展的重要性不言而喻。

一、脑认知原理解析取得若干重要进展

几十年来，科学家们一直认为，言语感知处理是在皮层中以前馈串联形式完成，即大脑会先处理声音，再处理言语信息。然而，这一观点受到最新研究成果的挑战。2021 年 8 月 18 日，《细胞》杂志发表了来自美国加州大学旧金山分校的最新研究成果。研究表明，听觉和语言处理是并行的，这与长期以来认为大脑先处理听觉信息，然后将其转化为语言信息的理论

明显不同。该团队通过记录颅内电活动、电刺激皮层及手术切除等发现，当播放句子时，颞上回一些区域的反应速度与初级听觉皮层一样快，这表明两个区域同时开始处理声音信息。该研究表明，颞上回可能独立于初级听觉皮层而发挥作用，而不是作为初级听觉皮层处理的下一步。该发现颠覆了既往对听觉信息脑内加工机制的理解，不仅可望给诵读困难和听障人士的干预治疗提供新思路，也为未来士兵在战场上通过计算机进行无声交流提供了重要理论参考。

2021年6月，美国哥伦比亚大学研究人员合作发现了初级嗅觉皮层的"表征漂移"现象，相关研究成果发表在《自然》杂志。研究发现，随着时间的推移，大脑中表征相同刺激的神经元组构造缓慢发生了改变，学习这一行为不能消除这种"表征漂移"现象，并推测"表征漂移"可能是大脑中普遍存在的现象。目前，仅在梨状皮层等特定脑区观察到此现象，其原因和意义尚待进一步阐明。该发现和概念的提出，对传统的"稳定表征"和神经元活动可预测理论发起了新的挑战。

海马神经元在编码认知地图中的空间位置等与行为相关的记忆信息中发挥重要功能。此外，人类功能磁共振成像研究表明，海马体还可以编码更抽象的变量。然而，它们与物理变量的现有神经表征的整合机制仍不明了。2021年6月，美国普林斯顿大学研究人员在《自然》杂志上发表的一项最新研究成果显示，海马神经元可同时编码抽象认知和空间位置信息，且两种信息在海马体内的表征都呈现出几何结构的特点。富含认知信息的神经空间活动能够帮助动物做出预测和判断。因此，在神经元水平上理解知识和知识获取的过程有助于我们揭示大脑"黑箱"的真面目。

2021年5月，《细胞》杂志发表的来自美国哥伦比亚大学团队的研究成果表明，人类海马和内嗅皮层神经元存在一种相位进动的神经编码机制，这对于大脑认知功能而言至关重要。相位进动是指记录位置信息的神经元在震荡周期早期出现放电峰值的现象。通过记录人类单个神经元的活动，研究人员首次在人类海马体中观察到相位进动的活动模式，神经元可通过相位进动对一系列位置进行编码，以区分不同的空间信息。因此，相位进动可能是代表学习和记忆顺序事件的一般神经模式，该现象对于空间和非空间信息的神经表示可能都具有广泛的功能。

2021年8月，来自美国纽约大学的研究人员在《自然》杂志上发表的最新研究成果表明，海马体的神经活动参与血糖水平的调控进程，机体的葡萄糖水平也部分依赖于海马体的活动。尖波涟漪是海马体在慢波睡眠和清醒休息时呈现的一种场电位模式。研究者们通过记录海马体尖波涟漪，可靠地预测了大约10分钟内外周葡萄糖水平的波动，并利用光遗传学揭示了尖波涟漪和葡萄糖水平之间的因果关系。该研究表明，除参与记忆巩固之外，尖波涟漪还可调节外周的血糖平衡，该研究进一步拉近了认知与代谢之间的"桥梁"。

2021年10月22日，国际知名学术期刊《细胞代谢》在线发表了瑞士日内瓦大学的最新研究成果，研究发现冷暴露可通过免疫学重编程防止神经炎症的发生。研究人员对冷暴露期间各个区室的免疫变化进行了无偏倚的分析，并表明这种能量消耗大的刺激明显改善了实验性自身免疫性脑脊髓炎（EAE）。冷暴露在稳定状态下和各种炎症小鼠模型中减少了单核细胞上的MHC II，并通过对单核细胞的调节抑制了T细胞的活化和致病性。遗传或抗体介导的单核细胞耗竭或Th1或Th17极化细胞对EAE的过继转移分别阻碍了冷诱导的对T细胞或EAE的影响。该发现提供了环境温度和神经炎症之间的机理联系，并表明寒冷诱导的代谢适应和自身免疫之间的竞争是对免疫疾病的有益能量权衡。

二、脑重大疾病研究取得新突破

美国礼来公司研究了多奈单抗（Donanemab）治疗早期阿尔茨海默病的疗效。2021年3月13日，《新英格兰医学杂志》发表了该研究成果。阿尔茨海默病的一个特征是β淀粉样蛋白（Aβ）的积累。多奈单抗是一种针对沉积的Aβ修饰形式的抗体，目前正研究用于治疗早期阿尔茨海默病。二期临床试验研究结果表明，对于早期阿尔茨海默病患者，采用多奈单抗治疗，在76周时，认知能力和日常生活活动能力方面的综合得分优于安慰剂，尽管次要结果得分参差不齐。为了研究多奈单抗治疗阿尔茨海默病的有效性和安全性，仍需进行更长时间和更大规模的试验。

2021年3月，在美国举办的第15届国际老年痴呆和帕金森氏病国际会议上，公布了数字疗法γ频率神经调节的二期临床研究数据。该疗法是基于美国麻省理工学院团队的发现并研发的设备，基于40赫声/光刺激可减少脑内的β淀粉样蛋白、改善认知而研发的。公布的临床试验数据显示，在实际招募的76名50岁以上的轻至中度老年痴呆患者中，在6个月治疗期间，γ频率神经调节疗法安全性和耐受性良好。与对照组相比，治疗组的生活活动量表（ADCS–ADL）评分下降显著减缓84%，简易精神状态检查量表（MMSE）评分下降减缓83%，大脑萎缩和脑容量损失减少61%。由此可见，γ频率神经调节疗法很有可能真正改变了疾病的进程。如果在更大规模的研究中得到验证，无疑会给AD的治疗带来巨大的医学突破。同时，这也将是首个真正延缓AD的数字疗法。

2021年，在评估阻塞性睡眠呼吸暂停与阿尔茨海默病相关性方面取得了重大进展。在一项针对53321名阻塞性睡眠呼吸暂停患者的大型队列研究中，对接受持续气道正压通气（CPAP）治疗的患者与未接受治疗的患者进行了比较。结果显示，那些接受治疗的患者诊断为阿尔茨海默病或痴呆症的风险明显降低。这一发现增加了基于人群的证据，表明阻塞性睡眠呼吸暂停治疗和痴呆风险之间存在关联。而在另一项研究中，Owen等分析了34名阻塞性睡眠呼吸暂停患者的大脑尸检结果，研究表明，随着阻塞性睡眠呼吸暂停严重程度的增加，海马体中淀粉样β的负担也在增加。上述两项研究成果均发表在《睡眠》杂志。这些研究，虽然样本量不大，但为阿尔茨海默病和阻塞性睡眠呼吸暂停之间的关联提供了神经病理学证据。

丙戊酸钠是新诊断的特发性泛发性或未分类癫痫患者的一线治疗药物，但由于致畸性，不适用于育龄妇女。尽管缺乏临床疗效或成本效益的证据，左乙拉西坦却越来越多地用于治疗这些患者。为了比较左乙拉西坦与丙戊酸钠在新诊断的泛发性或未分类癫痫患者中的长期临床疗效和成本效益，英国利物浦大学研究团队开展了SANAD II研究。2021年4月10日，该研究发表在《柳叶刀》杂志。研究表明，对于新确诊的特发性全面性或难分类癫痫患者，左乙拉西坦在治疗效果及成本效益方面均劣于丙戊酸钠。此外，左乙拉西坦或左尼沙胺单药治疗的效果及成本效益均劣于拉莫三嗪，拉莫三嗪仍应该是局灶性癫痫患者的一线治疗药物。

2021年7月，来自俄亥俄州立大学等机构的科学家们通过研究发现，每天摄入高剂量的Ω-3补充剂或能在分子水平上通过抑制应激事件期间或应激事件后的炎症水平并增强保护效应来减缓机体衰老所产生的影响，相关研究成果发表在《分子精神病学》杂志。研究者发现，日常摄入含有2.5克Ω-3多不饱和脂肪酸（测试的最高剂量）的补充剂在帮助机体抵御应激所产生的破坏性效应上或能产生最佳的效果。与安慰剂组相比，摄入Ω-3补充剂的参与者在实验室应激事件期间往往会产生较低水平的应激激素皮质醇和促炎性蛋白。该研究结果表明，补充 $\Omega-3$ 或许是人们可以做出的一种相对简单的改变，其对于打破应激和负面健康影响之间的链条有着积极影响。

三、神经调控与生物电刺激技术发展迅猛

传统中医理论认为，针灸刺激人体穴位能够通经脉、调气血，但针灸发挥作用的神经机制一直存在争议。尽管有理论认为躯体感觉神经自主神经反射是针灸远程调控身体机能的基础，但针灸穴位特异性与躯体区域选择性背后的作用机制仍远未阐明。2021 年，《自然》杂志发表了哈佛大学马秋富团队最新研究成果，研究发现低强度针刺刺激位于小鼠后肢的穴位（类似于人类足三里穴）能够激活迷走神经－肾上腺抗炎通路，诱导肾上腺释放儿茶酚胺类神经递质，进而抑制由脂多糖诱导的促炎因子释放，而刺激腹侧的穴位则无抗炎效果。该研究不仅证明了穴位的特异性与神经纤维的投射分布有关，还首次提供了一种神经元分子标记，针对其设计特定的刺激方法，可以有效改善身体机能。

瑞士联邦理工学院研究小组合作宣布，他们发现活动依赖性脊髓神经调节可在完全瘫痪后迅速恢复躯干和腿部运动功能。这一研究成果发表在 2022 年 2 月 7 日出版的国际学术期刊《自然·医学》杂志上。在该研究中，研究人员猜想针对参与腿部和躯干运动的背根集合电极布置可产生显著的功效，在严重脊髓损伤（SCI）后恢复多样化的运动能力。为了验证这一假设，研究人员建立了一个计算模型，该模型为新桨电极上的电极最佳布置提供信息，并指导其神经外科定位。研究人员还研发了支持快速配置活动特异性刺激程序的软件，该程序再现了每个活动背后运动神经元的自然激

活。研究人员在 3 个感觉运动完全麻痹的个体中测试了这一神经技术。在一天之内，针对特定活动的刺激计划使这 3 个人能够站立、行走、骑自行车、游泳和控制躯干运动。神经康复产生了明显的改善，这为支持 SCI 患者开展硬膜外电刺激（EES）日常活动提供了一条可实现的道路。

神经调控与干预已被公认为在组织再生修复中存在显著疗效。然而，设备操作和刺激实施的复杂性限制了干预器件在康复过程中的广泛应用。此外，针对植入式组织修复电子器件，电源形式和修复完成后器件去除引入的二次手术风险仍是目前亟需解决的难题。2021 年 7 月，PNAS 杂志发表了来自美国威斯康辛大学联合研究成果，联合团队成功研制了一种可植入和生物可吸收骨折电刺激器件，柔性器件可由运动驱动产生电脉冲，可直接向骨折处施加电刺激。在体器件功能验证上，实现了快速有效的骨折愈合，这项工作提出了一种用于生物反馈骨折愈合的自供电可植入电刺激器件，并且在完成生物医学干预后不需要手术移除，相关研究为高性能柔性穿戴、植入生物诊疗电子器件的推广应用提供了重要参考。

医学上存在一种难以治愈的慢性丛集性头痛（ICON）的病人。这种致残状况涵盖了大约 15% 的慢性丛集性头痛患者，他们经历了严重的慢性发作，但对目前的任何治疗都没有反应。2021 年 7 月，发表在《柳叶刀·神经病学》杂志上的一项随机、双盲、多中心、三期对照试验研究成果表明，一种名为枕神经刺激（ONS）的神经调控疗法在预防顽固性慢性丛集性头痛发作方面的安全性和有效性较为可靠。对于顽固性慢性丛集性头痛患者，100% 强度的枕神经刺激和 30% 强度的枕神经刺激均显著降低头痛的发作频率，并且安全性和耐受性良好。相关研究成果为遭受慢性头痛折磨的患者提供了一种新的、有希望的治疗方法。

四、类脑智能技术未来可期

神经形态芯片可用于置入的脑机接口,是一种发展前景很好的技术,许多相关的研究项目正在研发之中。神经形态芯片类似于人的大脑,仅在需要时工作,从而节省能量。许多研究人员认为,神经形态芯片不仅是人工智能的未来,同时也是未来开发低能耗密码评估系统的关键。

英特尔(Intel)继 2017 年 9 月首次发布 Loihi 类脑芯片和 2019 年 7 月发布"Pohoiki Beach"新型神经形态芯片系统产品后,2021 年 10 月,英特尔宣布推出 Loihi2 类脑芯片,这是对一代产品的大幅升级,解决了第一代设计中的很多问题。也许同样有趣的是工艺节点。Loihi 2 芯片在高层次上可能看起来类似:128 个神经形态核,但现每核有 8 倍的神经元和突触。这 128 个核中的每一个都有 192KB 的灵活内存,而以前在运行时每核的内存是固定的,每个神经元可以根据模型最多分配 4096 个状态,而以前的限制是只有 24 个。神经元模型现在可以完全可编程,类似于 FPGA,允许更大的灵活性。另外,Loihi 2 不仅仅是单一的芯片,它将是一个芯片系列,具有相同的神经元架构,但根据具体的使用情况,有各种不同的连接选项。这可以与板载信息压缩加速器结合使用,以获得芯片间带宽的 10 倍增长。

2021 年 1 月,国际顶级学术期刊《自然·电子》发表的一项研究成果显示,忆阻器能像人脑神经元一样同时计算和存储数据,并以超低功耗有效解决人工智能医疗诊断问题。该研究用忆阻器加速机器学习应用,训练所需能耗仅有基于数字 CMOS 方法的十万分之一。这展示了忆阻器在低功耗或网络"边缘"应用的发展潜力。

人工智能的深度神经网络起初由真正的大脑神经网络所启发。随着时间推移，人们逐渐发现生物神经元比起初设想的要更为复杂。2021年8月，以色列耶路撒冷希伯来大学研究团队在《神经元》杂志上发表了有关人工神经网络的最新研究成果。该研究通过训练一个人工深度神经网络来模拟生物神经元的计算，试图还原神经元的生物物理学机制。结果发现，一个深度神经网络往往需要5到8层相互连接的人工神经元来才能表征单个生物神经元的复杂性。在该模型中，大约1000个人工神经元才能等同于一个生物神经元，而真实的神经元甚至可能更为复杂。该研究进一步加深了人们对树突树和单个生物神经元强大计算能力的共识。

2021年10月，麻省理工学院麦戈文研究所研究团队在《神经元》上发表该团队最新成果。利用深度学习开发出了人工神经网络，该网络在学习辨识气味后，可进化出与脑嗅觉回路高度相似的结构。该神经网络是一种受大脑启发的计算工具，包括输入层、压缩层和扩展层，就像果蝇的嗅觉系统一样。研究人员仅赋予每一层与果蝇系统相同数目的神经元，而非特定的结构。网络中的人工神经元通过改变相互连接的强度来掌握特定任务。通过训练，它们可以在复杂的数据集中识别模式，这让它们对语音和图像识别以及其他形式的人工智能颇有价值。该研究成果体现了人工神经网络与神经科学之间越发密切的紧密联系。

（军事科学院军事医学研究院　吴海涛）

2021 年生物安全领域发展综述

新冠疫情仍在全球肆虐,国际生物安全形势依然严峻,生物威胁已从偶发风险向持久威胁转变,各国国家生物安全深层秩序面临持续性的冲击和挑战,人类社会面临的生物安全风险愈发突出、复杂。

一、全球生物安全形势

现代生物技术的颠覆性发展叠加交织新冠疫情的持续冲击和挑战,世界范围内生物安全风险持续增大。

(一)新冠病毒持续传播和变异

2021 年,全球新冠疫情依旧形势严峻。随着新冠病毒的不断进化和变异,相继出现多种变异株。从 2020 年底引发欧洲恐慌的阿尔法变异株开始,2021 年,贝塔、伽马、德尔塔、奥密克戎等新冠变异株先后流行,尤其 11 月首次在南非监测到的奥密克戎,是目前传播力最强的变异株,迅速传播至 89 个国家地区,逐渐成为全球主要的流行毒株,并导致多个国家和地区疫情反弹。2021 年 11 月 23 日,世界卫生组织再次发出警告,称新冠肺炎已成为欧洲地区"头号死因",预计到 2022 年春季,欧洲累计将有 220 万人死于新冠。欧洲 53 个国家和地区累计报告新冠死亡病例超过 150 万例,新冠肺炎已成为欧洲和中亚地区的头号死亡原因。

(二) 多国散发重大传染病疫情

2021 年,全球传染病疫情形势不容乐观。除新冠疫情持续外,埃博拉、黄热、霍乱、登革热、高致病性禽流感等在多个国家散发。2021 年 2 月,非洲国家刚果(金)和几内亚暴发埃博拉疫情,其中几内亚继 2013—2016 年的西非埃博拉疫情以来,再次暴发埃博拉疫情。10 月 8 日,刚果民主共和国卫生部宣布,检测到 1 例埃博拉病毒感染病例,该病例于 10 月 6 日去世。世界卫生组织官网于 2021 年 12 月 23 日报道称,2021 年,非洲 9 个国家(喀麦隆、乍得、中非共和国、科特迪瓦、刚果民主共和国、加纳、尼日尔、尼日利亚和刚果共和国)报告黄热病确诊病例 88 例,300 例疑似病例,死亡病例 66 例。10 月 31 日,喀麦隆卫生当局宣布暴发霍乱,累计报告 309 例霍乱疑似病例和 4 例确诊病例,其中 19 例死亡。印度卫生部发布报告称,印度 2021 年已经累计报告 11.7 万例登革热病例,印度卫生部紧急派出专家组前往登革热病例集中邦,协助控制疫情蔓延。2021 年 11 月,日本和韩国报告家禽高致病性禽流感暴发,德国和意大利分别报告高致病性 H5N1 暴发。

(三) 两用生物技术科技风险存在

生物技术的蓬勃发展促进了公共卫生等领域发展,为人类社会带来诸多福祉,同时该技术及其相关研究一旦被误用、谬用和滥用,可对公众健康、科技、环境乃至国家安全构成威胁。近年来,全球范围广泛重视两用生物技术发展及其潜在风险。世界卫生组织 2021 年 10 月 29 日发布"新兴技术与值得关注的两用性研究:全球公共卫生地平线扫描"报告,对未来

20 年可能引发关注的科技进展进行了广泛审查。Medical Xpress 网站 7 月 12 日发布消息称，世界卫生组织就人类基因组编辑问题发布了新的建议，呼吁建立一个全球登记数据库，以追踪"任何形式的基因操纵"，并提出了一种举报机制。该小组认为，随着基因编辑技术变得更便宜和更容易使用，WHO 监测此类研究的能力有限。据美国广播公司 NBC 2021 年 4 月 27 日报道，美国环境保护署（EPA）批准将于 2021 年和 2022 年在佛罗里达礁岛开展实验，释放超过 7.5 亿只基因编辑雄性埃及伊蚊，与雌性埃及伊蚊交配，从而使其后代无法生存。实验将测试这类转基因蚊子能否替代杀虫剂来控制埃及伊蚊。美国有二十几万人在互联网上签名请愿反对这项提议。

（四）实验室生物安全引发高度关注

近年来，国内外先后发生多起实验室生物安全事件，引发社会高度关注。许多生物安全专家对当前的生物安全形势表示担忧。他们认为，生物实验室的安全漏洞不仅可能造成人员伤害和社会恐慌，更可能被恐怖分子所利用。据美国战略风险委员（CSR）2021 年 8 月 30 日消息，美国战略风险委员会发布《超越实验室泄漏问题：关注全球应对生物威胁的努力》报告。报告指出，实验室泄漏调查不应偏离大局，需为建立有效缓解生物威胁的全球基础设施服务。11 月 17 日，位于美国宾夕法尼亚州费城郊外的一家默克公司药厂疫苗研究机构中发现标有天花和猴痘的 15 个小瓶样本，其中 5 个小瓶被标记为天花样本，10 个被标记为牛痘样本。美国疾控中心官员表示，标有天花样本的小瓶是一名默克公司机构内工作人员清理冰箱时偶然发现的，当时该工作人员佩戴手套和口罩。2021 年 10 月，加拿大政府网站发布了《2020 加拿大人类病原体和毒素实验室暴露监测报告》，描述了 2020 年加拿大实验室事故通报监测系统报告的实验室暴露事故。研究结果显示，2020 年加拿大实验室事故通报监测系统共接到了 42 起事件报告，涉及 57 人，大多数暴露事故发生在微生物学活动期间，最常见的事故原因为标准操作程序问题。

二、国际生物安全治理

2021 年，多国颁布生物安全法律法规，寻求加强国际生物安全治理体系，世界卫生组织和欧盟等国际组织宣布加强疫苗储备和两用技术监管。

（一）多国颁布生物安全相关政策法规

2020 年 12 月 30 日，俄罗斯总统普京签署第 492–Ф3 号总统令，正式批准并颁布《俄罗斯联邦生物安全法》（以下简称《生物安全法》）。该法案正式文件共 36 页 17 条，根据第 17 条规定，该法于正式颁布之日起生效。2021 年 10 月 15 日，乌克兰国家安全与国防委员会批准该国生物安全与国防战略。该战略旨在应对来自生物领域方面的各种挑战，尤其是应对当下所面对的新冠肺炎。2021 年 9 月 30 日，美国参议员金·里施（Jim Risch）向美国参议院外交关系委员会提交《2021 生物武器政策法案》报告。2021 年 10 月 20 日，美国众议院通过《国家战略储备法案 HR3635》，旨在改革国家战略储备管理方式，确保在突发公共卫生事件来临时，可利用美国国内生物防御产品物资保障人民安全。Global Biodefense 网站 2021 年 7 月 14 日消息称，美国疾控中心计划在 2022 年资助建立多个公共卫生病原体基因组学卓越中心，促进病原体基因组学和分子流行病学方面的创新，以改进对微生物威胁的控制和应对。美国疾控中心 8 月 18 日宣布将成立一个新的预测和疫情分析中心，旨在推进预测和疫情分析在公共卫生决策中的应用，加速公共卫生决策者获取和使用数据的速度。2021 年 11 月 17 日，美国疾控中心的管制生物剂和毒素部门发布了一项临时规则，将任何故意操纵

SARS – CoV – 2，在其基因序列中插入编码 SARS – CoV 毒力因子的核酸所产生 SARS – CoV/SARS – CoV – 2 嵌合病毒列入卫生与公众服务部的生物管制剂清单。

（二）国际组织加强传染病监测和两用技术监管

世界卫生组织 2021 年 9 月 1 日报道，为了更好地防范和保护世界免受全球疾病威胁，世界卫生组织在柏林成立新的大流行和流行病情报中心揭幕。该中心将致力于加强多种数据源的获取方法，开发最先进的工具来处理、分析和建模数据，联系并促进各机构开发疾病暴发解决方案。世界卫生组织网站于 2021 年 1 月 11 日发布消息称，联合国儿童基金会、世界卫生组织、红十字与红新月国际联合会和无国界医生组织宣布建立全球埃博拉疫苗库存储备，以便在全球疫苗需求提升时增加供应。欧盟理事会官网于 2021 年 5 月 10 日发布消息称，欧盟理事会通过适用于敏感两用产品和技术的出口管制新规，该法规旨在设立欧盟针对两用产品和技术出口、外贸、技术援助、过境和转移的管制制度。重点包括引入"人类安全"维度，以便欧盟限制网络监视技术等新兴两用技术；拓展"出口商"定义至"两用技术转让的自然人"，加强"视同出口"管制；加强管控灵活性，允许欧盟委员会授权修改受特定管制的物品或目的地清单；加强与私营部门间的互动，加强许可和执法机构间的安全电子信息交换；加强与其他国家的协商、管制物项互认以及共建多边管制机制等。

三、国外生防产品研发进展

2021 年，在全球生物安全威胁形势依然严峻的背景下，各国大力发展生物防御能力，在生物威胁检测诊断设备、生防疫苗研发、生防药物研发等方面，取得一系列进展。

（一）生物威胁监测诊断设备与产品

2021年4月，美国国防高级研究计划局向巴特尔纪念研究所发出850万美元的订单，用于资助其开展 SIGMA+ 项目的第二阶段研究，重点是研发一种先进的网络传感器，以探测和识别大规模毁灭性生物武器。2021年4月，美国国家生防分析与应对中心的研究人员成功设计并开展了一项研究，以优化收集和测量空气中少量埃博拉病毒的方法。2021年4月，美国爱荷华州立大学的一个研究小组开发了一种新的传感器，能够在一滴血中检测出埃博拉病毒，同时在一个小时内提供结果。2021年5月，美国国家生防分析与应对中心和乔治梅森大学的研究人员联合开发了一种无偏倚的高通量微滴定法，用于定量检测细胞系中的埃博拉病毒。2021年6月，《自然·生物技术》杂志刊文，介绍美国科学家团队使用 CRISPR 技术成功研发了可穿戴、冻干、无细胞的合成生物学传感器，其检测结果不但能与被视为金标准的实验室结果一致，还可以嵌入柔性基质中，用于实时、动态监测目标病原体。2021年7月，澳大利亚昆士兰大学的兽医们开发出一种针对马致命性亨德拉病毒的即时诊断试剂盒，可以在一小时内而不是几天内检测出病原体。2021年10月，美国华盛顿州立大学与美国国际开发署达成合作协议，将合作开展价值约1.25亿美元的全球项目"新发病原体的发现与探索——病毒性人畜共患病"（DEEP VZN）。该项目旨在检测和表征有可能从野生动物和家养动物蔓延到人类的未知病毒，预计将发现8000到12000种新型病毒，然后研究人员将筛选和测序对动物和人类健康构成最大风险的病毒的基因组。Global Biodefense 网站10月8日报道，美国陆军作战能力发展司令部化学和生物中心（DEVCOM–CBC）的 Dial–a–Threat（DaT）项目正在利用新型合成生物学方法开发可快速检测传染病和生物威胁的基因回路。DaT 计划是国防威胁降低局（DTRA）化学和生物技术部投资的一部分，旨在开发新型、易于使用的高保真生物检测技术，可在 30 分钟内提供结果，并且可在严峻的环境中稳定使用。

（二）　生防疫苗研发

据塔斯社网站 2021 年 3 月消息，俄罗斯联邦消费者权利保护和人类福利监督局称，俄罗斯国家病毒学和生物技术研究中心（Vector）计划在 2021 年注册一种新的天花疫苗，目前正在进行临床试验，有 334 名 18 至 60 岁的志愿者参加了试验。Ximedica 公司 2021 年 4 月宣布与 Moderna 公司合作，共同开发快速移动制造疫苗和治疗药物的原型设备，作为美国国防高级研究计划局"核酸按需全球计划"（Nucleic Acids On – Demand World – Wide）的一部分。2021 年 7 月，Valneva SE 宣布其单次注射基孔肯雅热候选疫苗 VLA1553 被美国食品药品管理局授予突破性疗法认证。2021 年 6 月，来自美国华尔特里德陆军研究所、海军医学研究中心、宾夕法尼亚大学和 Acuitas Therapeutics 生物技术公司的研究人员合作，开发了一种基于 mRNA 技术的新型疫苗，可在动物模型中预防疟疾。2021 年 7 月，牛津大学开发的基于 ChAdOx1 腺病毒病毒载体平台的鼠疫疫苗，开始招募一期临床试验（PlaVac）健康志愿者。美国明尼苏达大学传染病研究与政策中心网站 2021 年 9 月 15 日报道，根据发表在《柳叶刀传染病》上的两项研究，强生公司针对埃博拉病毒的两剂疫苗方案是安全的，并在 1 岁及以上人群中产生了强烈的免疫反应。强生公司的疫苗方案包括一剂基于腺病毒载体的疫苗 Ad26. ZEBOV，8 周后接种另一种称为 MVA – BN – Filo 的基于载体的疫苗。2021 年 11 月，耶鲁大学的研究人员开发了一种新型疫苗，可使豚鼠免受导致莱姆病的细菌感染，该疫苗还可防治蜱虫传播的其他疾病。2021 年 10 月 4 日，Dynavax 新闻报道，美国国防部化生放核防御联合计划执行办公室与

Dynavax 生物制药公司签订价值 2200 万美元合同，要求 Dynavax 在两年半的时间里开发一种以 CpG 1018® 为佐剂的重组鼠疫疫苗，以使美国军人能在更短的时间内用更少的疫苗剂量获得免疫保护。

（三）生防药品研发

2021 年 3 月，美国生物医药公司 MediciNova 宣布与美国生物医学高级研究与发展局合作测试异丁司特（MN–166，ibudilast）治疗氯气引起的急性呼吸窘迫综合征和急性肺损伤的潜力。2021 年 3 月，《自然·通讯》刊文，报道美国得克萨斯大学加尔维斯顿国家实验室进行的一项新研究结果——将单克隆抗体和抗病毒药物瑞德西韦结合起来对治疗晚期马尔堡病毒感染病人有效。2021 年 4 月，美国 Centivax 公司宣布正开发广谱治疗药物和疫苗组合，包括新冠、多药耐药菌、流感、抗蛇毒素和肿瘤方面的适应证。2021 年 6 月，美国食品药物监督管理局批准了用于治疗天花的药物 Tembexa。2021 年 8 月，《新英格兰医学》期刊发表了美国国立卫生研究院发表的一项研究。研究人员开发的一种新的单克隆抗体，对暴露于疟疾寄生虫的人可安全预防疟疾长达 9 个月。这项小型的、受到仔细监测的临床试验首次证明了单克隆抗体可以预防人患疟疾。2021 年 8 月《实验医学杂志》发文，根据一项二期临床试验的结果，一种用于治疗疟疾的抗癌药物 Imatinib 被证明在短短 3 天内几乎 100% 有效帮助战胜疟疾。

（军事科学院军事医学研究院　李丽娟）

2021 年生物电子领域发展综述

2021 年度，生物电子领域继续平稳有序发展。细菌蛋白质纳米线可以打造自我维持的新型电子设备，并实现从对抗疾病到构建活体电路以及利用细菌发电的功能。微生物燃料电池在可穿戴生物传感器和通用电子设备的应用得到推广，未来将与能量收集器相结合，创造新一代自供电可穿戴系统。DNA 存储技术不断攻克相关技术难题，实现存储数据"预览"。蛋白质逻辑门实现精准控制，为构建复杂纳米计算奠定基础。神经形态芯片逐步实现商业化应用，向类脑计算迈出重要步伐。迁徙鸟类感知地磁场的量子生物学原理得到解释，为生物导航、仿生导航和生物磁控技术发展提供理论指导。

一、生物电子元器件

（一）美国陆军研究实验室资助研究蛋白质纳米线电子设备

2021 年 6 月，美国马萨诸塞大学阿默斯特分校的研究团队，展示了一种能够处理超低电子信号的新型电子设备，其特点是能够像自主生物体那样在没有任何外部能量输入的情况下对信息输入做出智能响应。相关论文发表于《自然·通讯》(Nature Communications)上。这项研究得到了美国陆军研究实验室的资助,希望能够借此打造自我维持智能微系统。

据悉,这套微系统的两个关键组件均由蛋白质纳米线制成。2020年,研究团队已研发了基于蛋白质纳米线的空气发电器(Air-Gen),能够利用周围环境/湿度产生电力。同年,研究团队还利用蛋白质纳米线打造了"忆阻器"电子设备。科学家此次将上述两项研究结合起来,其打造的新型微系统能够借助Air-Gen产生的电子,驱动由蛋白质纳米线忆阻器制造的传感器和电路。这套电子微系统能够从环境中汲取能量来支撑传感与计算,而无须电池等外部能源,且具有与生物体相当的"智能"和自我维持能力。该研究预示着由可持续生物材料制成的未来绿色电子产品将具有巨大的潜力,且这些材料更易于同人体或不同环境相互作用。

(二)科学家揭示地杆菌纳米线的蛋白质基础

2021年9月,美国耶鲁大学的研究人员揭示了地杆菌纳米线的蛋白质基础,相关论文在线发表于《自然》(Nature)上。地杆菌通过被称为微生物纳米线的表面附属物进行细胞外电子转移,这在全球一系列环境现象中非常重要,并且在生物修复、生物能源、生物燃料和生物电子学方面也有应用。研究人员发现,硫还原地杆菌将PilA-N蛋白与PilA-C蛋白结合在一起,组装成异源纤毛,在需要细胞外电子转移的纳米线生产条件下,这些纤毛保持在外延状态。冷冻电子显微镜显示,PilA-N的C端残基通过静电和疏水相互作用与PilA-C共聚稳定(形成PilA-N-C),使PilA-C沿着细丝的外表面定位。PilA-N-C丝缺乏芳香族侧链的π堆积,显示出比OmcZ纳米线低20000倍的导电性。与4型纤毛相比,PilA-N-C丝显示出与2型分泌假纤毛相似的结构、功能和定位。当PilA-N被删除时,OmcS

和 OmcZ 纳米线的分泌就会消失，而当 PilA–N–C 细丝被重组时则会恢复。用其他微生物的 4 型纤毛替代 PilA–N 也会导致 OmcZ 纳米线的分泌损失。由于所有主要的原核生物都使用与 4 型纤毛类似的系统，这种纳米线的转移机制可能在确定电子转移微生物的进化和流行方面具有广泛的影响，并实现从对抗疾病、感染到构建活体电路的无数功能，这一突破也可能带来利用细菌来发电的能力。

二、生物燃料电池

（一）新型生物燃料电池可利用汗液为可穿戴设备供电

2021 年 4 月，日本东京理工大学研究团队提出了一种新的生物燃料电池阵列设计，该电池通过汗液中的乳酸产生足够的电能，可在短时间内驱动生物传感器和无线通信设备。研究论文发表在《电源杂志》（Journal of Power Sources）上。

这种生物燃料电池阵列外观像一条纸绷带，可以佩戴在手臂之上。电池包含一个防水纸基板以及多组生物燃料电池。电池的数量由输出电压和所需功率决定。在每个电池中，乳酸和电极中的酶发生电化学反应，然后通过电流收集器采集。这并不是第一款基于乳酸的生物燃料电池，但关键创新设计让其脱颖而出。其一，研究人员通过精心选择材料和巧妙布局（用多孔碳墨替代导电银线），使电池能够通过丝网印制技术制造，降低了大规模生产的成本。其二，纸层收集汗液后，通过毛细管效应将其同时输送到所有电池组，传输效率较高。这些优势使得新开发的生物燃料电池展现出前所未有的能力。为了证实新电池在可穿戴生物传感器和通用电子设备上的适用性，研究团队制作了一种自驱动乳酸生物传感器，它不仅可以用乳酸为自身供电、测量汗液中的乳酸浓度，还能够通过低功耗蓝牙设备将测量值实时传输至智能手机。

（二）科学家研制新型可穿戴式能量收集器

2021年7月，加州大学圣迭戈分校研究人员开发了一种新型可穿戴设备，可以佩戴在指尖上，当手指出汗或按压它时，就会产生少量的电力，将手指触摸变成小型电子产品和传感器的动力源。论文发表在《焦耳》（Joule）杂志上。

该设备的大部分能量来自指尖产生的汗液，每个指尖有1000多个汗腺，可以产生比身体上其他区域多100～1000倍的汗液。但从这么小的地方收集汗液并使其发挥作用需要创新材料工程。研究人员将设备打造得具有超强吸收能力，并能有效将人类汗液中的化学物质转化为电能。该设备是一个薄而灵活的条状物，可以缠绕在指尖上。由碳泡沫电极组成的衬垫吸收汗水，电极上装有酶，可以触发乳酸和汗液中的氧分子之间的化学反应以产生电能。电极下面是一个由压电材料制成的芯片，在按下时产生额外电能。当佩戴者出汗或按压带子时，电能被储存在一个小型电容器中，并在需要时被释放到其他设备上。研究人员让受试者将该设备戴在一个指尖上，10小时内收集了近400毫焦耳的能量，足以为一只电子腕表提供24小时的能量。在其他实验中，研究人员将能量收集器连接到一个由化学传感器与小型低功耗显示器组成的电子系统。每隔10秒按压能量收集器10次，或者只是把它戴在指尖上2分钟，就足以为传感器和显示器供电。该团队正在对该设备进行进一步的改进，使其更加高效和耐用。未来的研究将包括将其与其他类型的能量收集器相结合，以创造新一代的自供电可穿戴系统。

（三）微生物燃料电池性能创下新纪录

2021年9月，美国加州大学洛杉矶分校研究人员通过引入跨膜和外膜银纳米颗粒大幅提高了希瓦氏菌微生物燃料电池（MFC）的电荷提取效率。相关论文发表在《科学》（Science）杂志上。

研究人员制造了 3 种类型的碳阳极：无涂层、涂有还原氧化石墨烯（rGO）、涂有还原氧化石墨烯－银（rGO/Ag）复合材料。发现细菌在 rGO/Ag 电极上的存活率为 93％，存活率较高。此外，扫描电子显微镜显示，细菌在 rGO/Ag 电极上形成了更密集的薄膜。带有 rGO/Ag 的测试半电池中的电流密度比带有 rGO 电极的半电池高 7 倍，比带有无涂层电极的半电池高 15 倍。作者使用透射扫描电子显微镜以及能量色散 X 射线光谱法扫描了整个电极表面。发现一些银离子从电极上分离出来进入了细菌层。这种银主要以纳米颗粒的形式出现，平均大小约为 5 纳米，靠近细菌膜，甚至在外膜和内膜之间的细胞质空间。rGO/Ag 燃料电池经优化后，可以达到 3.85 毫安/厘米^2 的电流密度和 0.6 毫瓦/厘米^2 的功率，这是目前微生物燃料电池的最高纪录。

三、生物电子信息处理与存储

（一）科学家研发可"预览"DNA 存储数据的新技术

2021 年 6 月，美国北卡罗来纳州立大学研究人员实现了 DNA 数据存储文件"预览"，例如图像文件的缩略图版本，这使得整个 DNA 存储系统数据效率大为提高，同时更具兼容性。相关论文发表在《自然·通讯》（Nature Communications）杂志上。

DNA 存储是一项非常有吸引力的技术，可以存储大量数据，信息可以长时间保持又非常节能。但目前还无法实现对 DNA 文件中数据的"预览"——如果你想知道文件是什么，那你必须"打开"整个文件。据研究人员介绍，为了识别和提取指定文件，大多数系统使用聚合酶链反应（PCR）。然而，DNA 数据存储研究人员面临一个巨大挑战，如果两个或多个文件具有相似的文件名，PCR 将无意中复制多个数据文件的片段。因此，用户必须为文件指定非常不同的名称，以避免产生数据混乱。此次，北卡罗来纳州立大学研究团队开发的这种技术，利用相似文件名可以打开整个文件或该文件的特定子集。这是通过在命名文件和文件给定子集时使用特定的命名约定来实现的，研究人员可以调节 PCR 过程参数、温度、样本 DNA 浓度以及试剂类型和浓度，来选择是"打开"整个文件还是只"打开"其"预览"版本。这一新技术的优势体现在效率和费用两大方面，如果不确定哪个文件包含想要的数据，也不必对所有潜在文件中的所有 DNA 进行测序，相反，可以对 DNA 文件的更小部分进行测序以作为预览。研究团队表示，这一技术已展示了与其他文件类型广泛兼容的能力，目前正在寻找行业合作伙伴来帮助探索该技术的商业可行性。

（二）科学家提出 DNA 记录信息的新方法

2021 年 10 月，美国西北大学研究人员提出了一种 DNA 记录信息的新方法，即使用一种新型酶系统来合成 DNA，从而将快速变化的环境信号直接记录到 DNA 序列中。相关研究发表在《美国化学学会杂志》（JACS）上。

现有将细胞内分子和数字数据记录到 DNA 的方法依赖于将新数据添加到现有 DNA 序列的多步骤过程。为了产生准确的记录，研究人员必须刺激和抑制特定蛋白质的表达，这可能需要超过 10 小时才能完成。研究人员使用了一种新方法——他们称之为局部环境信号时间敏感非模板化记录（TURTLES）来合成全新的 DNA，而不是复制它的模板，从而做出更快和更高分辨率的记录。TURTLES 系统可用于各种解决方案以解决数据存储需求的爆炸性增长。它特别适合于长期的档案数据应用如存储闭路安全录像，该团队将其称为"只写一次，永不读取"的数据，但需要在事件发生时能够获取。该技术除了存储之外，还可以被用作生物传感器来监测环境污染物。

（三）科学家实现蛋白质电路精准控制

2021年11月，美国宾夕法尼亚大学医学院研究团队在活细胞内对蛋白质进行改造，成功构建出了蛋白质逻辑门，不仅能够实现纳米计算，也能精确控制细胞的运动，为复杂纳米计算奠定了基础。相关研究发表在《自然·通讯》（Nature Communication）杂志上。

研究人员选用了蛋白质粘着斑激酶（FAK），这种酶主要参与细胞黏附和运动。首先在编码FAK蛋白的基因中引入一个名为uniRApr的雷帕霉素敏感域，以及一个名为LOV2的光敏感域。这两个结构域分别对雷帕霉素和光做出反应，形成一个双输入的逻辑"或门"。也就是说，激活任意结构域均可引起蛋白质反应。随后，研究人员将改造后的基因插入到HeLa细胞中，使用共聚焦显微镜在体外进行细胞观察，研究光线或雷帕霉素刺激对细胞行为的影响。结果发现，光线或雷帕霉素可以快速激活FAK，导致HeLa细胞内部发生一系列变化，增强细胞黏附能力，降低运动能力。研究结果表明，使用化学或光遗传学开关可以对蛋白质功能进行正向调节，FAK激活可以显著降低细胞外基质活性并降低细胞运动性。这项工作为蛋白质功能的精细化调控，以及构建复杂的纳米级计算奠定了基础。由于蛋白质是纳米尺度的分子，可在很小体积内聚集极大数量蛋白质分子，因此其拥有无与伦比的并行计算能力。科学家未来将在生物体内进一步评估蛋白质分子纳米计算的潜力。

四、类脑元器件

(一) 三星公司研发新型神经形态芯片

2021年9月,韩国三星电子公司制造出一种新型神经形态芯片,利用纳米电极复制大脑神经元连接图,然后粘贴到高密度3D固态内存网络上。通过这种复制粘贴方法,芯片可接近大脑独特的计算特征:低功耗、便捷的学习能力、对环境的适应,甚至是自主和认知,离实现更好模仿大脑的神经形态芯片又更近一步。研究发表于《自然·电子学》(Nature Electronics)杂志上。

研究人员提出了一种大脑逆向工程的方法,将纳米电极组有效插入神经元,敏锐记录电信号。这些大规模并行的细胞内记录为神经元连接图提供信息,可以绘制出神经元相互连接的位置以及连接强度。研究人员更进一步提出了一种将神经元连接图迅速粘贴到内存网络上的策略。当由细胞内记录的信号直接驱动时,一个特别设计的非挥发性内存网络可以学习和表达神经元连接图。这一方案可直接将大脑的神经元连接图下载到内存芯片上。由于人脑估计有1000亿左右的神经元,以及1000倍左右的突触连接,最终的神经形态芯片将需要100兆左右的记忆。将如此庞大数量的记忆集成在单一芯片上,将通过内存的3D整合来实现。三星公司计划利用在芯片制造方面的经验,继续研究神经形态工程,扩大在下一代人工智能半导体领域的领先地位。未来将推动机器智能、神经科学和半导体技术的发展。

(二) 英特尔公司推出第二代神经形态芯片

2021年10月,英特尔宣布推出第二代神经形态芯片Loihi 2以及用于开发神经应用的开源软件框架Lava。

据悉，Loihi 2 集成 230 亿个晶体管、128 个神经形态核心（每核心缓存从 208 千字节降至 192 千字节）、6 个低功耗 x86 核心，为简化与传统系统的集成还具有 10GbE、GPIO、SPI 接口。同时，Loihi 2 的新架构支持新型神经启发算法和应用，每个芯片最多有 100 万个神经元、1.2 亿个突触，最高可分配 1096 个变量状态，因此可提供高达 10 倍于上代的处理速度。它具有出色的突触压缩率，内部数据交换更快，并具备支持与内部突触相同类型压缩率的片外接口，可用于跨多个物理芯片扩展片上网状网络。除了硬件，与神经形态芯片匹配的软件也非常重要。与 Loihi 2 一起发布的还有用于开发神经应用的开源软件框架 Lava。Lava 能够在跨越传统和神经形态处理器的异构架构上无缝运行，实现跨平台执行以及与各种人工智能、神经形态和机器人框架的互操作性。开发人员无须使用专门的神经形态硬件即可开始构建神经形态应用，并且可以为 Lava 代码库做出贡献，包括将其移植到其他平台上运行。据英特尔表示，第二代芯片提高了神经形态处理的速度、可编程性和容量，扩大了在功耗和时延受限的智能计算应用上的用途。迄今为止，英特尔与合作伙伴已展示了机械臂、应用神经形态芯片的人造皮肤和嗅觉传感等应用。

五、量子生物学

（一）科学家发现细菌可利用量子效应生存

2021 年 3 月，美国芝加哥大学和华盛顿大学圣路易斯分校的科学家研究发现，温性梭菌（Chlorobium tepidum）进化出一种巧妙方法，可利用量子效应将光合作用能量生产线调至低速，从而使其收集光线的过程不受氧气的毒性影响。相关研究发表在《美国国家科学院院刊》（PNAS）杂志上。

温性梭菌是一种严格厌氧细菌,这种细菌通过量子共振来"调整"自身系统,在有氧气的情况下失去能量,从而防止破坏自己的光合设备。这一转化反应链的关键是一组蛋白质和色素,称为芬纳-马修-奥尔森复合体(FMO)。它充当系统的光收集组件和工厂车间之间的中介,将能量转换成化学物质。最初人们认为FMO依赖于量子相干性来完成工作,后来的研究迫使人们重新思考这种严格量子现象在FMO运作中的作用。在对FMO内部量子相干性的最新探索中,研究人员利用超快激光光谱技术捕捉复合物活动的细节,展示了氧气的存在改变了能量如何从光收集组件"引导"到反应中心。他们发现一对半胱氨酸分子位于系统核心,当它们与氧气反应时释放一个质子作为触发器。失去的质子直接影响了FMO复合物中的量子机制,有效将能量从可能氧化区域转移出去。虽然这意味着细菌被暂时剥夺能量,但量子中断会迫使细胞屏住呼吸,直到它能够清除氧气的毒性作用。这种简单的机制表明,在进化过程中,其他光合生物体也可能存在这种机制。如果更多的生物能够动态调节分子中的量子力学耦合,从而在生理上产生更大的变化,那么可能会出现一套全新的自然效应。

(二)科学家揭示迁徙鸟类感知地磁场的量子生物学原理

2021年6月,英国牛津大学、德国奥登堡大学与中国科学院合肥物质科学研究院等国际合作研究团队在动物磁感应和生物导航领域取得了重要突破,揭示了迁徙鸟类对地磁场感知的量子生物学原理。相关研究成果发表在《自然》(Nature)杂志上。

许多生物具有利用微弱地磁场,在海陆空不同空间、不同尺度上实现精确定向和导航的能力,其科学原理尚未明确。因此,"迁徙动物如何利用磁场找到回家的路"被《科学》杂志列为125个尚未解决的重要前沿科学问题之一。阐明动物感知地球磁场进行迁徙和导航的原理,同时揭示磁场对细胞或生物体的控制机制，不仅在基础研究中具有重要意义，也是生物磁控技术和不依赖于卫星的新一代导航定位技术的需求。研究团队应用磁共振光谱学等手段，对几种鸟类的磁感应关键蛋白 Cry 进行了深入研究，首次发现迁徙鸟类如欧洲知更鸟的 Cry 蛋白对磁场的敏感性显著大于非迁徙鸟类，这种敏感性主要体现在"自由基对"中纠缠电子的自旋状态的改变。研究还揭示 Cry 蛋白磁感应机制源于其内部电子行为：在蓝光激发后，Cry 蛋白中的辅基 FAD 发生还原反应，电子在 Cry 蛋白中 TrpA、TrpB、TrpC、TrpD 四个保守色氨酸之间进行跳跃，这种电子跳跃对磁场高度敏感。量子化学实验和理论计算首次发现，这一电子传递过程同时承担了"磁感应"和"信号传递"两种不同的功能，其中第四个色氨酸 TrpD 对信号传递至关重要。该研究一定程度上揭示了迁徙鸟类对地磁场感知的量子生物学原理，为未来动物磁感应和生物导航研究指明了方向，同时也为仿生导航和生物磁控技术的发展提供了理论指导。

（军事科学院军事医学研究院　楼铁柱）

2021年战伤救治领域发展综述

未来多域战对战伤救治成功经验提出了新的挑战，要求卫勤保障能够在资源更少更复杂的战斗中，在长时间内没有直接的后勤保障情况下，建立伤员持续救治能力以维持部队战斗力。2021年，战伤救治领域取得了一系列进展，主要包括探讨了利用创新手段实现"全球一体化卫勤保障"，分析了未来城市多域战卫勤保障模式，持续推进卫生系统改革转型，开展战伤救治延时救治培训，并且更新了2021版战术战伤救治指南，不断研发新型战伤救治技术和装备。

一、探讨未来新型卫勤保障模式

（一）创新手段实现全球一体化卫勤保障

美军2016版《联合卫勤构想》提出美军卫勤行动面临的资源有限、需求无法满足等诸多问题和挑战。联合部队如何在高度分散且有限的卫勤基础设施的作战环境中向部署部队提供综合的卫勤保障，是目前亟须解决的问题。同时，联合卫勤保障力量还面临跨地区、多领域、多功能等复杂多样的未来作战环境，卫生部队必须运用"全球一体化卫勤保障"（GIHS）理念，对联合卫勤力量进行战略管理，并统一协调全球卫勤力量来支援作战部队，各军种应具有部署小型化、专业化、模块化和定制化、互操作、网络化卫生力量和综合能力，为联合行动提供最好的保障。《2017 财年国防授权法案》的改革要求为各军种提供了机遇，调整部队结构以满足未来联合部队的专业能力需求，有助于改进部队管理流程，制定更灵活的行动规则，更有利于将卫生力量定制成小型部队。

2021 年，美军在未来联合卫生力量建设中提出各军种卫生力量应实现互换性，即各军种卫生力量可以在任何合适的时间与地点互换行动，以更加有效地支援作战任务。美军联合卫生事业的战略目标是建立一体化高效军事卫生系统。与之相对应，联合部队将实施全球一体化卫勤保障作为理想的军事目标。各军种卫生总监在执行各自职责时必须考虑这一卫勤理念，并运用到卫生力量的招募、组织、训练、装备和部署工作中，最终建设的联合卫生力量能够提供全能力、一体化、协调统一的卫勤保障，满足指挥官多样化的作战需求。

全球一体化卫勤保障的关键与核心是一体化，而有效实现一体化必须强调三种理念，分别是互操作性（interoperability）、互依赖性（interdependence）和互换性（interchangeability）。美军联合出版物《联合作战》对互操作性的定义为：一致、有效、高效地共同行动以实现战术、战役和战略目标的能力。对于联合卫生力量而言，可在战术、战役和战略 3 个层面实现互操作性，并受联合规划和标准化的指导。互依赖性是指一个军种有目的地依赖另一个军种的能力，以最大限度地发挥两者的互补和强化作用，即协同作用。互依赖性对联合部队行动效能至关重要，一个代表性的例子是连续救治，其中陆军的地面住院能力与空军的空运后送能力必须相互依赖。

从本质上讲，互依赖性避免了各军种完全自给自足，可消除代价高昂的重复行动。

互换性目前尚不是美军正式的条令术语，但其在军事环境中的定义可以描述为具有相同能力的不同部队可以随时交换行动位置的一种创新灵活方式。在卫勤保障领域，临床医师的实习、住院和学习培训都遵守相同的国家标准，不管其隶属哪一个军种，临床知识和技能对于任何专科来说都是相同的。各军种卫生力量能够并且应该在任何合适的时间与地点互换行动，支援作战任务。各军种的主要作战环境和作战条件各不相同，但这种情况可以通过部署前训练克服。隶属于任何军种的临床医师都可以在适当的作战指挥控制下，在任何作战领域发挥其临床技能。

为了实现全球一体化卫勤保障，联合卫生力量必须在共同知识技能的基础上行动，才能有效开展卫勤保障的互操作性、互依赖性和互换性。实现全球一体化卫勤保障的其他手段还包括联合培养卫生领导，制定共同标准和程序指导各军种互操作能力，建立广泛的跨机构、多国和私营伙伴合作，建设联合卫生力量以实现跨域协同，以及全球协调统一等。美军未来军事行动需要模块化的外科复苏能力，支持小规模、分散化、分布式的部队部署。由于临床技能标准是一致的，各军种应该以可互换的方式协调运用医疗与外科专业力量，满足联合部队行动需求，可提供战斗和胜利所需的一体化卫勤保障。

（二）未来城市多域战作战卫勤保障

城市作战的地形、人类因素（政治、权力、社会和文化）以及基础设施具有巨大的复杂性、不稳定性、不确定性和模糊性。美军认为，城市冲突的可能性在未来几十年内将会大幅上升，在不久的将来需要进行城市作战。特大城市地区作战存在更大困难。经济、技术和文化的多样性会影响军事行动的作战和文化域。美国陆军条令在 2018 年首次提出多域战概念，即"军队在所有地区、空间、电磁频谱、信息环境和梯队域中作战"，该概念侧重于空中、陆地、海上、网络和空间力量的同步作战。多域战的关键原则是融合，即快速整合所有领域力量和资源，网络、空间、空中、陆地和海上的快速持续整合是成功融合的关键。

一是保持传统军事技能。医务人员必须在竞争激烈的环境中应对网络和空间威胁。如果 GPS 失联或人工后送路线需要转移到地下，利用步速计数和方位角进行快速机动的能力将变得至关重要，士兵们需要复习这些传统技能以掌握在地下所处位置。如果信息技术基础设施被破坏，医务人员应该准备好笔和纸，目视观测也至关重要。此外，还可以采取定时短暂通信，避免敌方侦测到无线电信号，从而暴露自身位置。二是发挥远程医疗作用。虽然通信系统可能相对脆弱，但利用低带宽异步远程医疗来最大限度减少伤员后送需求可能更有潜力。目前比较成熟的远程医疗平台包括太平洋远程医疗和健康专家在线门户。这些工具只需很小的带宽就可以访问安全网站，医务人员可以咨询世界各地的军事专家，避免医疗后送人员和伤员处于危险境地。三是加强主动防护。主动防护系统是以色列在 2009—2014 年加沙战争中的一个重要经验。随着新兴微波技术的进步，还应当发展非动能软杀伤解决方案。此外，工兵对于确保后送路线通畅至关重要。如果可能，部队应该考虑使用全地形车或地铁等地下管道来后送伤亡人员。四是无人自动化后送。城市战的伤员医疗后送面临巨大挑战。营后送小组必须通过地面移动到最前沿以后送伤员，无防护后送平台将使医务人员和伤员暴露在地面和高处的轻武器火力下，有可能导致更多伤亡。除了地面后送，还应考虑建立地下后送路线，可包括大型下水道系统、干式导水隧道以及地下电气和信息技术管道。如果有地铁运营，应考虑利用地铁车厢作为伤员后送平台。美国陆军外科研究所正在研究下一代战场自动后送解决方案,其中包括无人机吊舱和机器人。此外,人工智能系统在某些情况下可以监测和干预伤员并稳定血压,陆军正在对其进行评估。

二、持续推进卫生系统改革转型

美国军事医学在战争中取得了巨大的成功,但也指出军队卫生系统(MHS)仍存在过分强调平时医疗保健,从而牺牲联合卫生部队战备水平等问题。美军提议国防部全面改革 MHS,确保军人获得最好的战伤救治,同时增加基地医疗保障能力水平。美国国防部在联合参谋部的支持下正与各军种联合制定计划,实施 MHS 改革要求,目的是将 MHS 从以军种为中心的相互协作卫生系统转变为以联合作战为重点的一体化高效卫生系统,塑造军事医学的未来方向。

根据美军的定义,卫生系统市场(Health System Market)是指一个地理区域内的一组军队医疗机构作为一个整体系统运行,并与美国 TRICARE 系统合同商、退伍军人医院、联邦医疗保健机构、私立教学医院、医科大学以及其他医疗保健伙伴开展密切合作。市场支持各医疗机构之间对患者、工作人员、预算及其他职能的共享,以改善医疗卫生服务的准备、提供和协调。卫生系统市场可提供优异的医疗保健服务,大力实现医疗流程标准化,为患者创造更轻松的就医环境。患者可以跨多家机构进行就诊预约,医疗机构可以指定医务人员和转诊以满足患者特定需求,标准化的流程、政策和监测工作最终会提高医疗水平质量和安全性。

美国国防卫生局(DHA)此前于 2020 年 1 月分别成立了国家首都地区、北卡罗来纳州中部、杰克逊维尔、密西西比州沿海地区 4 家市场。新冠疫情出现后，美国国防部暂停了军队医疗机构移交工作并于 2020 年 11 月重新恢复，在 2021 年 9 月前完成 MTF 从各军种向国防卫生局的全面移交。最终将在美国国内设立 19 个直接报告市场、18 个小型市场，以及两个海外国防卫生区。2021 年 4 月 19 日，美国国防卫生局成立泰德沃特卫生系统市场，负责管理该区域移交给国防卫生局的各军种医疗机构，这是美国国防卫生局成立的第 5 家军队卫生系统市场。移交到泰德沃特市场的军队医疗机构包括：朴茨茅斯海军医学中心等 11 家海军医疗机构，麦克唐纳陆军卫生中心等 5 家陆军医疗机构，以及兰利空军医院（第 633 卫生大队）共 17 家军队医疗机构。6 月 22 日，美国国防卫生局在科罗拉多州斯普林斯成立了第 6 家卫生系统市场，包括 4 家医院和 11 个医疗诊所。该市场负责保障科罗拉多州、怀俄明州到新墨西哥州的 21.6 万多名军人、家属和退休人员。7 月 16 日，成立第 7 家卫生市场圣安东尼奥卫生系统市场，包括布鲁克陆军医学中心、空军第 59 卫生联队等医疗机构，保障对象 25.3 万余人，工作人员约 1.1 万人，年度预算 10.2 亿美元。

三、更新新版战术战伤救治指南

2021 年 12 月，美军部署医学网站更新了 2021 版战术战伤救治指南（TCCC），主要更新内容涉及战术区域救护阶段，涵盖大出血、气道管理、镇痛、检查并包扎已知伤口等内容。

2021 版战术战伤救治指南，在止血带产品推荐方面，将"CoTCCC 推荐"字样从交界部位止血带部分移除。CoTCCC 不推荐任何指定产品，可选择任何 FDA 批准的用于控制交界部位出血的器材。气道管理方面，取消 Cric－Key 技术作为环甲膜切开术的首选，并从标准开放手术技术中删除

"最不理想的选择"字样,各单位和最终用户根据自身情况选择使用经过培训的最佳操作技术。同时,取消 i-gel 作为首选声门外气道技术,如果在高海拔地区执行任务或伤员后送途中,仍可使用 i-gel。在镇痛方面,将氯胺酮静脉/骨内输注剂量调整为 20~30 毫克(或 0.2~0.3 毫克/千克)。在伤口包扎方面,增加了在可能的情况下,使用清洁温水清洗腹部内脏和患者应该保持禁食。规定了尝试回纳腹部内容物的条件:如果有证据表明肠破裂(胃/肠液或大便渗漏)或活动性出血,请不要尝试回纳。如果没有明显肠漏和出血的迹象,可以进行一次短暂的尝试(<60 秒)来替换/回纳腹部内容物。取消了口服战伤药包药物,并将延时救护内容取消,加入到单独的延时救护指南中。

四、开展伤员延时救治培训

2021 年 8 月,美国陆军战斗卫生员专业训练计划(CMSTP)第一批接受伤员延时救治课目训练的 275 名战斗卫生员,并具备了延时救治复杂伤员的高级救生知识和技能。CMSTP 是为期 16 周的初级入门训练计划,旨在将普通士兵训练成为专业的陆军战斗卫生员。参加该训练计划的学员可获得急救技术员(EMT)认证以及战术战伤救治Ⅲ级资质。参训学员将在位于圣安东尼奥·萨姆休斯顿联合基地的美国陆军医学卓越中心以及美军医学教育训练营接受训练。根据新制定的 CMSTP 教学计划,新卫生员将从一开始就接受延时救治训练。伤员延时救治训练侧重于复杂伤员的长时间救治,训练共 18 小时,内容包括野战现场的全血使用、战友献血、远程医疗、膀胱导管插入术、呼吸机管理、上气道管理和延时监测、营养护理等。而之前的战斗卫生员课目侧重于受伤现场的简单救治。CMSTP 训练内容还包括在布利斯堡开展 72 小时的野战演习，学员利用战术战伤救治知识在受伤现场、前线、营救护所，以及延时救治环境中模拟救治复杂战伤。

美军认为，在 CMSTP 中增加伤员延时救治技能训练是战场医学的一场革命。根据美国陆军新的大规模作战行动理论，未来美军发生军事冲突并产生大规模人员伤亡，制空权丧失会进一步制约伤员医疗后送以及后勤保障，卫生员需要在战场对伤员进行更长时间的救治。美军下一步目标是在 2023 年重新设计、开发和试点新的战斗卫生员训练课程，加强伤员延时救治技能训练，并为毕业学员提供高级 EMT 资质认证以及高级战斗卫生员医学证书。

五、不断研发新型战伤救治技术和装备

（一）研发出血治疗人工生物复苏制品

大出血是战场上可预防性死亡的主要原因之一，全血是战术战伤救治中首选的复苏液。但由于血液冷链储存要求、保质期等因素给后勤保障带来了困难，在作战行动中使用全血具有极大的挑战性。为了应对这一挑战，2021 年 5 月 11 日，美国国防高级研究计划局（DARPA）报道，DARPA 新推出"出血治疗人工生物复苏制品"项目（FSHARP），旨在利用人工生物血液替代技术开发可部署、存储稳定的通用全血替代品，并实现按需大量生产，应用到战场救治更多伤员生命。

该计划为期 4 年，将主要聚焦两个技术领域：一是血液替代品的开发，其目标是开发多种具有治疗作用的活性人工生物血液成分，将这些成分整合开发成接近全血的复苏产品，同时具备全血给氧、止血和容积扩张等功能，并且无不良反应；二是大批量制造和生产，其目标是开发使该血液替

代品易于携带的生产制造方法，能够在各种复杂军事行动环境中保持性能稳定，并完成大批量生产以满足战场需求，促进生产方法的革命性进步。该项目最终将开发出具有全血功能的可保存长达 6 个月的人工血液替代品，具有便携、可储存（不需要冷链）、无不良反应等优点，同时实现快速、可扩展、低成本和稳定的大批量生产制造以满足战场需求。该产品将能够快速与液体（如水或生理盐水）重组，只需简单搅拌就可以通过常用给药系统对伤员进行救治，将减少目前战场伤员救治对全血等血液制品的依赖，以满足伤员在战场严峻环境中对血液制品的迫切需求，对战场伤员救治将有重大意义。

（二）部署远程医疗高级虚拟支持系统

据美军卫生系统网站 2021 年 5 月 27 日报道，为了解决分散偏远地区执行任务医疗保障条件有限的问题，美军部署了远征部队高级虚拟支持系统（ADVISOR），可提供全球范围内全天候紧急远程医学会诊。在全球任何地点部署的战场医务人员都可随时拨打电话，可实时获得急救、重症监护、传染病、毒理学等 13 个专业医务人员的远程咨询与临床医疗技能指导。

远程医疗高级虚拟支持系统的目标是提供与医疗机构水平相当的临床救治能力，使得可存活伤员能够百分之百地存活。该计划通过虚拟方式提高远程伤员的检伤分类和救治能力。该系统通过与军队卫生系统的全球远程会诊系统联系，可提供常规卫生员巡诊，提供战伤急救、高级重症救护、后送延迟救护、急救咨询及远程和行为健康诊断与救治。远程医疗高级虚拟支持系统的集成、互动系统适用于所有国防部平台和网络，并可灵活扩展至临床医生所拥有的短信、视频等所有技术资源。在任何时候，呼叫者都可以联系每个专业的两名专家提供服务。

远程医疗高级虚拟支持系统目前有来自各军种的 127 名专业志愿者，其中许多是各医疗机构的主官。该系统于 2017 年 6 月开始在特种作战部队进行试点。迄今为止，已经实际提供了 322 次紧急护理或咨询，主要是在紧急救护和传染病方面发挥作用。此外，集中会诊作为平时医疗保障的宝贵资源，一直为缺乏现场专业救治能力的小型军队医院和诊所提供支持。该系统还协助开展部署前培训，帮助临床医生提高战场延期救治和后送技能。目前，系统用户的反馈非常积极。超过 90% 的受访者表示该系统很容易使用，远程咨询建议质量高于平均水平。

（三）开发战场移动式听力测试系统

战场作业环境噪声导致的听力损伤是美军退伍军人伤残索赔的主要原因之一，因此听力损伤防护研究始终是美军关注的重要方向。但是由于噪声损伤常常发病隐匿且需要在专业检测环境中由专业人员检测，易导致听力损伤在战场环境中难以迅速识别，造成诊断和治疗延误。针对上述问题，美军开发了一款可用于战场环境中的移动式听力测试系统（Wireless Automated Hearing Test System，WAHTS），包括耳机和带有听力测试软件的笔记本电脑两部分。耳机由外壳、内衬、听力计、扬声器、麦克风、保护膜和锂电池组成，该装备通过最大限度提高被动衰减来降低外界嘈杂环境的干扰，通过柔软舒适的贴肤保护膜提高佩戴的舒适性，通过远程无线数据传输实现操作的灵活性，可以在没有传统隔音间和专业测试人员的情况下使用，确保可以在第一时间监测听力损伤情况，提高诊断和治疗效率。该装备突破了传统的听力检测空间和技术的局限，实现了战场环境下的实时监测，为听力损伤早发现、早诊断、早治疗提供了重要保证。

（四）开发可穿戴式脑震荡诊断仪

据 StreetInsider.com 网站 2021 年 5 月 18 日消息，美国陆军医学研究发展司令部（USAMRDC）资助 Oculogica 公司 200 万美元，用于开发可穿戴式脑震荡诊断技术。Oculogica公司将与美国西点军校的凯勒陆军医院和日内瓦基金会等机构合作开发该技术。脑震荡检测技术可以实现对伤员进行快速、无创、可穿戴式的现场检测。

Oculogica公司首席执行官罗希纳·萨曼达尼（Rosina Samandani）博士表示，每年约有1000多万人受脑震荡影响，越早诊断发现脑震荡，治疗的效果就越好。该项工作将在2021年下半年或2022年初开始。研究人员正在开发的新型无摄像头眼球追踪技术作为脑震荡多模式评估的关键技术，将成为这种新型可穿戴设备的关键组成部分。这种眼球追踪系统架构设计，可在移动中产生高速、高保真的数据，可以全天舒适佩戴。凯勒陆军医院评论称，可穿戴式脑震荡诊断仪可提供部署伤员高效和客观的信息，辅助诊断伤员脑震荡，监测远端与野外环境中的伤势恢复。该产品在军事和运动医学领域也有潜在的应用，可以客观识别遭受脑震荡的伤员，用于战场伤员救治时轻度创伤性脑损伤（mTBI）的评估。

（五）研发战场用新型止血凝胶

据美国《军事》网站（Military.com）2021年5月7日报道，在美国国防卫生局小企业创新研究计划的资助下，混合塑料（Hybrid Plastics）公司、密西西比大学医学中心、范德比尔特大学和伊乔科技（Ichor Sciences）公司正在研发一种新型止血凝胶StatBond，可以用于压力绷带无法止血的身体交接部位止血，如腹股沟、腋下、颈部和内脏器官的出血控制。该技术的突破性在于止血凝胶能够深入流向穿透性伤口，并立即密封防止血液流失，从而使血液自然凝固在凝胶表面。

据美国陆军研究实验室介绍，这项技术提供了一种在有限条件下止血的新材料。美国陆军过去已经部署了快速有效的凝血剂，如速凝剂（Quick-Clot），但对动脉出血的止血效果有限。StatBond含有多面体低聚硅氧烷

（POSS），这是一种硅胶材料，可以将治疗剂注入伤口，且不会灼伤。此外，到目前为止的研究表明，多面体低聚硅氧烷材料不会导致任何细胞死亡或对身体产生任何毒性。这种止血材料可以留在体内，并随着时间的推移自然排除。StatBond 还可用于治疗肺穿刺、眼睛受伤和烧伤伤口，并防止感染。虽然出血并不总是与这些类型的伤害有关，但 StatBond 封堵了受损组织，防止血液进一步流失，同时保持氧气输送到损伤处，有助于保护组织，支持自然愈合和组织再生。目前，该研究团队正在与美国陆军合作开展进一步研究，并接受美国食品药品管理局（FDA）的审批。

（六）研发可检测感染的荧光智能绷带

据美国国家科学基金会网站、美国罗德岛大学网站、美国生物技术网站 2021 年 5 月 18 日综合消息，美国国家科学基金会资助罗德岛大学研发出一种可检测伤口感染的荧光智能绷带，通过内置的纳米传感器自动检测伤口是否感染，当伤口感染时该绷带能够自动"发光"，提示医护人员进行紧急救治。

该绷带由聚合物纤维材料、碳纳米管和微型设备组成，科学家将改良的单壁碳纳米管嵌入绷带的单个聚合物纤维中。当伤口发生感染时，人体白细胞会产生过氧化氢化合物，从而使碳纳米管发出不同颜色和强度的荧光，绷带上的微型设备可以触发并分析荧光，然后向智能手机等终端设备发出受感染警报。研发这种"智能绷带"使用了基于纳米材料的高通量筛选技术、近红外显微镜和光谱学、可穿戴技术等多种先进技术。一是设计并优化了一种微加工工艺。利用"尖端显微镜"来研究所生产材料的结构，以将纳米传感器精确地固定在绷带的单根纤维内，从而保证纳米管不会从材料中渗入伤口；二是研发自制的近红外光谱仪来优化绷带材料的光学特性，从而可以使材料根据不同浓度的感染发出不同颜色和强度的荧光；三是利用微型可穿戴技术监控绷带。微型设备通过光学检测绷带中的碳纳米管发出的信号，并传输到智能手机等终端，自动发出感染警告。该项目的下一步计划是在培养皿中测试这种绷带功能是否正常，如果成功将在实验室小鼠身上进行测试。分析认为，这种荧光智能绷带创造了一种连续、非侵入性检测和监测伤口感染的方法，能够在早期判断出伤口感染，减少抗生素的使用，甚至防止截肢。未来在军事应用上，有望尽早快速自动检测伤员伤口感染情况，对伤员实施更精准的救治，大幅降低伤员的伤残率，有效提高战场伤员救治水平。

（七）研制战伤现场超声装备

未来作战空间可能会限制伤病员后送进程，因此，迫切需要在战场上对各类损伤进行快速、准确的医疗处理。由于战场伤情类型复杂，医务人员需要借助超声影像等设备进行即时诊断和治疗。尽管目前已有超声影像设备在市场上销售，但大多价格昂贵，并且没有关于战场各类损伤的数据。为解决这一问题，DARPA 于 2021 年 2 月发布了超声影像自动识别项目指南，希望利用人工智能技术开发便携式超声影像自动识别设备。2021 年 5 月，DARPA 宣布与 Kitware 公司、Netrias 公司、卡内基梅隆大学、Novateur Research Solutions 公司和德雷塞尔大学等 5 家单位签署合作协议，开展"战伤现场超声影像自动识别"（Point – Of – Care Ultrasound Automated Interpretation，POCUS AI）项目研究。

该项目为期 18 个月，将分为两个研究阶段。第一阶段将评估从非常有限的训练数据中开发人工智能技术和算法模型的可行性；第二阶段将证明便携式超声影像设备可以进行快速的功能拓展，从而适用于多个应用领域。研究成功后，该设备可以广泛部署在美军部队，为医务人员提供即时超声影像诊断结果，从而有效提高战伤救治能力。研究团队计划开发新的人工智能技术和算法，将超声影像权威专家的经验和观点纳入到学习模型中，这样仅需要将 15~30 组战场损伤的超声影像数据作为训练集，就可以达到快速、精准的诊断能力。而常规设备大多需要数千组超声影像数据。研究团队将围绕美国国防部重点关注的 4 个应用领域开展研究：气胸检测、视神经鞘直径测量、超声波引导下神经阻滞以及气管插管验证。

(军事科学院军事医学研究院　刘伟　李丽娟　楼铁柱)

2021 年军事作业医学领域发展综述

军事作业医学是研究以"人为核心"的人机环系统整体效能评估、适应、提升的交叉学科。美军始终关注"人"效能的提升,致力于发展和培养一支随时待命且具有战斗力的部队,将健康维护和效能提升贯穿于军事行动的全过程和每名军人的整个服役生涯。

一、美军在政策法规方面加强作业效能维护

军人必须快速适应不断变化的战略和作战环境,发挥最优效能。美军通过颁布一系列条令、手册、指南、报告,不断强化军人健康维护与效能提升理念,不断完善军事体能评估办法,不断细化影响军人作业效能的关键指标。

(一)发布《整体健康与体能》野战条令手册并建设配套系统

2020 年 10 月,美军发布了《FM 7 - 22 整体健康与体能(Holistic Health and Fitness,H2F)》野战条令手册和配套文件,对战备体能训练理论进行全面修正和拓展,旨在通过提供个性化的训练和测试指导,为每名军

人建立一个全面的作业效能优化系统，使军人可以主动提高个人战备状态。同时，美军着手建立与之配套的 H2F 系统。这是一个内嵌在"部队全面强健计划"和陆军作战规划中的"全维战备系统"，通过将涉及军人作业效能的 5 个领域，即体能、营养、心理、精神和睡眠，整合在一个系统下进行训练和优化。美军计划在 2021 财年列支 1.1 亿美元，为首批 28 个旅级单位部署 H2F 团队，这个团队将包含体能训练师、营养师、职业治疗师、协同效能专家、运动教练等。此外，美军会为每个作战旅建造一个面积约 4 万米^{2}的"军人效能战备中心"。

（二）发布最新陆军战斗体能测试 3.0 版（ACFT3.0）

2021 年 3 月，美军发布了最新的"陆军战斗体能测试 3.0（Army Combat Fitness Test，ACFT 3.0）"，对前两个版本的体能测试项目和标准进行了更新，该版本测试预计在 2022 年 3 月开始全面实施。主要更新的内容为，对无法完成单杠悬垂卷腿项目的军人可以选择平板支撑替代，在 2020 年发布的 ACFT 2.0 中，选择平板支撑作为替代测试最多只能获得 60 分，ACFT 3.0 中可以获得 100 分。此外，ACFT 3.0 探索实施效能分级计划，根据测试成绩将军人分为 5 类，分别用绿色、青铜、白银、黄金和铂金 5 种不同颜色代表，分级标准将根据每年度每个等级军人的测试分数占比进行调整，并充分考虑性别差异。例如，1% 的男性军人在前一年获得 585 分或更高的 ACFT 分数，那么 585 分可能是本年度所有男性军人进入铂金级的基础得分。

（三）发布《2020 年部队健康》调查报告

2021 年 6 月，美军发布《2020 年部队健康》调查报告，全面分析 2019 年度现役军人健康和医疗战备状况。自 2016 年起，美军每年发布一次年度报告，通过分析影响战备和军人作业效能的关键指标，为领导人制定优化军人健康、提高作业效能的措施提供依据。本年度报告共主要分为 4 个部分：医学指标、环境卫生因素、作业效能三要素、军事基地健康指数。第一部分医学指标，主要介绍损伤、行为健康、药物使用、睡眠障碍、肥胖症、烟草制品使用、热病、听力、性传播感染和慢性疾病对军人健康的影响。第二部分环境卫生因素，主要分析空气质量、饮水质量、饮水氟化、固体废物处理、蜱虫传播的疾病、蚊子传播的疾病、热损伤对部队战备的影响。第三部分阐述了作业效能三要素，即营养、运动和睡眠之间的关系，分析了达到三要素目标的军人比例。第四部分通过军事设施健康指数（Installation Health Index，IHI），即用于衡量军事设施内人群健康状况的综合指标，对美军部署在世界各地的 40 余个军事设施作业环境进行评估。

二、特殊自然环境军事作业医学研究进展

恶劣、极端的自然环境（高原、高寒、高热）中军人健康维护和效能提升，是美军作业医学关注的核心问题，是美军军事作业医学计划的重要内容。美军高度重视极端环境损伤的防护，深入研究损伤发生机制，研发系列预警评估与损伤防治先进技术，并加快研究成果在战场的转化应用，保证军人在极端恶劣的自然环境可以维持作战能力。

（一）确定急性高原病防治药物用药剂量

最新版的《美国荒野医学协会预防和治疗急性高原病临床实践指南》指出，进入中度或高度急性高原病风险及以上高海拔地区时，乙酰唑胺是 FDA 认可的防治急性高原病的首选药品，但使用剂量仍存在争议。美国陆军环境医学研究所与美国橡树岭科学教育研究所开展回顾性研究，综合近年来关于使用乙酰唑胺防治高原病的文献，建议快速上升至 3500 米以上高

度的 24 小时内，每天服用 500～750 毫克乙酰唑胺，以缓解急性高原病症状。

（二）探索新技术在便携式制氧装备中的应用

在战场上，氧气不仅可以保障军人安全地执行任务，还对挽救伤员生命、帮助伤病员重返岗位具有重要意义。目前生产氧气的方法主要有深冷法、化学试剂法、膜分离法、变压吸附法等。在高原地区，由于空气密度小，对于以空气作为原料制取氧气的空分技术来说，与平原地区相比，在高原环境下制氧需要克服更多的困难。美国陆军医学后勤司令部（U. S. Army Medical Logistics Command，USAMLC）的专家正在探索将电化学制氧技术应用到战场便携制氧装备中，取代目前的变压吸附（Pressure Swing Adsorption，PSA）和真空变压吸附（Vacuum Swing Adsorption，VSA）技术。电化学技术使用一个非常薄的无机膜和电荷，当电荷穿过膜时，只允许氧气通过，从而完成氧气制备。该技术可以减少制氧装备的维护时间和装备维护人员的培训要求，减少对空气压缩机和氧气瓶的需求，降低战场后勤保障负担。

（三）回顾分析环境因素所致疾病发病率的季节变化趋势

传统上，美军将每年的 5 月 1 日至 9 月 30 日定义为"暑季"，即劳力型热病（Exertional Heat Illness，EHI）发病率最高的时候；将每年的 10 月 1 日至次年的 4 月 30 日定义为"寒季"，即冷损伤（Cold Weather Injury，CWI）发生率最高的时候。美军科研人员选择 2008—2013 年 EHI 和 CWI 发生频率最高的 15 个军事基地进行数据调查分析，结果表明，目前定义的"暑季"应提前 3 周开始，"寒季"的时间范围是合适的。EHI 是贯穿全年的问题，17% 的病例发生在非"暑季"月份，由此表明，在某些特殊的军事基地，任何时候都不能忽视对 EHI 的监测和预防。

（四）持续关注北极地区军人健康和作业能力

近年来，美军高度重视北极地区军人的健康和作业效能，各军种相继发布系列北极战略，积极组织北极地区军事演习。2021年1月19日，美国陆军发布《重获北极优势》战略报告，强调陆军必须配备相应的人员、训练、装备，并将这些要素组织起来，从而获得在北极地区赢得战争的能力。2月6日至12日，美军在阿拉斯加州组织北极勇士2021（Arctic Warrior 21，AW21）演习，测试机动部队在极端寒冷天气下抗击近邻威胁的能力。陆军卫生系统（Army Health System，ACM-AHS）全程参加跟研跟训，以评估极端气候对作战的影响，探究北极能力部队（Arctic-capable Units）在极寒天气、雪地、高海拔环境中的作战能力，以及在该作战环境中维持部队战斗力所需的条件。同时，美军着手更新和完善寒区医疗指南。2005年美军出版了《医疗技术通报508》，基于美军数十年来对寒冷天气下的健康和效能研究总结而成。美国陆军环境医学研究所的科研人员，正在与美军医疗主管机构、军队医院和培训中心合作，系统修订完善该手册，重点更新损伤治疗部分内容和有关潮湿环境（如沼泽和泥潭）的伤病防护指导。

（五）开发系列耐寒装备提高军人生存和作战能力

美军通过体系化的开发，全面提升军人在极寒环境下的生存和作战能力。美军并发一种名为"Personal Heating Dexterity Device"简称PhD2的单兵加热装置，该装置将加热垫固定在前臂和手背，通过改善血流温暖双手及手指。美军在低温模拟舱对该装备的性能进行验证，结果显示不同程度低温条件下佩戴该装置均可以保证裸露的手部温度保持在零摄氏度以上，而且与佩戴传统防寒手套相比，手指灵活度提高2~4倍，有利于操作的准确性和敏捷性。该装备已经完成了原型机研发和小范围现场测试，2022年将在"北极鹰"军事演习中进行实战应用。美国国防卫生研究计划资助了1

项研究，探究可可基黄烷醇补充剂在寒冷条件下的效果。研究表明，黄烷醇是存在于可可豆和茶叶中的营养物质，可以帮助促进血液流动。研究人员正在测试服用这种补充剂增加手部和手指的血液流动的效果。此外，美军还研发了配套的辅助决策系统，包括寒冷天气辅助决策系统，可以根据军人的服装、运动量和环境条件预测耐受寒冷的时间，用于预防体温过低和冻伤；以及生存概率辅助决策系统，通过综合计算体温和水合状态等因素，预测军人在冷水浸泡环境下的生存时间。

（六）深入研究热损伤发病机制

军事作业环境中的高温对军人健康和作业效能有着重要影响。2020年，美军现役军人中有475例热射病和1667例热衰竭，热射病和热衰竭的粗发病率分别为0.36例/1000人·年和1.26例/1000人·年。这两项的比例是2016—2020年监测期间最低的，在这期间，伊拉克和阿富汗共记录了341例军人中暑，其中7.0%被诊断为热射病。因此，部队指挥官、训练和医疗人员必须确保其管理和保障的军人充分了解与热损伤相关的风险、预防对策、早期反应、症状以及急救方法。美国佛罗里达大学研究团队发现，在热射病发生后3小时即可在肝脏中检测到血清淀粉样蛋白A1（Serum Amyloid A Protein，SAA1），可以用于热射病的早期诊断和预警。美国陆军环境医学研究所针对感染对热射病影响的研究发现，病毒感染会增加热射病的严重程度和恢复时间，但细菌感染不会，有助于热射病合并感染时选择合理的治疗方案。

（七）加强热损伤实时监测和预防装备的研发

2021年10月，美军系统回顾了军事环境下劳力型热病实时生理状态监测的技术现状，分析了如何将先进的传感器系统、模型和算法进行有机融合，如何为军事机构提供真正的解决方案，以减少热损伤对军人健康和作业效能的影响；详细介绍了将生理状态监测融入军事训练过程的细节，探讨了可穿戴传感器的发展脉络、采用的先进算法、损伤风险动态评估的具体过程；描述了部分生理监测先进技术代表性国家目前正在开发的系统，讨论该技术将如何融入军事训练的知识缺口；讨论未来个体化的生理状态监测如何提高作业效能。美国陆军环境医学研究所和美国陆军卫生物资研发局合作开发了单兵热应激评估辅助系统，该系统在 2021 年 7 月进行操作测试后，已被部署在"奈特勇士"系统和美国陆军训练与条令司令部的应用程序上。

三、特殊作业环境对军人作业效能的影响

特殊的军事作战任务以及复杂的军事作业环境可能对军人的睡眠、听力、营养摄入等方面产生负面影响，进而影响军人的警觉、认知、决策、学习等脑、体作业能力。近年来，美军持续关注睡眠管理、噪声损伤防护、健康饮食行为对军人作业效能的影响。

（一）关注昼夜节律对军人作业效能的影响

昼夜节律紊乱，会导致机体疲劳、睡眠障碍、情绪症状以及认知功能障碍。稳定的昼夜节律是机体各器官行使正常功能的前提，也是军人维持作业效能的保障。水面舰艇、潜艇等军事人工环境中，不规律的光照、噪声、温度、空气质量均能在不同程度上导致军人昼夜节律紊乱。针对美国海军水面舰艇军人的研究表明，约 62.4% 的军人认为噪声是军事作业过程中导致睡眠障碍及昼夜节律紊乱的主要因素，46.6% 的军人认为环境温度过热是主要因素。人体进入睡眠状态时，周围环境适宜的声音强度需要不大于 35 分贝，而舰艇、潜艇等军事作业环境中往往夹杂着高强度、间歇性

的噪声干扰，影响军人的入睡，导致昼夜节律紊乱。人工环境中的温度、湿度则会通过体表温度反馈作用于昼夜节律系统，影响军人睡眠质量。此外，美国海军研究发现，相比于其他的值更制度，18小时值更制度（值班6小时，然后休息12小时）的进食时间与上床熄灯时间间隔最短（约55分钟），睡眠碎片化、睡眠质量低、白天嗜睡以及夜晚失眠的比例最高。因此，针对海军特殊的岗位以及值更要求，合理安排进餐、训练、娱乐、作业和睡眠时间，对于改善军人生物节律具有重要意义。

（二）通过便携式睡眠监测装备加强军人睡眠能力管控

针对伊拉克与阿富汗战争期间美军军人睡眠与睡眠药物使用的队列研究表明，作战作训、任务类型、人员类别是导致军人出现睡眠障碍的主要因素。睡眠能力受到睡眠稳态系统的调控，即睡眠稳态产生睡眠压力，促使机体由清醒进入睡眠。睡眠的时相表现为非动眼睡眠与动眼睡眠循环交替。动眼睡眠以快速不规则的眼动与高频率的脑电为主要特征，目前认为其与记忆的提取、巩固及再现密切相关。因此，实现对睡眠能力的调控，不仅可以促进军人在各种极端环境和军事任务中脑力和体力的恢复，在更深层次还可以促进信息情报的获取、记忆和反馈。美国海军目前正通过智能手环或戒指实现对军人睡眠的监测。美国国防部除了开展咖啡因、莫达非尼、褪黑素等常规睡眠管控药物的研究外，还期望基于脑机接口技术开发出适用于单兵化、便携式的睡眠能力提升装备。

（三）开展噪声损伤防护基础研究

听力是军人在训练、部署和战斗中的必要条件。军事作业环境往往存在很多噪声，易导致听力损伤，进而影响作业能力、生存能力和杀伤力。美国俄勒冈健康与科学大学听力研究中心的科研人员发现，周细胞通过VEGF亚型A165（VEGFA165）发出信号，在很大程度上可以促进成年和新生小鼠内耳组织的新血管生长。研究首次提供明确的证据，表明周细胞对成人的血管再生、血管稳定性和听力至关重要。在噪声暴露的动物中受损耳蜗血管功能的恢复，提示 VEGFA165 基因治疗可能成为改善血管相关听力障碍的新策略。美国布法罗大学听力和耳聋中心的科研人员表明，暴露于 120 分贝声压水平的强烈噪声 1 小时后，趋化因子受体 1（CX3CR1）的缺失导致耳蜗组织中中性粒细胞浸润增加。耳蜗内中性粒细胞的分布具有部位特异性，浸润水平与噪声强度呈正相关。在 CX3CR1 缺失小鼠中，噪声诱导的听力损失和感觉细胞的损伤更大。在暴露于相同噪声下的野生型对照小鼠（CX3CR1 未缺失）中，也发现了中性粒细胞，但主要存在于耳蜗的微血管内，只有少数存在于耳蜗组织中。

（四）开发战场移动式听力测试系统

由于噪声损伤常常发病隐匿且需要在专业检测环境中由专业人员检测，在战场环境中难以迅速识别，造成诊断和治疗延误。基于此，美军开发了一款可用于战场环境中的移动式听力测试系统，简称 WAHTS（Wireless Automated Hearing Test System），包括耳机和带有听力测试软件的笔记本电脑两部分。耳机由外壳、内衬、听力计、扬声器、麦克风、保护膜和锂电池组成，该装备通过最大限度提高被动衰减来降低外界嘈杂环境的干扰，通过柔软舒适的贴肤保护膜提高佩戴的舒适性，通过远程无线数据传输实现操作的灵活性，可以在没有传统隔音间和专业测试人员的情况下使用，确保可以在第一时间监测听力损伤情况，提高诊断和治疗效率。该装备突破了传统的听力检测空间和技术的局限，实现了战场环境下的实时监测，为听力损伤早发现、早诊断、早治疗提供了重要保证。

（五）注重健康饮食行为管理

美军重视健康饮食行为对提升军人作业效能和战备状态的作用，推行了多项公共卫生运动,如目前正在试行的"军队社区绩效餐卡计划"。美国陆军环境医学研究所开展了横断面研究,选择来自8个不同军事基地的1591名军人进行调查分析,确定饮食行为与达不到军人身体成分和体能标准之间的关系。结果表明,经常在餐饮机构进食者发生身体成分缺乏的风险是主要在野外进食或食用野战口粮军人的0.44倍,进食速度快者发生身体成分缺乏和体能训练衰退的风险分别是进食速度慢者的1.51倍和1.42倍,经常忽视饱腹感者发生身体成分缺乏的风险是偶尔忽视饱腹感者的2.12倍,经常吃快餐和方便食品者发生体能训练衰退的风险是不吃快餐和方便食品者的1.75倍。肥胖问题是困扰美军的一大难题。调查显示,美国军人的超重和肥胖率持续上升,约占17%。33%的军人存在"体重循环现象",体重循环的特点是"反复减重和复胖",可能会增加肥胖症、高血压和2型糖尿病等慢性疾病的风险。美国陆军环境医学研究所选择575名来自8个不同军事基地的军人完成军事饮食行为调查(Military Eating Behavior Survey,MEBS),分析美国陆军军人的体重循环、体重管理行为、BMI和饮食质量之间的关系。结果表明,体重循环与较高的BMI和体重管理行为紧密相关。因此,采取恰当措施,提高体重干预的有效性和可持续性,防止不必要的体重增加和体重循环具有重要意义。

四、关注女性军人健康维护和效能提升

随着女性在部队中发挥的作用逐渐扩大,美军开始将更多注意力转向女性军人,通过设立专职咨询机构、调查损伤影响、改进适用装备,为女性健康和作业效能维护提供支持。

综合动向分析

（一）庆祝女性军人作业效能维护咨询机构成立 70 周年

1951 年，美国国防部成立了女性军人咨询委员会（Defense Advisory Committee on Women in the Services，DACOWITS），就美军女性军人招募有关的事项和政策，向国防部长提供独立的咨询建议。2020 年 12 月，为纪念 DACOWITS 成立 70 周年，该委员会撰写专题报告，系统回顾成立以来所做的工作和产生的影响。通过分析委员会提出的 1000 多项建议，概述 DACOWITS 在女性军人健康维护和效能提升领域产生的重要影响。这些建议解决了美国军队中女性面临的几十个问题和挑战，其中一些问题和挑战随着时间的推移已经得到解决，而另一些问题和挑战一直存在。DACOWITS 始终致力于向国防部和公众报告女性军人面临的问题和挑战，每年都会与所有部门的服役人员进行现场调研交流，在第一时间梳理资料并提出建议，以确保问题尽快得到解决。

（二）分析战创伤对女性军人健康的影响

随着 2013 年美军取消了作战排除政策，允许女性参与所有军事职业，包括前线作战和特种作战部队，女性军人面临的作战暴露和受伤风险越来越高。美国海军卫生研究中心对在伊拉克和阿富汗作战中受伤的女性军人开展了一项回顾性队列匹配研究，选择 590 名受伤女性和 2360 名未受伤的对照组。结果显示，超过一半的人在伊拉克/科威特受伤（53.7%），其中 95.6% 的是爆炸损伤。有作战相关损伤的女性多为轻中度损伤（86.3%），头部和颈部是主要受伤部位（77.5%），其次是四肢（43.4%）、脊柱/背部（16.3%）和躯干（13.2%）。

（三）加强对女性退伍军人的健康保护

2021 年 11 月，根据已经通过审议的《保护服役母亲法案》，美国退伍军人事务部决定增加对女性退伍军人的产科护理投入，并对已育女性和待育女性的健康状况进行系统调研。该计划预计投入 1500 万美元，用于改善女性退伍军人的医疗保障，加强医疗机构与社区之间的协调合作，为新妈妈提供专题培训和技术支持，包括孕期保健、分娩准备、健康育儿、合理营养、科学哺乳等。目的是通过全方位的教育、医疗和服务保障，降低美军女性因怀孕或分娩导致的健康问题。

（军事科学院军事医学研究院　李哲　王静怡）

2021年干细胞与军事再生医学发展综述

干细胞及再生医学作为医学前沿领域，随着新技术的发展及应用场景的多元化逐渐成为最有潜力的领域，2021年在面对新冠肺炎等特殊公共卫生事件上展现了其作为新兴科技力量的强大与潜力。同时，借助于单细胞技术的快速发展，及3D打印技术的逐渐成熟，包括人造器官移植在内的再生医学为组织器官损伤修复提供了新的有效治疗手段。

一、干细胞与再生医学前沿进展

（一）干细胞联合生物支架促进外周神经修复

宾夕法尼亚大学研究团队在2021年11月9日发表的一项研究表明，利用商业化的胶原蛋白水凝胶支架搭载人牙龈间充质干细胞（Mesenchymal Stem Cells，MSCs）诱导得到的施旺样细胞来引导神经生长，能够有效促进面部损伤后的神经功能恢复，这种周围神经系统的促再生细胞能产生髓鞘和神经生长因子。将这些移植物植入患有面神经损伤大鼠的体内后发现，与对照组相比，实验组动物面部下垂更小，移植后的干细胞能够在动物体内存活数月。该研究有望为口腔癌或面部创伤患者提供新的治疗策略，实现利用自体组织干细胞来恢复运动和感觉功能，并在修复后明显改善外观。

另外，耶鲁大学和日本的研究人员于 2021 年 2 月 18 日在《临床神经病学和神经外科杂志》上报告说，在脊髓损伤患者中静脉注射骨髓源性干细胞可显著改善运动功能，且无明显副作用。患者在干细胞治疗前几周，遭受了跌倒或轻微外伤导致的非穿透性脊髓损伤，患者临床症状包括运动功能和协调性丧失、感觉丧失以及肠和膀胱功能障碍。体外分离患者骨髓 MSCs 培养数周后进行静脉输注，每个患者以自身为对照（图 1）。1.0×10^8 个自体 MSCs 静脉输注 8 天后，依次出现肛门感觉、运动和感觉（针刺）功能等的快速改善，184 天后患者可以在上肢矫形器辅助下进食，驾驶轮椅行进 100 米，并借助助行器设备实现步行。

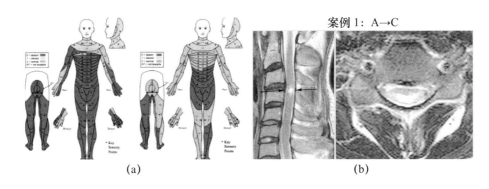

图 1 自体 MSC 移植帮助脊髓损伤恢复

（二）3D 打印新技术的开发

2021 年 2 月 16 日，来自卡内基梅隆大学的研究人员发表了一项 3D 打印的新方法，解决了生物墨水的失真导致保真度降低的问题。该研究提供了一种悬浮水凝胶的自由可逆嵌入（Freeform Reversible Embedding of Suspended Hydrogels，FRESH）3D 生物打印方法的新技术，该方法通过将生物墨水固定在应力支持浴（Yield – stress Support Bath）环境中维持精确打印。该实验室从 2015 年开始不断改良新的打印技术，此次公布的方法适用于绝大多数生物墨水。其创新之处在于，首先支持浴能够以细胞或生物墨水进行打印，原料广谱，兼容性强。支持浴在打印时帮助打印针保持其位置，同时允许挤出针移动。其次，该支持浴还在打印过程中提供了一个保持细胞高活力的环境。最后，它通过将墨水加热到 37 ℃以在体温下轻轻熔化支持浴，从而实现非破坏性打印释放。如图 2 所示，使用该方法可根据 MRI 成像数据以 I 型胶原蛋白打印人类新生儿心脏等比规模的物理模型，与图 2（a）的 MRI 成像图形相比，打印的模型具有等比大小及同样结构的血管及心室心房结构。

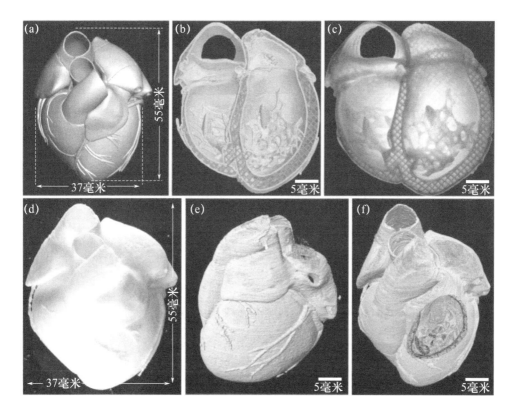

图 2　悬浮水凝胶打印 MRI 成像等比例心脏

(三) 干细胞来源类器官提供药物筛选平台

在传统二维培养中生长的人多能干细胞来源的心肌细胞（Cardiomyocytes Derived from Human Induced Pluripotent Stem Cells，hiPSC – CM）相对不成熟，生理反应能力差，缺乏重要的 t 管（t – tubular）系统，只有基本的细胞内钙处理系统，优先使用葡萄糖作为能量底物，主要表达胚胎肌节蛋白，无法完全模拟正常成人心脏的生理结构及功能。因此，威斯康星大学医学和公共卫生学院的研究者开发了 hiPSC – CM 和 hiPSC 衍生的心脏成纤维细胞在 3D 纤维蛋白基质中共培养以形成工程心脏组织构建体（Engineered Cardiac Tissue Constructs，hiPSC – ECT）。hiPSC – ECT 对拉伸、频率和 β – 肾上腺素能发生反应，形成 t 管系统，并显示出与人心室心肌相当的钙处理能力和收缩动力学，在 2～6 周的培养时间内，成熟标志物的表达都较为稳健。这种人类心脏模型系统依靠"即产即用"型设备进行制备，得到的心脏可以在没有额外营养、药理和机电刺激的情况下实现相对成熟的生理功能，并提供详尽的生理数据。多能干细胞来源的心脏类器官为未来药物筛选提供了理想的体外模型。

(四) 小分子组合提高干细胞及干细胞分化细胞的活性

保持重编程得到的 iPSC 在培养中的存活率及保持多向分化潜能是其培养及应用的首要前提。美国国立卫生研究院的研究者测试了超过 15000 种美国 FDA 批准的药物和来自国家先进转化科学中心（National Center for Advancing Translational Sciences，NCATS）收藏的研究性小分子化合物。在可以抑制 ROCK（一种参与干细胞应激的激酶）活性的 20 种药物和化合物中，发现化合物 Chroman 1 在提高细胞存活率方面比广泛使用的化合物 Y – 27632 更有效。使用 NCATS 的基质药物筛选功能确定了一种研究药物 Emricasan，当与 Chroman 1 联合使用时，可以为提高干细胞活力提供额外的支持,以保护细胞免受冻存带来的损伤。在 iPSC 分化的心脏细胞、运动神经元和其他细胞类型的中研究了该组合的作用,发现 CEPT 处理后的这些分化程度更高的细胞也更有活力并显示出更好的功能。

(五)再生医学应对新冠疫情的挑战

新冠病毒在 2021 年引起了全世界更大规模的传染,越来越多的研究正在寻找该疾病的最佳治疗方法。再生医学提供各种细胞组织疗法和相关产品,如干细胞疗法、自然杀伤细胞(Natural Killer Cell,NK 细胞)疗法、嵌合抗原受体修饰 T 细胞疗法(Chimeric Antigen Receptor – T cells,CAR – T cells)、外泌体等。其中,MSCs 可以减轻炎症症状并防止病毒感染引起的细胞因子风暴,MSCs 还可以通过分泌纳米级的外泌体、细胞外膜囊泡携带一系列大分子直接与感染细胞相互作用。研究显示,静脉注射 MSCs 的患者出现明显的淋巴细胞计数增加,炎症标志物和细胞因子(如 C – 反应蛋白和肿瘤坏死因子)减少,抗炎细胞因子(白介素 10)增加等。NK 细胞可以对感染细胞发挥细胞毒性作用并诱导干扰素产生,NK 细胞与其他细胞的亲和力取决于细胞表达主要组织相容性复合物(MHC)的程度。受感染细胞和转化的恶性细胞中 MHC 分子低表达将使 NK 细胞趋向这些细胞,而 MHC 的正则表达确保了 NK 细胞不会杀伤正常细胞。

二、干细胞与军事再生医学研究进展

美军一直围绕干细胞与再生医学领域积极推进,国防部资助或委托了数个单位进行了相关研究或临床试验。针对军人高发的半月板撕裂伤问题,美军开展了 3D 打印半月板进行移植的临床试验。此外,利用脂肪干细胞治疗战斗或轻微外伤带来的脑震荡后综合征(Post Concussional Syndrome,

PCS）的Ⅰ期临床试验申请也获得批准。

（一）美军推进干细胞注射用于 PCS 治疗

美国冷冻干细胞公司开展了一项利用脂肪干细胞治疗战斗或轻微外伤带来的 PCS 相关症状的安全性、耐受性和临床缓解的Ⅰ期临床试验。治疗组中设置3个细胞治疗剂量水平：5000万个细胞、1.5亿个细胞和3亿个细胞，以及5%葡萄糖乳酸林格氏溶液的安慰剂组。参与者在组织采集程序后1天，及治疗后1天、1周、1个月、3个月和6个月进行随访。

一般来说，即使是轻度颅脑外伤也会导致持久的负面影响，表现为明显低于年龄应有的神经心理学水平，这种情况可能最终导致阿尔茨海默病以及慢性创伤性脑病。除了治疗症状外，目前还没有针对这种情况的有效治疗方法。这一临床试验基本面向军人，研究结果也可能为退役军人的战伤修复提供新的治疗策略。

（二）蛋白"涂料"促进骨骼再生

在美国，自越南战争以来，幸存回家的受伤士兵从75%上升到92%，据统计每10名退伍军人中就有1人在服役期间受重伤，其中包括严重烧伤、脊髓损伤、失明、耳聋、脑损伤、四肢丧失等。严重的爆炸伤和枪弹伤也让许多退伍军人需要植入物或假肢来替换缺失的肢体。当士兵的躯体被枪击或爆炸撕裂时，骨内的细胞网络受到的损害非常严重，以至于它无法自行愈合。

再生医学在骨骼创伤修复上可能会提供新的解决方案，路易斯·阿尔瓦雷斯（Luis Alvarez）曾在美国陆军服役20年，退役后在麻省理工学院创立了 Theradaptive 公司，该公司开发了一种"涂料"，该"涂料"源自可触发骨骼再生的关键蛋白质，Theradaptive 公司开发的技术允许医生用特定的蛋白质涂覆植入物，使它们能够触发再生，从而帮助受损骨组织的恢复。迄今为止，该公司已从美国国防部和马里兰州干细胞研究基金（Maryland Stem Cell Research Fund）筹集了超过 900 万美元的资金，其正着力建立一个在骨骼修复、脊椎融合和运动医学领域的最佳产品流水线，并将开发价值 800 亿美元的潜在市场。该研究目前已改造了十几种具有再生治疗作用的蛋白质，有望在 2021 年做出适用于临床使用的产品，进入临床试验。

（三）生物打印皮肤与半月板用于烧伤及半月板损伤治疗

美国军方大力投资再生医学，以帮助受伤的退伍军人替换某些缺失的身体组织。生物打印使用混合了特殊设计的"生物墨水"的人体细胞来 3D 打印组织器官，以再生受损的身体部位。生物打印可以实现用患者自己的干细胞构建替代移植物，从而消除与移植排斥相关的问题。美军医学研究中心打印的器官支架如图 3 所示。

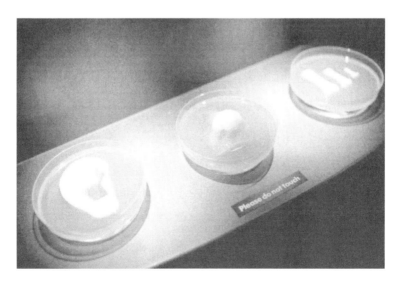

图 3　美军医学研究中心打印的器官支架

美军正在将生物打印技术应用于皮肤移植物的生成，用于治疗遭受了严重烧伤的军人。治疗严重烧伤是一个非常困难的过程，烧伤部位很难完全愈合，患者会留下极深的疤痕、皮肤紧绷、发痒以及毁容。当皮肤严重烧伤时，身体会选择尽快闭合伤口来防止感染，生成了新皮肤，但其结构与"正常"组织大不相同。由 Jeff Biernaskie 博士领导的新研究在理解皮肤如何愈合方面取得了显著突破。用药物改变伤口环境，或者直接改变真皮内的特定祖细胞的分化命运，这两种方法都足以改变它们在伤口愈合过程中的行为，这将直接促进受伤的皮肤内再生新的毛囊、腺体和脂肪，显著改善愈合过程。

膝盖半月板撕裂是美国年轻军人中最常见伤害之一，与普通人群相比，军人半月板撕裂的发生率高出约 10 倍，导致美军每年进行约 8000 次膝关节镜手术。华尔特里德国家军事医学中心（Walter Reed National Military Medical Center）2021 年 5 月 12 公布了一项关于 3D 打印半月板研究项目的成果。如图 4 所示，利用人胚胎干细胞来源的软骨细胞构建具有机械性能 3D 透明软骨组织，在体外培养 19 周后大小明显增加。华尔特里德国家军事医学中心整形外科研究主任乔纳森·F·狄更斯（Jonathan F. Dickens）中校创建了一个 3D 生物打印半月板组织模型并进行了真实场景压缩测试，目前在西点军校等部队及研究所中进行联合实验。

（四）自体脂肪组织填充缓解截肢部位幻痛

匹兹堡大学麦戈文再生医学研究所 J. Peter Rubin 教授曾为受伤的军人开发并进行了自体组织重建。患者在截肢手术恢复后，缺失的肢体上可能会出现疼痛幻觉，幻痛是指身体的某一部分被切除后的疼痛感，症状可能是在截肢后的前几天内开始发病，间歇性或持续不断，可能由肢体的剩余部分受到的压力或情绪压力引发。J. Peter Rubin 教授为了缓解患者所经受的幻痛，首先从原来的截肢部位切除了疤痕组织，然后将患者自体脂肪放置在同一部位。脂肪在患者腿部受伤的神经末梢周围提供了额外的软组织填充，最重要的是脂肪组织包括天然产生的干细胞群有助于愈合，幻痛得到显著缓解。

（五）干细胞疗法治疗战伤导致的眼部损伤

军人在战斗前线遭遇冲击波或爆炸产生的强光，视力极有可能直接受到高功率激光的伤害。此类型的创伤会损伤光感受器：视网膜色素上皮（Retina Pigment Epithelium，RPE），导致永久性的部分或全部视力丧失，并且这种光感受器细胞死亡后难以再生。美国国防部注资 500 万美元，由威斯康星大学麦迪逊分校麦克弗森眼科研究所、英国国防部和国家眼科研究所等共同进行的"外层视网膜重建"项目旨在为 RPE 的不可逆性损伤提供新的治疗策略。2021 年 1 月 11 日该项目公布了一项研究成果，他们利用一种巧妙的微型视网膜贴片作为替代视网膜使用，这种可移植的贴片，可能会帮助恢复视力受到爆炸或激光伤害的军人。该项目领导是麦克弗森眼科研究所所长 David Gamm，其在 2016 年与专注人类诱导型多能干细胞开发与制造的富士胶片公司（Cellular Dynamics，FCDI）共同成立了 Opsis Therapeutics 公司，致力为眼部疾病患者开发基于干细胞新的细胞疗法。该项目的生物材料团队还制备了可生物降解的微成型支架（贴片），使感光细胞能够有效组织，然后将它们移植到视网膜的正确位置。外科手术递送"贴片"和功能验证在尤卡坦猪（Yucatan pig）模型进行，该动物模型具有与人类相似的眼睛结构，如果该技术在动物模型上显示出良好的效果，下一步将进行人体临床试验。如图 4 所示，人类多能干细胞衍生的光感受器在可生物降解的支架上生长，使用共聚焦显微镜放大 20 倍后可以看到杆状和锥状的光感受器。该支架比一张办公用纸还薄，可以放在指尖上。

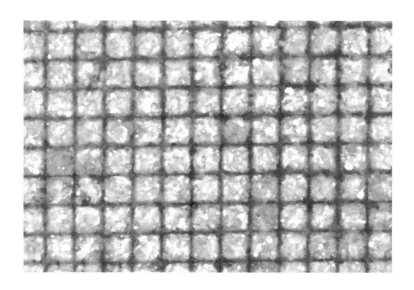

图 4　hiPSC 衍生的光感受器在可生物降解的支架上生长

三、展望

从干细胞的重生再造能力衍生出的再生医学一直吸引着人类的目光。无论是科技发现还是军事应用，都表明干细胞产品直接用于细胞或器官的损伤修复是行之有效的，材料及工业制造的快速发展也加快了器官再造与移植的实现。未来以应用于战前预防与战斗创伤治疗为目的，进一步加强基础研究，结合更多新兴技术，将为干细胞与军事再生医学的发展以及军事应用提供更为广阔的前景。

（军事科学院军事医学研究院　王晓玲　颜颢　习佳飞　岳文）

2021 年野战输血领域发展综述

创伤性出血是导致战场伤亡主要原因。成人创伤性失血性休克在创伤后 24 小时死亡率接近 20%。超过一半的可预防的死亡是由出血造成的，在美国每年 3 万例可预防的死亡中，约 85% 发生在患者到达医院之前。最近一项对美国某地区创伤死亡率的研究发现，纳入分析的病例中 74% 的死亡患者发生在院前或到达急诊室 1 小时内，其中 36% 的院前出血死亡是有一定概率可以预防和避免的，据此，野战条件下给伤病员输注血液及其制品的治疗措施很有必要。近年来，有大量研究报道支持在现场复苏早期即使用血液制品，能够有效降低失血休克的死亡率。2021 年，国外最新野战输血相关的部分研究成果主要包括适用于战现场输血的特殊类型血液制品相关的研究，以及野战输血过程中输血不良反应的处理方式和原则等，为战伤救治输血提供一些可供参考的建议和方案。

一、适用于战现场输血的特殊类型血液制品用于野战输血的相关研究进展

（一）全血、低滴度 O 型通用全血

随着血型鉴定和储存技术的进步，全血输注在第一次世界大战期间开

始用于伤员的治疗，并在第二次世界大战和朝鲜战争期间被大量使用，但在越南战争期间，随着民事中心向血液成分疗法过渡，全血输注开始减少。而最近在伊拉克和阿富汗发生的冲突重新激起了人们对全血输注的兴趣。数据表明，与血液成分疗法相比，全血输注的复苏和止血的效果相当或更好。有证据表明，早期的血液制品输注可以挽救战斗伤员的生命。与成分疗法相比，新鲜全血和冷藏全血的输注都可以改善创伤病人的治疗效果。全血的优点是可以在一个单位中提供红细胞、血浆和血小板，这简化并加快了复苏过程，特别是在艰苦的环境中。联合创伤系统、国防部创伤委员会和军方血液项目支持：①应使用全血治疗失血性休克；②低滴度 O 型全血是治疗所有失血性休克伤员的首选复苏产品；③在伤员受伤后 30 分钟内，所有医疗后送平台以及所有复苏和手术小组的地点都应提供全血。同时，Jennifer M. Gurney 等人比较了伤员接受温暖新鲜全血与否的早期死亡率。发现温暖新鲜全血复苏与战斗伤亡者 6 小时死亡率显著降低相关。这些发现支持温暖新鲜全血用于出血控制，以及在军事和民事创伤背景下的扩展研究。Ryann S. Lauby 等研究了全血在儿科人群中的潜在益处。数据表明，温暖新鲜全血可能提高无严重头部损伤的儿童的生存率。

在过去的 20 年里，民事创伤中心已经开始研究基于冷藏、低抗 A/B 滴度 O 型全血的输血方案，以治疗严重受伤的民事创伤病人。低滴度 O + 全血（LTOWB）越来越多地用于军民失血性休克的复苏。研究表明，接受院前 LTOWB 输血的创伤患者 SI 有较大改善，早期死亡率降低。2017 年 12 月，挪威卑尔根市霍克兰德大学医院引入低滴度 O 型全血作为抢救大出血的主要血液制品。来自霍克兰德大学医院的经验表明全血在医院治疗出血是可行、安全和有效的。

（二）冷藏血小板

控制活动性出血和迅速补液扩容改善微循环，是失血性休克救治过程中的两大原则。其中控制活动性出血是首先要解决的问题，但失血性休克的伤员常常会出现血小板功能异常，需要及时补充血小板制品才能够有效的止血。据报道，持续存在活动性出血的失血休克伤员，在使用血小板后能够明显改善预后，降低死亡率。然而目前国内外常规在使用血小板储存条件为22℃震荡保存，仅能够保存5天的时间，如此短的保存期限制了血小板的使用，并且导致了一定程度的浪费。相比之下，近期的系列研究表明，4℃储存血小板的储存期限为14天，能够一定程度克服22℃震荡保存期短的缺点。据此美国FDA批准，在没有充足的22℃血小板供应的情况下，4℃冷藏保存血小板可以应用于控制活动性出血。据此Andrew P. Cap等比较了4℃血小板和22℃血小板保存21天内在参与血凝块收缩方面的差异，此外还评估了2种不同血小板保存液，自体血浆（AP）和血小板添加液（PAS），对于血凝块收缩的影响。结果表明，4℃血小板具有更好的收缩功能，分别在AP和PAS中保存21天后收缩功能依然良好，并且能够形成与新鲜血小板类似的具有高度有序的纤维蛋白支架。相反，储存在AP中的22℃血小板在第5天收缩功能即受损，储存10天后收缩功能完全消失，而在PAS储存条件下的22℃血小板可保留收缩功能长达21天。总的来说，这些发现进一步完善了4℃血小板可用于临床止血的证据，并表明22℃血小板存储在PAS中可以减轻其功能的损失。

（三）基因改造血小板

自21世纪初以来，仅美国军方就输注了超过10000单位的全血，突出了血小板输注在出血管理中的重要性。通过减少失血和改善患者总体预后提高血小板的止血能力可进一步提高输血的疗效，特别是对于不可压缩性躯干出血或伴有凝血病的严重出血。包括 RNA 治疗在内的基因治疗进展正在促使新的策略以加强血小板更好地控制出血。

截至目前，国内外报道中主要有三种利用基因疗法修饰血小板的方法：①体外直接转染可输注血小板；②从血小板前体细胞体外生产工程血小板；③修饰骨髓以在体内生产修饰血小板。血小板的体外修饰是获得修饰血小板最直接的方法。然而，在进一步将这种方法用于临床方面仍然存在许多挑战。特别是，在 mRNA 传递后血小板中的蛋白质合成尚未得到证实，因此目前的工作集中在使外源 mRNA 在血小板中的这种翻译成为可能。相反，利用转基因巨核细胞或干细胞体外生产修饰产生血小板是近期获得修饰血小板的最有希望的方法。总的来讲，基因修饰改造的血小板代表了输血医学的新前沿，除了用于治疗严重和急性出血，还可用于受血小板影响或易受血小板局部传递分子影响的疾病，但还需要更多的临床前开发以及测试这些药物的安全性和有效性的研究。从长期来看，改良血小板可以构成全新的疗法，长远来看，有望解决战伤救治过程中血小板短缺的问题。

（四）喷雾干燥血浆

近年来红细胞和血浆以 1∶1 的比例混合后进行早期输血普遍用于临床复苏救治工作中。目前世界范围内，血浆类的产品还是以冰冻血浆为主，冰冻血浆必须保存在 -20℃ 的环境中，需在融化后 24 小时内使用。因其严格的储存条件以及相对较大的体积，冰冻血浆在战现场或者偏远艰苦地区的应用受到了一定的限制。干燥血浆能够很好地克服冰冻血浆上述的缺点，在欧洲和南非使用干燥血浆（冻干血浆）产品的经验证明了其具有良好的安全性和有效性。但这类干燥血浆产品迄今为止还没有在美国上市，不过有一些类似的产品正在开发中。其中由喷雾干燥法制得的干燥血浆产品是值得关注的一项技术。喷雾干燥是一种成熟的工艺，早在几十年前已经应用于乳制品、化妆品、洗涤剂和药品的生产过程中。目前美国 FDA 已经制定了干燥血浆的产品性能标准，即终产品必须保证其中凝血相关因子和蛋白的水平达到新鲜冰冻血浆的 80%。有研究报道表明，经过优化改进工艺制得的喷雾干燥血浆，AP、APTT 和 TEG 这些反映血凝块形成的指标与新鲜冰冻血浆无明显差异。反映纤溶的指标 LY30 与新鲜冰冻血浆之间有统计学差异，但是差别不是很大。FXIII 因子和 vWF 瑞斯托霉素辅因子（vWF：RCoF）的水平分别是新鲜冰冻血浆的 74% 和 60%，其他凝血因子的水平均高于新鲜冰冻血浆的 80%。此外，喷雾干燥法血浆不会干扰血小板黏附特性，形成的血凝块无明显异常。因此通过喷雾干燥法制得的干燥血浆或许会成为野战输血救治过程中血浆的重要来源。

（五）冷藏保存血浆

血液快速复苏对于降低出血性休克的发病率和死亡率至关重要。以前晶体或胶体盐水溶液是受伤点以及途中救治的首选。有研究发现血液和血液制品在止血复苏方面表现出巨大优越性，并正由军用向民用转化。然而维持血液供应所需的储存条件十分严格，全血在保温冷却器中也只能短时间保存，且很少运用于止血复苏。新鲜冷冻血浆或 24 小时内冷冻血浆（PF24）在使用时需要太长时间解冻，而未冷冻液体血浆（冷藏保存血浆）的虽保质期有限但无须解冻。先前研究表明，解冻的新鲜冰冻血浆在储存 14 天后因子活性降低，但在 10 天之前冷藏保存血浆和新鲜冰冻血浆之间无明显差异，但对于冷藏保存血浆长时间储存后的性能知之甚少。冷藏保存血浆来源于全血，会保留一些血小板以及血小板碎片，有助于凝血酶的产生，且有保存 40 天的潜力。Andrew P. Cap 等报道了冷藏保存 40 天后血浆的体外止血功能。他们的结果表明，尽管冷藏储存 40 天后的血浆中部分凝血因子显著下降，但纤维蛋白原浓度和 TEG 的 MA 依然稳定，表明储存的冷藏保存血浆即使在储存 40 天后也能提供类似于冷冻血浆的纤维蛋白原。而且冷藏保存血浆更易于生产、储存和较适用于野战输血，大大减少了冷冻储存负担且不需要现场融浆，能够快速为伤员进行回输治疗，因此冷藏保存血浆仍然是一种可行的替代方法。

二、野战输血过程中输血不良反应的处理方式和原则

近期的研究表明，非传染性的输血不良反应发生率很低。一项多中心研究中，分析了 4857 例接受输血治疗的患者，通过医学设备的主动监测和医学专家的判断，约有 1% 的严重不良反应与输血相关。其中循环超负荷最常见；而输血相关的急性肺损伤、过敏反应和低血压反应发生率均不足 0.1%。其他研究人员对 480 名创伤患者紧急输注 5203 单位 O 型红细胞后进行了评估，发现没有发生急性溶血性输血反应。

虽然严重的输血不良反应发生率低，但是也并不代表不存在。在战现场输血过程中判断伤员出现了严重的不良反应，则应立即停止输血。如若伤员出现了输血相关的过敏反应，可肌内注射 0.3 毫升 1∶1000 肾上腺素，肌内或者静脉注射 25 毫克的苯海拉明。此外，可以考虑使用甲基强的松龙（FDA 批准的甲基强的松龙的首次使用剂量应控制在 10~40 毫克，通过静脉推注，在数分钟之内完成。在此之后具体评估伤员的情况以判断是否有必要追加剂量）。严重的输血过敏反应还有可能导致喉部水肿，气道梗阻，因此必要的时候应该建立呼吸通道。若出现了急性溶血反应，可肌注或者静脉推注苯海拉明 25 毫克，并考虑使用渗透性利尿的方案，如 20% 甘露醇 20 克或 3% 氯化钠 250 毫升。

所有接受输血的伤员病人都应考虑补充钙剂。血液制品中的柠檬酸

盐抗凝剂可以螯合钙，低血钙可能会导致伤员出现输血相关的低血压反应，有时候输血导致的低血压是致命的，需要在补充钙剂的基础上使用地塞米松、麻黄素、肾上腺素以及去甲肾上腺素等抗炎或者升压药物维持血压。在352例严重出血并需要大量输血的患者中，研究人员发现低钙血症明显提高了死亡率。伤员如果血钙水平较低（低于0.88毫摩尔/升），则死亡率相对较高（优势比=1.25，95%可信区间为1.04~1.52，$P=0.02$）。另外一项研究中，591例创伤患者在输血前测定了钙浓度。与血浆钙离子水平大于1毫摩尔/升的患者相比，血浆钙离子水平小于1毫摩尔/升的患者死亡率更高。

实际上，大失血伤员往往在输血前已经呈现为低钙血症，表明该类型的伤员常规补充钙剂是有必要的。一项研究报道，对212名创伤患者，他们平均损伤严重程度评分（ISS）为34分，其中64%为低钙血症（钙<1.15毫摩尔/升），10%为严重低钙血症（<0.9毫摩尔/升）。低钙血症在大量输血中很常见，并与较高的死亡率相关。虽然这种作用的机制尚不完全清楚，但认为与组织低灌注导致的代谢性酸中毒密切相关。

在创伤失血休克伤员输血后有必要常规经验性地补充钙剂，美军关于钙剂的补充建议，通过静脉或者骨髓腔输入的方式，在第1个单位的血液制品使用之前、期间或输血后立即补充1克钙（30毫升10%葡萄糖酸钙或10毫升10%氯化钙）。在累计使用4个单位的血液制品后，需要重新补充1克钙。

三、结束语

国外报道最新的未来有可能用于战现场输血的血液制品类型以及野战输血过程中输血不良反应的处理方式。其中主要列举了5类适用于野战输血救治的血液制品，分别包括全血、冷藏血小板、基因编辑血小板、喷雾干燥法血浆和液态血浆等。目前为止，在医疗设施健全的机构，成分血液使用的频率更高，主要包括悬浮红细胞、22℃震荡血小板、冰冻血浆以及冷沉淀等。但是战现场条件下的输血与常规院内输血不同，战现场条件艰苦，且情况紧急，有时候无法满足输血前血液制品的准备工作，比如血型的鉴定，冰冻血浆融化以及成分血配比回输等。因此美军主张使用低滴度O型通用全血用于战现场急救止血复苏，能够等比例地补充伤员丢失的血液组分，且输血前无须配型，极大地节约了宝贵的救治时间，提高了救治的成功率。此外野战条件下血液制品的储存也是军队面临的主要问题之一，不同类型的血液制品储存要求不同，血小板要求22℃振荡保存，红细胞要求4℃冷藏保存，而新鲜冰冻血浆和冷沉淀又要求-20℃冷冻保存。对于后勤保障能力的要求较高，因此美军积极探索更容易满足储存条件的冷藏血小板、干燥血浆、冷藏血浆等，降低后勤保障的难度，提高效率。

在野战输血过程中输血不良反应的处理方面，由于严重的输血不良反应发生率很低，因此可以接受较高的输血暂停阈值，因为风险收益比与常规住院输血治疗不同。如不应因出现简单的皮疹或者瘙痒而暂停，这些轻微的皮肤过敏反应可以通过抗组胺药物进行控制。同样，体温升高大于或等于1℃也不应暂停输血，轻微的体温升高可以通过解热镇痛抗炎药物进行控制。此外需要重点关注大量输血导致的低钙血症，要在使用血液制品后经验性地补充钙剂，预防低钙血症以及低血钙导致的其他严重输血不良反应。

（军事科学院军事医学研究院　张玉龙　王小慧　詹林盛）

2021年航空医学领域发展综述

2021年，航空医学在空间定向障碍、飞行疲劳、高空生理、抗荷生理等方面有新的进展，为将来的研究提供了新方法、新思路，不断推动航空医学发展，对航空医学最新相关研究进行分析。

一、空间定向障碍

（一）空间定向障碍生理训练内容和训练效果

空间定向障碍（SD）历来是导致军用和民用航空致命事故的主要原因之一，在整个飞行生涯中，无论飞行员的飞行时长如何，都会经常出现SD，所以防止SD导致致命后果的主要方法之一就是对机组人员进行教育和培训。

目前，哥伦比亚空军正在用高科技设备进行SD训练，该设备整合了六自由度运动和高清的视景系统。该训练的目的是展示人类的生理局限性，识别、预防或避免SD。根据军方规定，哥伦比亚空军飞行员必须每4年使用该设备进行一次SD训练，训练课程包括理论课程和实践课程。不同机型的飞行员第一次训练内容完全一样，包括最常见和最危险的错觉。该阶段训练完成之后，会让飞行员进行与操作相关的不同类型的错觉训练。该培训计划对有经验和没有经验的学员均适合。根据该培训计划，2015年4月至2019年9月哥伦比亚空军共培训学员329人次，提高了不同作战环境下飞行员的飞行效能。

为了更好地了解飞行员识别SD的过程和SD训练的效果，科罗拉多大学博尔德分校的研究人员对13名飞行员（35~76岁）进行了问卷调查，该批飞行员平均飞行时间为1000~12000小时（SD）。在报告最多的前10项SD中，有6~8项与以前的调查结果一致，表明这项扩展研究的人口样本具有代表性。所有研究均表明在识别SD的过程中，飞行员首先习惯性地将注意力转移到仪表上，对当前的飞机状态进行查看分析，然后在合适的情况下凭直觉进行相应的操作。飞行员整个分析阶段估计需要几秒到几十秒，可以利用这段时间进行积极的干预。因此这段时间如果通过检测系统提前检测到SD，飞行员迅速做出正确的反应，可大大提高飞行的安全性。

（二）工作负荷对SD的影响

有研究表明认知能力或工作负荷与SD有一定的联系，但尚未将各种类型的工作负荷对空间定向的影响进行专门和系统的研究。美国俄亥俄州莱特帕特森空军基地代顿海军医学研究单位选取了24名飞行员跟随长机进行模拟飞行。每次飞行首先从云层上方开始，然后下降到云层中，最后长机转弯消失在云层中。当长机消失时，放起落架放机翼。四种工作负荷条件包括：基线条件（不增加额外的工作量）、增加语言工作记忆任务、增加空间心理旋转任务、增加可变距的跟随任务。受试者在4种不同的工作负荷条件下分别进行6次飞行。SD检测的内容包括在云中时控制翻转错误（CRE）的数量和花费在异常姿态（UA）上的时间百分比。结果表明，语言工作记忆任务条件导致 CRE 数量在统计学上显著增加了 3 倍，而心理旋转任务和可变跟随距离任务条件导致 UA 显著增加。语言记忆任务本质上不会增加 SD 的概率，不会分散飞行员的注意力。然而，在心理旋转任务和可变距离跟随任务两种工作负荷条件下会分散飞行员的注意力。该研究从注意力分配和任务干扰的角度对研究结果进行了讨论，并强调了使用不同 SD 措施的重要性。

二、飞行疲劳

（一）疲劳风险管理和疲劳监测

在现代航空航天环境中，长时间工作、轮班、时区转换等通常会使飞行人员处于疲劳状态，导致认知错误、困难和情绪障碍，降低飞行绩效危及飞行安全。系统应用经科学验证的方法，会使疲劳有效得到缓解。美国海军研究人员在研讨会上对导致疲劳的因素和相关策略进行了更全面的概述，介绍了疲劳风险管理系统基础知识，强调了在疲劳风险管理系统中实施教育、预防、监测和缓解策略的重要性。

有效的疲劳监测和管理是提高飞行员空中操作能力和安全性的重要举措。英国皇家空军在 Ex GREEN FLAG 17-04 Typhoon 飞行员中进行了客观的疲劳监测。一是用 FAST 模型分析每日睡眠和活动情况并进行有效性评分；二在飞行前用操作风险模型（ORM）判断疲劳状况。共监测了 140 次飞行任务，结果表明了 ORM 在判断飞行前疲劳方面具有一定的有效性。同时也提出应开展进一步研究，建立完整的疲劳评分系统以评估飞行员的疲劳状况。

（二）疲劳对飞行员心理健康的影响

疲劳飞行一直被视为影响航空安全和飞行员健康的重要因素。瑞士伯尔尼大学监测和比较了406名国际短途（SH）和长途（LH）飞行员疲劳风险情况、睡眠问题、疲劳严重程度、幸福感、抑郁、焦虑和常见精神障碍情况。尽管SH和LH飞行员的飞行计划仅为法定允许飞行时间的51.4%~65.4%，也会导致飞行员高度疲劳、睡眠问题和严重的心理问题，其中SH飞行员44.8%表现为严重疲劳，31.7%表现为高度疲劳，而LH飞行员为34.7%和37.3%，平均4名飞行员中就有三名出现严重疲劳。与LH飞行员相比，SH飞行员的睡眠、幸福感和健康更容易受到睡眠时间、飞行疲劳风险的影响。18.1% SH和19.3% LH飞行员被诊断为抑郁症，9.6% SH和5% LH飞行员被诊断为焦虑症。其中有明显抑郁或焦虑症状的飞行员占20%。虽然SH飞行员明显比LH飞行员年轻，但SH飞行员的常见精神障碍症状、健康受损和睡眠问题更严重，LH飞行员的幸福感明显高于SH飞行员。

（三）飞行任务开始时间与飞行员疲劳状况的关系

根据任务开始时间和飞行持续时间，飞行员允许的工作时长是会变化的。美国和欧洲规定早晨开始飞行，工作时间可更长，如果飞行开始时间较晚，工作时长就会受限。美国宇航局研究中心对此提出了质疑。为了解短途飞行中睡眠剥夺时间和昼夜节律因素对飞行员操作能力的影响以及现有的飞行任务和飞行时间规定对飞行员疲劳和操作能力的影响，美国宇航局记录了100名短途飞行员34天的情况。分别在睡眠剥夺时、飞行前、每次飞行的昼夜节律最低点、工作开始时间，心理动作警觉作业（PVT）和SamnPerelli疲劳评估量表。与早晨（05：00—06：59）和上午（07：00—10：59）相比，在下午（13：00—16：59）和晚上（17：00—20：59）开始飞行，飞行结束时的 SamnPerelli 疲劳程度明显更高。与上午相比，早晨开始的飞行员主观疲劳评分显著更高，主观疲劳程度还受到之前睡眠时间和工作开始时睡眠剥夺时间的显著影响。因此，睡眠剥夺时间与疲劳程度正相关。通过比较 PVT 的响应速度，发现客观疲劳的程度是相同的。与上午开始相比，提前开始和晚结束都会降低飞行员表现操作能力。这些研究结果表明，在昼夜节律低谷期，由于昼夜节律对警觉性的影响，认为早晨开始飞行，可飞行更长时间是不合理的。

三、高空生理

为了调查缺氧对飞行员有什么影响，为什么即使在今天缺氧仍然对民用和军用飞行员构成威胁，以及如何防止或减轻缺氧的影响等问题，澳大利亚墨尔本大学基于《航空航天与环境医学》和《航天医学与人类绩效》杂志 13 年内 130 篇论文进行了文献分析。文章涉及缺氧的影响、缺氧意识培训、缺氧的危害和生理训练的重要性、各种对抗缺氧策略等，该研究有助于了解缺氧对飞行员的生理影响及一系列的对抗缺氧策略。

（一）缺氧意识培训和缺氧危害

德国空军航空航天医学中心每四年会在低压舱内为飞行员进行缺氧意识培训。2002—2019 年，70 名男性军事飞行人员每四年参加五轮航空医学培训课程，每名飞行人员进行 5 次减压暴露，在低压舱 7620 米的模拟高度，体验压力和缺氧的变化。分别记录心率、氧饱和度、缺氧识别时间（HRT）和缺氧症状。结果表明，在五轮培训中，只有 8 名飞行员（11%）出现了发热，13 名（19%）飞行人员在航空医学培训课程中没有出现过一次缺氧症状，2名机组人员在3次抗缺氧训练中没有出现任何症状。受训人员自己主动切断氧气，会提前27秒感觉到缺氧症状。缺氧症状的判断不是很准，因此在飞行员的职业生涯中对其进行培训是有一定意义的。

直升机机舱没有加压，大多数直升机也没有配备氧气系统。因此，缺氧是直升机飞行员在高空飞行的危险因素。荷兰皇家空军为了确定缺氧是否会影响直升机飞行员对周围态势的认知，在飞行模拟器中选取了8名阿帕奇直升机机组人员，包括2名飞行员，参与了一项单盲的重复测试研究。机组人员在飞行模拟器中，使用20.9%（相当于0米）和11.4%（相当于4572米高度）的氧气进行了两次飞行。飞行前向飞行员介绍机组人员需要了解和响应的环境任务，每次飞行包括5次约15分钟的任务。研究表明，在4572米高度时机组人员遗漏的环境任务是平地时的两倍多，可见缺氧对飞行员的周围态势认知有不利影响。相比之下，飞行高度对机组人员的技术技能（TS）影响不是很显著。在4572米高度的模拟飞行中，大多数飞行员没有意识到缺氧，也不能判断出自身的缺氧症状。在飞行模拟器中进行缺氧训练可以帮助飞行员判断出飞行中的缺氧症状，还可以了解缺氧对飞行操作能力的影响。

高空紧急情况下缺氧是对飞行安全的主要威胁，而个体的生理反应和对缺氧的耐受性存在差异。芬兰空军在hawk模拟器中进行了模拟飞行，用于评估常压缺氧如何影响飞行员呼吸和飞行操作能力。12名战斗机飞行员参加了双盲、安慰剂对照和随机研究。在hawk模拟器中，受试者穿戴了飞行防护装置，进行了3次飞行。前两次飞行使用8%或6%的氧气诱导缺氧，第三次飞行使用21%的常氧。在缺氧之前、期间和之后监测通气量，监测SpO_2、心率和心电图。飞行操作能力由两名飞行教官按照1~5等级进行评估，1为最差，5为最佳。常压缺氧10分钟后，飞行操作能力从4.5

（常氧飞行）显著降低到 3.8（8%氧）和 3.3（6%氧）。缺氧期间的通气量从 12.9 升/分钟增加到 18.5 升/分钟和 20.9 升/分钟。受试者的通气量和飞行操作能力之间没有相关性。可见，中度常压缺氧会对飞行员的飞行表现产生长期影响。在常压低氧时生理反应会引起反射性过度通气，但与飞行操作能力下降无关。

（二）缺氧对认知能力的影响

缺氧会严重损害认知能力，并且仍然是飞行安全的一个主要危险因素。为了确定缺氧暴露后机组人员重返工作岗位的认知能力标准，有必要深入了解缺氧暴露和恢复期间的神经生理反应。脑电图（EEG）实验表明，认知功能障碍相关电位失匹配负波（MMN）和 P3a 信号复合体对缺氧敏感。美国俄亥俄州莱特帕特森空军基地代顿海军医学研究单位招募了 20 名受试者进行研究，在急性常压缺氧暴露后监测 MMN/P3a 指标 4 小时，同时受试者还需完成 10 分钟的精神运动警戒任务（PVT）测试。结果表明，RT 在缺氧期间和缺氧后立即减慢，并在 4 小时恢复期间逐渐恢复到基线水平。同样，MMN/P3a 复合物的振幅在缺氧暴露后 20 分钟内持续降低，然后在 4 小时的时间内逐渐恢复到基线水平。该研究提出了一种检测缺氧引起人脑认知障碍的新方法，其结果与之前的研究结果一致，即急性缺氧暴露后响应时间延长。此外，这些发现还有助于建立机组人员在缺氧暴露或缺氧训练后重返工作岗位的认知能力标准。

四、抗荷生理

为了防止加速度引起的意识丧失（G-LOC），提高现代歼击机的战术技术性能，除了穿戴一些必要的抗荷装备以外，飞行员还必须进行抗荷生理训练。

(一) 抗荷生理训练离心机的技术指标参数标准化

北约 STANAG AAMed P – 1.13 要求机组人员进行抗高 G 训练,即正加速度高达 +9Gz 持续时间 15 秒以上。但是,因为产生和记录加速度的方法不一致,可能导致体验到的"真实" + Gz 之间存在差异。数学建模发现,在英国离心机上 +9Gz 训练会使机组人员的足部暴露于 +10.6Gz。因此,加速度测量仪在吊舱垂直轴上的位置会影响所测量的加速度值——对于离心臂最短的离心机来说,从头部到吊舱底板的加速度差异可高达 35%。此外,在 +9Gz 座椅靠背 30°角的情况下,不同位置的加速度测量仪相对于体轴的方向来说可能导致低估或高估加速度 13.4% ~ 15.4%。英国皇家空军航空医学中心对过去 10 年($n = 47$)发表的载人离心机方面的研究报道进行了回顾,发现不同离心机采用的技术指标参数并不统一(51.1% 的研究报道采用了离心机臂长,36.2% 的研究报道采用了座椅靠背角度,17% 的采用了加速计位置和 0% 的采用了加速计轴),导致其研究结果和训练效果之间缺乏可比性。因此本研究提出了数学模型所需的离心机指标参数,以便使离心机的技术指标参数标准化。

(二) 高浓度氧条件下抗荷服充气时的血压反应

在高压氧舱,高性能飞机的飞行员吸入富含氧气的混合气体,可维持体内常氧或高浓度氧。英国研究人员在离心机上对 14 名受试者进行了两次 +5Gz 90 秒的暴露,并观察受试者吸入空气(常氧)或 94% 氧(高氧)后的加速性肺不张、无创动脉血压(ABP)、心率(HR)、呼气末氧分压($PetO_2$)、外周动脉血氧饱和度(SpO_2)和经皮氧分压($tcPO_2$)。受试者身穿全覆盖抗荷服(FCAGT)保持放松,根据需要绷紧肌肉防止视力丧失。该研究发现,在 +Gz 暴露情况下吸入高浓度氧可防止 SpO_2 降低,而在常氧

下 SpO_2 会降低到约 85%,在常氧和高氧下 $tcPO_2$ 均降低。在 +Gz 暴露情况下 ABP 升高,暴露时间越长,升高幅度越大,约 75 秒后趋于稳定。在 FCAGT 充气到 +5 Gz 时,高氧组的收缩压显著低于常氧组,但舒张压未受影响。因此,高氧减弱了脉压的升高。在 +1 Gz 暴露情况下,高浓度氧对静息血压没有影响,但心率略有降低。

(三)加速度引起的意识丧失预测公式实验

加速度引起的意识丧失(G-LOC)是战斗机飞行员的主要威胁,可能会导致致命事故的发生。2017 年至 2018 年,日本航空自卫队航空医学实验室选取了 59 名参加战斗机训练基础课程的学生作为受训者,在载人离心机上使用近红外光谱(NIRS)测量受训者的脑氧合血红蛋白值(oxyHb),使用 oxyHb 值、身高、体重和体重指数(BMI)建立了一个公式预测 G-LOC。预测 G-LOC 的公式如下:$Log(P/1-P) = -0.2951 \times BMI - 0.6919 \times$ 变化率(脑氧合血红蛋白)$+ 2.9701$。通过 Logistic 回归分析发现,G-LOC 与 BMI 和 oxyHb 的最大值到最小值的变化率显著相关。在 59 名受训者中,16 名(27.1%)出现 G-LOC,43 名(72.9%)没有出现 G-LOC。BMI 和脑氧合血红蛋白变化率是构成 G-LOC 预测公式的主要因素,G-LOC 公式预测的准确性、敏感性为 59.5%,特异性为 76.2%,可预测未来实际航空环境中的 G-LOC,有助于减少因 G-LOC 引起的航空事故。

(空军特色医学中心 刘珺 陈珊 杜思铭 姚钦 钟方虎 邓略 张向阳 张晓丽 张莉莉 杨晓明 纪筠 徐余海 林凯 周玉彬 刘娟 郑书彬)

ZHONGYAO
ZHUANTI FENXI

重要专题分析

美生物防御两党委员会呼吁
实施阿波罗生物防御计划

2021年1月15日，美生物防御两党委员会发布报告《阿波罗生物防御计划：战胜生物威胁》，建议美国政府紧急实施"阿波罗生物防御计划"，制定《国家生物防御科技战略》，开发和部署包括15项关键技术优先事项在内的生物威胁防御技术，在2030年前结束大流行病威胁时代，并消除美国应对生物攻击的脆弱性。

一、基本情况

美生物防御两党委员会前身为"生物防御蓝带研究小组"，是由两党前高层决策者和专家组成的美国高端生物防御智库，其职能主要是评估国家生物防御现状，并向美国生物防御机构提出改革建议，2018年9月出台的《国家生物防御战略》就源于其所提建议。2019年以来，该委员会通过审查美国政府在生物防御领域的战略、计划和研发项目、举办圆桌会议和专家访谈等方式，对美国生物防御研发工作的全面性和有效性进行了评估，确定了阿波罗生物防御计划的目标和方向，并于 2021 年 1 月 15 日正式发布报告《阿波罗生物防御计划：战胜生物威胁》。该委员会认为新冠病毒大流行给美国敲响了警钟，世界再也不能把新冠病毒大流行这样的毁灭性生物事件视为百年一遇的罕见事件，下一个生物威胁可能更具破坏性；生物技术的持续突破，减少了获得或修改病原体的障碍，降低了制造生物武器的技术壁垒，加剧了对引发前所未有严重疾病的新型生物制剂的担忧，增加了蓄意生物攻击或实验室事故引发大流行的可能性；生物威胁已经危及美国家安全，影响了军事工作，动摇了美国的威慑能力，对手已经清楚地看到美国在生物攻击面前的弱点，可能利用此机会挑战美国主导地位，测试美国维持全球秩序的能力和意愿，因此，美国应该立即实施阿波罗生物防御计划，虽然该计划投入大（每年经费投入约 100 亿美元），但与新冠疫情对美国已经造成的 40 多万人死亡、数十亿美元的经济损失等巨大代价相比，是值得投资的。

二、报告主要内容

《阿波罗生物防御计划：战胜生物威胁》报告主要阐述了计划实施的未来前景，提出了实施计划的具体建议，确定了应优先发展的 15 项核心技术。

（一）计划实施前景

阿波罗生物防御计划的实施，将使美国有机会动员全国力量并领导世界应对生物威胁的挑战，在未来 10 年内实现任何新型病原体的溯源和持续追踪，向全国每个家庭分发快速即时单人检测工具，拥有有效治疗方法，可在几周内完成疫苗研发和分发，彻底消除大流行病的威胁。该计划还可能在精准医疗、可持续食品生产、大规模制造、太空旅行等领域取得突破，促进美国生物经济增长，增强国家实力。该计划需要整个政府采取行动，将在两党的持续支持下，由总统国家安全委员会的一名专职副助理负责领导，由国家科学和技术政策办公室主任负责在确定其所需技术能力的优先级和开发方面发挥总体作用，通过采取充分调动公私优势力量，推动试行创新的激励机制，允许其他国家参与等措施，在十年之内有效结束大流行病的威胁时代，并消除美国应对生物攻击的脆弱性。

（二）4 项建议

报告提出的建议主要包括 4 个方面：一是政府和国会应全面实施 2015 年《国家生物防御蓝图》报告相关建议，使美国能够有效应对故意引入、意外释放和自然发生的生物事件。具体建议包括：强调创新至上；对开发医疗产品的企业采取激励措施；鼓励开发快速即时诊断工具和方法；开发现代环境生物威胁监测系统。二是政府应制定并实施《国家生物防御科技战略》。政府应立即开始实施阿波罗生物防御计划，以建立必要的能力来抵御所有的生物威胁，并在 10 年内预防大流行病。美政府应制定《国家生物防御科技战略》作为《国家生物防御战略》的附件，重点关注阿波罗生物防御计划的技术优先事项，并负责协调联邦政府部门、学术界和私营企业，组织调动全国力量共同实施。三是国会应落实生物防御预算的统一编制。国会应要求管理与预算局提供阿波罗生物防御计划的跨部门预算，作为生物防御统一预算的组成部分。统一的预算编制是协调任何战略性机构间工作的重要措施，将确保整个政府的工作是协调的、互补的和有效的。四是国会应为阿波罗生物防御计划提供多年期拨款。经费额度应符合计划实施目标要求，还应包括多年预算授权，允许机构采购需要数年时间开发和生产的医疗产品和系统。多年期资助通过为研究、开发和生产的规划和投资提供可预测和更稳定的时间范围，有助于政府吸引最优秀的人才和私营企业资本。

（三）15 个核心技术优先事项

两党生物防御委员会根据 125 位专家的意见，确定了阿波罗生物防御计划的 15 项核心技术优先事项，并作为其首要任务。①原型病原体候选疫苗。通过投资于已知可感染人类的 25 种病毒家族中每个家族至少一种原型病原体的疫苗，为下一个未知的生物威胁做好准备。②暴发前使用的可适用多种病原体的治疗药物。开发能够有效对抗多个种系病毒的疗法，包括宿主定向抗病毒药物和单克隆抗体。③灵活和可扩展的药物制造。开发平台技术，即针对多种不同病原体的药物或疫苗的生产和交付而使用相同工艺的技术，确保实现下一个大流行病原体的治疗药物和候选疫苗的大规模快速生产。④药物和疫苗的无针给药方法。开发药物和疫苗的自我给药技术，通过皮肤、鼻内、吸入、口服等方式将药物和疫苗输送至体内。⑤无处不在的测序。开发宏基因组测序技术和新型测序方式，优先考虑能够实现微型化、少量试剂甚至无试剂测序的方法。⑥微创和非侵入性感染检测。开发可穿戴设备、检测个体散发的挥发性化合物等非侵入性和最小侵入性检测技术，实现对高危、高关注、哨点人群感染的检测。⑦大规模多路复用检测能力。开发同时检测多种病原体、耐药基因、生物标记物的技术，优先考虑能够使检测移出集中实验室的技术。⑧快速即时个人诊断。开发易获取的、最小侵入性的、便携的、易于操作的个体感染检测技术，将检测扩展到无法随时获得医疗的社区和人群，实现个人检测诊断数据与公共卫生数据系统的集成。⑨数字化的病原体监测。建立监控美国境内外生物威胁的系统，实现与国家病原体监测和预测中心的数据互操作，清除获取必要数据的障碍，激励技术创新，支持系统长期维护和数据更新。⑩建立国家公共卫生数据系统。有效整合、管理和及时分析来自联邦、州、地方、部落和地区公共卫生机构的数据。⑪建立国家病原体监测预报中心。实时汇集来自临床分子诊断、分布式哨点监测、数字化病原体检测等各种数据，通过建模改进传染病预测，提高快速可靠预测病原体轨迹的能力，有效应对季节性传染病，以及新出现的和工程化的病原体威胁。⑫新一代个人防护装备。开发可重复使用、适用所有人群、个性化单人防护装备，建立和维持分布式生产能力，确保应对威胁时达到增产要求。⑬建筑环境中病原体传播抑制。开发可负担的空气过滤和杀菌系统、气流设计、自杀菌表面材料、易杀菌材料、机器人和自主集成灭菌、污染物中和、病原体实时感知等技术和能力，减少病原体通过空气、飞沫、媒介和环境的传播。⑭综合实验室生物安全。研究分析实验室事故，开发实验室生物安全的新功能和新工具，实现实验室生物安全系统，最终部署到所有生物安全实验室。⑮阻止和防止恶意行为者的技术。开发生物归因、基因工程检测和微生物法医等技术，利用机器学习技术区分自然的和工程化的 DNA 并提供归因信息，提高故意生物事件的调查、证据分析和归因的能力。

三、初步认识

一是该计划论证酝酿已久，有望得到实施。美生物防御两党委员会提出的"阿波罗生物防御计划"，最早公开研讨源于 2019 年 7 月 11 日的"曼哈顿生物防御计划：消除生物威胁"主题会议，后于 2020 年 9 月 24 日在公开报道中改为"阿波罗生物防御计划"。无论是曼哈顿原子弹计划，还是阿波罗登月计划，都是美应对重大技术挑战而实施的国家级尖端技术研发计划。美生物防御两党委员会作为美高端生物智库，自 2014 年成立以来，一直对美国家生物防御政策具有较强的影响力,此次提出的阿波罗生物防御计划目标导向明确,主要针对美政府应对生物威胁的准备不足,认为新冠疫情暴露了国家生物防御的巨大脆弱性以及应对能力的弱点,切中了美政府应对新冠疫情能力不足的要害。当前,拜登政府将新冠疫情防控作为首要任务,并于1月21日宣布应对和防范新冠病毒大流行国家战略,签署了10项应对疫情相关行政令和指令。有望得到政府高度重视并采纳相关建议。

二是该计划军事意义不容忽视,值得高度关注。该计划最初冠以"曼哈顿生物防御计划"之名,在其2019年的首次公开会议研讨中提出创建全国性的生物防御研发计划,认为需要采取类似原子弹开发的曼哈顿计划措施,集聚军事和联邦机构、学术界和私营企业等多方力量,更有效地应对生物战和生物恐怖主义,保护美国免受生物威胁。此次发布的报告在阐述生物威胁的未来图景中指出,新冠疫情造成美军航母停运两个月、参谋长联席会议进入隔离状态、军政要员感染等军事影响,已经危及国家安全;生物技术的进步使得病原体的获得和修改更加容易,降低了生物武器制造的技术壁垒。生物技术具有典型的两用性特点,在防御性研发和进攻性研发之间没有清晰的技术边界。如果该计划得以实施,其军事意义应引起高度重视。

三是该计划有关建议论证深入,具有借鉴作用。该计划提出美政府在顶层设计上,应制定并实施《国家生物防御科技战略》,以更好协调整个政府的力量组织实施计划;在技术布局上,提出了经125名专家论证的15项关键技术优先事项,包含了特别有前景、可能产生重大影响的技术;在组织措施上,高度强调集中统筹,提出实行生物防御经费预算的统一编制、提供多年预算授权等建议,具有一定的参考价值,值得借鉴。

(军事科学院军事科学信息研究中心　郝继英)

美国《新冠肺炎应对和防范国家战略》解读

2021年1月21日，美国总统拜登签发《新冠肺炎应对和防范国家战略》（以下简称《战略》）。该文件阐释了美国政府应对新冠肺炎和防范要达到的主要目标，为美国应对公共卫生危机提供了路线图。

一、重新恢复美国民众的信任

美联邦政府应为公众提供清晰、科学、准确的新冠疫情信息。为了重新恢复美国民众的信任，《战略》承诺，政府将采取强有力的应对策略并把科学放在首位。美联邦政府将对美国民众保持信息透明，与公众和所有利益相关者保持沟通。具体措施如下。

（一）建立新冠疫情国家应急响应框架

美国政府制订了一项统一计划，以重建整个政府的专家领导层并重新获得美国公众信任。拜登总统在上任首日发布"组织和动员美国政府有效应对新冠疫情并在全球卫生安全中发挥美国领导地位"的行政命令，指示建立白宫应对新冠疫情国家响应机制，协调并恢复由奥巴马政府设立的白宫全球卫生安全和生物防御局。新冠疫情应对办公室将与所有州长、州公共卫生官员和疫苗管理人员建立沟通渠道。

（二）定期发布疫情报告并加强数据分析

联邦政府将定期进行以专家为主导的，以科学为基础的公开情况通报，并定期发布疫情报告。公共卫生指南对于控制疫情至关重要。美国疾病预防控制中心（CDC）的专家和科学家还将基于循证医学和定量分析的方法制定并更新公共卫生指南，及时有效地向美国公众分享指南和最新消息。拜登总统发布"基于数据的新冠及未来突发公共卫生事件响应"的行政命令，以加强联邦机构对数据的收集、共享与分析，为新冠疫情应对提供支持。联邦政府将跟踪一系列数据，包括病例、检测、疫苗接种和住院情况，向公众和决策者实时提供信息。

二、开展安全有效全面的疫苗接种行动

美国政府将执行积极的疫苗接种策略，不遗余力地确保美国民众能够迅速接种疫苗。工作重点是为州、地方、部落和地区政府提供额外的支持和资金并改善供应链。同时，联邦政府将建立公众对疫苗接种的信任。具体措施如下。

（一）确保美国民众获得安全有效的疫苗

为了确保所有美国人都能快速接种疫苗，美国政府制定了一项计划，包括充分利用《国防生产法》，扩大疫苗生产，购买美国食品药品监督管理局（FDA）批准的疫苗并尽快交付，将疫苗接种相关材料的生产和采购，如玻璃瓶、瓶塞、注射器、针头等列为优先事项。

（二）加快疫苗接种

联邦政府将采取一系列步骤简化和加快疫苗分配流程。政府将终止大规模储存疫苗计划，转为保留少量储备，确保每个人都能按照 FDA 的建议接种疫苗。联邦政府将与州和地方政府合作，根据需要设立更多疫苗接种点，并为州和地方政府的疫苗接种成本提供补偿。美国将通过开展疫苗接种公共卫生运动促进疫苗接种，消除公众对疫苗的不信任，帮助简化疫苗接种过程，并就有效的预防措施对公众进行教育。

（三）监控疫苗的安全性和有效性

联邦政府将与 CDC 共同追踪各州疫苗分发和接种进度。政府将建立并加强联邦政府与疫苗接种工作相关的数据收集，消除障碍，并为公众提供咨询和援助。政府通过与卫生与公共服务部（HHS）和其他联邦机构合作，依靠数据制定决策以推动国家疫苗接种计划。FDA 还将继续履行承诺，公开疫苗安全性和有效性相关数据，并为公众和专家提供参与机会。CDC 和 FDA 将确保对疫苗接种进行实时的安全监测。

三、通过公共卫生措施控制新冠传播

即使在疫苗接种计划逐步实施之后，全面的国家公共卫生控制措施对于挽救生命和恢复经济活动也是至关重要的。联邦政府将与州、地方、部落和地区领导人合作，实施新冠疫情控制策略，并向公众发布明确的公共卫生指南。具体措施如下。

（一）更新公共卫生指南

拜登总统发布"保护联邦劳动力和要求戴口罩"的行政命令。该命令符合 CDC 关于联邦机构以及联邦雇员和承包商戴口罩和保持社交距离的指南。此外，拜登总统还发布"促进国内和国际旅行安全"的行政命令，要求相关机构立即采取行动，促使公众在飞机、火车及其他公共交通工具上戴口罩。CDC 将制定和更新新冠公共卫生指南，内容涵盖新冠发病和流行的评估指标、联邦政府重新开放等；基于国家和州的实时疫情数据，更新保持社交距离、检测、接触者追踪、重新开放学校和商业场所以及戴口罩等命令。CDC 还将为老年人和其他高风险人群提供有针对性的指导。

（二）加强检测能力

为了控制新冠流行并保证学校和企业安全地重新开放，美国必须具备广泛的病毒检测能力。拜登总统发布"建立国家大流行性疾病检测委员会，维持新冠和其他生物威胁公共卫生队伍"的行政命令。联邦政府将扩大检测试剂生产，填补检测供应短缺，提高实验室检测能力，扩大对变异病毒的监测。

（三）建立全面综合的新冠肺炎救治研发计划

联邦政府将建立全面、综合的临床前药物研发计划，开展各种临床试验，以针对新冠病毒和其他大流行性威胁迅速开发治疗药物。重点是开发广谱抗病毒药物，以防止未来其他病毒大流行。此外，拜登总统发布"改善和扩大新冠肺炎救治"的行政命令，要求增加医务人员，增强临床救治能力，以及为残疾人提供援助等。

四、立即扩大紧急援助并实施《国防生产法》

新疫苗、检测试剂和治疗药物的研发对物流供应提出了挑战。美国将通过监控和加强供应链弥补供应缺口。总统指示各部门和机构要利用包括《国防生产法》在内的法律，扩大疫苗、检测试剂和个人防护装备等关键物资供应量，增加库存量，填补所有供应短缺。具体措施如下。

（一）加强联邦应急管理局的应对措施

拜登总统发布"扩大州国民警卫队应对新冠疫情及增加补助和其他援助"的总统备忘录，指示联邦应急管理局向各州补助国民警卫队人员和紧急供给费用，包括用于学校和托儿服务提供者的应急物资，如个人防护装备。

（二）通过《国防生产法》弥补供应短缺

美国正在采取行动弥补疫苗、检测试剂和个人防护装备的供应短缺。拜登总统发布"可持续发展公共卫生供应链"的行政命令，指示相关机构通过《国防生产法》行使权力，以加速物资的生产、交付和管理，填补12类关键物资短缺，包括N95口罩、隔离服、丁腈手套、PCR样品收集拭子、检测试剂、移液器吸头、用于PCR检测的实验室分析仪、高吸收性泡沫拭子、用于快速抗原检测的硝酸纤维素材料、快速检测试剂盒、低死角针头和注射器等。

（三）加强供应链

为更有效地应对这场危机，并确保能够应对未来疾病大流行，美国需要建立国内公共卫生产品生产基地。联邦政府将专注于建立稳定、安全和有弹性的供应链，并在抗原和基于分子的检测、个人防护装备和耐用医疗设备、疫苗研发和生产，以及关键治疗药物研发等4个关键领域加强国内制造业竞争力。

五、重新开放学校、商业和旅行

美国政府在采取措施全面减缓新冠病毒传播的同时，将通过开展快速检测、扩大公共卫生应急响应队伍、发布防护指南以及为确诊隔离人员提供支持等途径，重新开放学校、商业、旅行和经济。具体措施如下。

（一）实施国家战略以支持重新开放学校

美国政府致力于确保学生和教育工作者能够尽快恢复安全的面对面学习，目标是在 100 天内使大多数 K-8 学校安全开放。总统发布"支持学校和幼教机构重新开放和继续运营"的行政命令，要求教育部和卫生部为安全重新开放学校提供指导，呼吁国会为学校提供至少 1300 亿美元的专项资金，为州和地方提供 3500 亿美元的灵活救助资金。

（二）保护工人并发布更严格的工人安全指南

拜登总统发布"保护工人健康与安全"的行政命令，要求职业安全与健康管理局（OSHA）发布有关工人新冠病毒防护最新指南。总统还呼吁国会延长和扩大紧急带薪休假，允许 OSHA 发布覆盖一线工人的标准，为工人的健康和安全执法提供额外资金。

六、恢复美国全球领导地位，并为应对未来威胁做好准备

特朗普政府退出世界舞台阻碍了全球新冠疫情应对行动的进展。拜登政府将通过推进《全球卫生安全议程》，提供人道主义援助等措施来恢复美国在全球的领导地位。具体措施如下。

（一）恢复与世界卫生组织的关系

世界卫生组织（WHO）对于协调国际社会应对新冠疫情并促进人类健康至关重要。拜登总统在就职首日致函联合国秘书长和世界卫生组织总干事，决定终止前任政府退出 WHO 并拒绝履行其财政义务的决定。美国将参加本月的 WHO 执行委员会会议，并将采取行动加强和改革 WHO。

（二）恢复美国在疫情应对中的领导地位

在国际新冠病毒公共卫生和人道主义应对中，美国将坚持多边主义原则，恢复美国在全球疫情应对和卫生安全方面的领导地位，推动美国发挥积极作用，并支持全球疫苗分发以及检测试剂、疫苗和药物研发。美国将支持使用新冠病毒工具（ACT）加速器，加入新冠疫苗全球联盟（COVAX），并寻求加强其他多边计划，如流行病防范创新联盟、疫苗联盟，以及抗击艾滋病、结核病和疟疾全球基金等。

美国将促进可持续的全球卫生安全，重建卫生安全联盟，加强对《全球卫生安全议程》的支持，重振美国领导地位。美国将为推进全球卫生安全筹资，促进公共卫生突发事件的危机应对和早期预警，加强应对全球大流行的供应链。美国还将在联合国安理会框架下，与合作伙伴就新冠疫情应对、建立全球卫生安全框架等行动加强多边公共卫生和人道主义合作。

（三）加强生物准备提升生物威胁抵御能力

美国致力于加强生物准备能力，以应对新冠疫情及未来的生物威胁。拜登总统重组了白宫和整个行政部门的基础架构，以监测和应对新发生物风险。为了提高美国的战备能力，政府将建立一个综合的国家流行病预测和疫情分析中心，以预防、发现和应对生物威胁。

（军事科学院军事医学研究院 李丽娟）

美国陆军首部《陆军生物防御战略》解读

2021年3月,美国陆军发布首部《陆军生物防御战略》(以下简称《战略》)。该战略旨在实现生物防御能力范式从高技术、专业化、小范围向广集成、常规化、全陆军转变,提高陆军应对生物威胁和危害的防御能力,确保陆军在面对生物威胁和危害时能够有效执行多域战、大规模作战行动,并为联合部队和国家提供生物防御支撑。陆军是美国国防部化生防御计划(CBDP)的执行主体机构,是美政府实施《国家生物防御战略》的主要参与者,此次发布并实施生物防御战略,值得高度关注。

一、背景

美国陆军一直将生物威胁和危害作为其作战战略环境的重要特征,并处于世界传染病研究与应对的最前沿,新冠疫情暴露了陆军在生物防御规划、战备和装备物资能力等方面的不足,陆军如果要成功执行多域战(MDO)和大规模作战行动(LSCO),就必须实行统一指挥,广泛整合力量,聚力提高生物防御能力。当前,美国陆军面临着无处不在、后果难料的生物威胁和危害主导的生物战略环境，主要体现在三个方面：一是对手的生物战计划难以忽视。俄罗斯等少数国家仍被认为拥有生物战能力，可利用生物科技进步制造传统生物战剂或将先进的生物制剂武器化，生物武器的使用很可能没有任何预警，也可能模仿自然发生的疾病以避免归因或拖延响应，大规模的生物攻击可能造成突然的大规模伤亡，从而有效阻止陆军继续行动。二是传染性地方病和新发疾病已成首要关切。传染病、地方病或新发疾病的暴发，特别是高发病率和高死亡率的疾病暴发，虽在性质上不同于生物战，但其影响可以相当。世界各地许多潜在的作战地区都受到埃博拉病毒等地方性、传染性疾病暴发的影响，这将以多种方式限制后勤调动、战术机动等陆军行动，削弱部队备战能力，造成部队机动所需的交通枢纽等关键基础设施中断。此外，新发疾病的潜在影响存在很大不确定性，对手可以利用其进行信息战，破坏战备和作战行动。三是战场的生物环境复杂多变。陆军在艰苦地区和发达地区的战场上作战，都可能面临生物武器威胁和疾病危害。在艰苦地区，陆军可能无法依赖东道国的支持，需要依靠自身来应对生物威胁和危害。在发达地区，陆军虽可期待盟国和合作伙伴的支持，但也需计划和协作，而且盟国也为生物攻击提供了更多的目标，并可能导致疾病传播。

二、主要内容

《战略》共 22 页，包括序言、摘要、前言、战略环境、战略路径、治理、实施、战略风险、结论等 9 个部分，主要内容可归结为战略目标、战略路径、组织实施 3 个方面。

（一）战略目标

《战略》旨在确保陆军在面对生物威胁和危害时做好准备，为国防部和国家提供生物防御能力支撑。主要目标包括：一是具备很强的生物威胁和危害应对能力，能够在生物威胁和危害环境中投放兵力并做到灵活机动；二是全面准确地理解和认识生物威胁和危害的形势和风险；三是保护陆军人员免受生物威胁和危害；四是迅速减轻生物威胁和危害的影响，并恢复陆军的能力。

（二）战略路径

《战略》明确了知识、生物防御态势感知、战备、现代化等四条发展路径：

1."知识"路径

拓展科学的、医疗的、作战的生物防御能力和专业知识，以防范战略突袭。通过加强专业人才管理、补充最先进的科学技术研究设施、建立跨政府的科技协作机制、强化生物防御知识教育等措施，重塑陆军生物防御研发、测试和评估能力，使其能够推动生物学和医学进步，研究基于平台的、广谱的和/或未知病原体的医疗产品，开发可用于作战环境的敏捷诊断平台，使陆军成为国防部和国家新发疾病研究的领导者。

2."态势感知"路径

增强生物防御态势感知能力，以支持决策。建立广泛集成的、长期的生物防御态势感知机制，将生物防御态势感知列为陆军常规化职能任务，列入所有级别的作战指挥中，纳入"通用作战图"（COP），确保能够提供全面、及时、可付诸行动的信息。

3."战备"路径

加强应对生物威胁和危害的战备，确保在竞争、冲突和危机期间进行兵力投放。一是在防护方面，明确生物防御战备状态的定义和评估标准，建立战术、战役和战略层面生物防御战备情况的报告机制，确保士兵以及生物防御和医疗设备物资供应链安全。二是在响应方面，建立大规模伤亡疾病应对措施，增强快速执行生物防御取证的能力，确保战场检测、物理防护、资产洗消、诊断、预防和治疗等能力及时交付部队使用。三是在训练方面，将生物威胁和危害纳入战略与作战演习、个人与集体训练方案，针对生物战攻击、传染病暴发以及特定的生物防御任务进行演习和训练。四是在沟通、合作和共享方面，在生物攻击和疾病暴发期间做好战略沟通与交流，面向联合部队、民用部门、公众和盟友提供及时的正确信息，打击虚假信息，确保陆军生物防御战略作为《国家生物防御战略》的有效补充。

4. "现代化"路径

实现生物防御政策、概念、能力、研发、测试、评估、兵力结构的现代化。一是整合或开发支持性的生物防御概念。通过实地测试或其他手段，对支持性的生物防御概念加以验证，然后纳入条令，从而为多域战、大规模作战行动等概念、履行陆军职能任务提供支持。二是开发生物防御能力。针对已知的、修改的、进化的和新的生物威胁，开发敏捷的研发、测试与评估能力，提供可用于部队的预防、诊断、治疗和后送能力。三是强化兵力开发与设计。保留陆军医疗研发、测试与评估能力的所有权和指挥控制权，评估医疗兵力结构，配备生物防御专业人员，评估现有的生物防御队形，并根据需要开发新的队形。四是审查完善相关政策法规。审查现行政策和法规，确保美国陆军医疗人员获得全国性的资格认证和优待，提高陆军获取和管理未经食品与药物管理局（FDA）批准药物的能力。

(三）组织实施

分管作战与计划的美国陆军副参谋长、陆军核和打击大规模杀伤性武器部门将领导实施《战略》，建立统一指挥的新型陆军生物防御治理结构，实现生物防御范式从高技术、专业化、小范围向广集成、常规化、全陆军转变，巩固并加强从研究、开发、试验和评估（RDT&E）到作战单元的生物防御能力。主要分为两个阶段：

1. 全面实施阶段（2020 年 7 月—2023 年 12 月）

到 2024 年前，陆军生物防御首要责任办公室（OPR）将全面组织实施治理架构，协调整个陆军生物防御活动，更新相关计划和演习计划，并发布生物防御支持性概念。具体分为三个时期：①在 2020 年 7 月至 2021 年 6 月期间：向分管作战与计划的美国陆军副参谋长报批《战略》，制定 2024—2028 财年《计划目标备忘录》（POM），组建负责领导初步实施计划的过渡团队。②在 2021 年 7 月至 2022 年 6 月期间：制订并执行用于陆军高级指挥官决策的行动计划，在陆军作战行动计划（ACP）范畴内制订并执行初步实施计划；在陆军未来司令部领导下启动生物防御支持性概念的开发。③在 2022 年 7 月至 2023 年 12 月期间：陆军生物防御首要责任办公室负责制定陆军生物防御管理架构，发布用于指导过渡到《战略》维持阶段的最终实施方案；启动整个陆军的项目分析和评估，完成生物防御支持性概念开发。

2. 维持阶段（2024—2028 年）

根据已建立的陆军生物防御管理架构和工作流程，协调实施整个陆军的生物防御活动，评估战场生物防御威胁和能力差距，使陆军和国防部采办、研发、测试与评估的投资与《战略》目标保持一致，并积极寻求与盟友和合作伙伴的协作，在 2028 年前实现《战略》目标。

三、初步认识

（一）美国陆军生物防御已全面纳入战略管理链路

美国陆军此次发布首部生物防御战略，体现了对生物威胁和危害的高度重视，将全面加强对生物防御投资、规划和战备的指导，确保陆军在自然或人为生物威胁下的全球作战环境中占据主导地位。美国陆军明确指出，生物防御战略适用于整个军事作战范畴，并将与陆军战略目标紧密结合，更好地实现《陆军愿景》以及多域战、大规模作战行动等陆军功能性和支持性概念，为《国家生物防御战略》《联合作战概念》等战略指导性文件的实施提供支撑。目前，美国陆军已完成《战略》及其 2024—2028 财年《计划目标备忘录》的报批，美国陆军的生物防御工作将随着战略指向和资源投向投量的确定，从谋划阶段进入执行阶段。

（二）美国陆军生物防御范式将向广集成、常规化、全陆军转型

美国陆军认为当前和未来的生物战略环境是动态而复杂的，陆军作战的所有地区都包括易受生物武器和疾病危害影响的军事单位和基础设施，每一次行动都可能面临生物威胁和危害。《战略》要求陆军在扩展其专业化、高技术的生物防御和医疗能力的同时，要求生物防御能力和知识不再局限于化学和医学专业领域，必须整合到统一领导的整个陆军生物防御工作中，并建立适当的治理和资源配置机制，融入陆军所有部门的常规化工作中，支持陆军概念实施，并在战备、现代化、改革和盟友合作等方面与陆军战略保持一致，从而促进生物防御能力发展、作战规划和决策制定。

（三）美国陆军生物防御将全面纳入陆军作战指挥体系

美国陆军将重建战备状态作为首要任务，重点是部队战备状态和兵力投送，但生物威胁和危害有很大可能逆转其战备目标，并降低战备水平。美国陆军认为如果要成功地执行多域战和大规模作战行动，就必须保持和提高其生物防御能力。此次发布的《战略》由分管作战与计划的陆军副参谋长签发，并在其领导下组织实施，通过把生物防御态势感知列入各级作战指挥体系中，加强应对生物威胁和危害的战备，开发生物防御支持性概念并纳入条令等措施，解决生物防御在"条令、组织、训练、装备物资、领导力、人员、设施和政策"（DOTMLPF-P）各个方面的不足，确保陆军在面临生物威胁和危害时能有效完成职能任务。

（军事科学院军事科学信息研究中心　郝继英）

美国智库发布加强国防部全球卫生战略能力报告

2021年5月,美国战略与国际研究中心(CSIS)发布《新冠疫情告诉我们如何加强国防部全球卫生安全能力?》报告。报告面对新冠疫情,美国国防部领导层应与白宫以及国会密切协商,对《2022年国防战略》和《战略规划指南》进行修改,正式承认国防部是国家生物安全的主要机构,明确其主要功能之一即为打击生物威胁。

一、提高生物威胁地位

在《2018年国防战略》(2018 National Defense Strategy)中,美国政府仅在大规模杀伤性武器、生物武器和生物工程方面提到了生物威胁。然而,自然发生的、意外的和人为的生物威胁都应引起注意。新冠病毒已经造成二战后全球最大规模的人员伤亡,如果不能有效缓解疫情,美国的国家利益会迅速受到影响。因此《2022年国防战略》中应明确界定生物威胁属于国家安全的一部分,并明确国防部为主要机构。

二、保护资产

处理全球卫生安全问题时,首先要明确美军资产相关问题,包括资产的完整性、预算、领导力等。这些资产是美军战备的基础,对解决传染病等生物威胁极为重要,还可以为地方的卫生安全工作共享部分资源,更好地构建国家政府、大学和国际组织在研究与能力建设方面的伙伴关系。如果国防部领导层在2021—2022年可以进一步了解美军的核心资产,增加投入,提高性能,未来美军将能产生更多有创新性产品和技术。

国防部从事生物研究、公共卫生和生物监测的机构主要包括:①国防高级研究计划局(DARPA),该机构与其他政府机构、工业界及学术界展开密切合作,探索分子生物学、人工智能等其他新兴领域;②国防威胁降减局,该机构通过下设的生物威胁降减计划(BTRP)专注于高致病性病原体的检测、监测、安保和清除;③陆军和海军海外传染病研究实验室、全球新发传染病监测系统(GEIS)、各军种的医学研究单位,以及其他研究军队传染病的机构,这些机构构成了军队传染病监测网络的核心,与美国疾病控制与预防中心(CDC)及世界卫生组织展开合作;④美军医科大学(USUHS),该机构将新冠肺炎治疗策略和技术编入定期更新的"实践管理指南";⑤国家医学情报中心,收集整理所有生物剂的信息资源。

国防部在该领域的研究主要关注对驻外部队构成一定威胁疾病,如疟疾、登革热、裂谷热和日本脑炎等。目前,美军已对冠状病毒进行了基础研究(特别是SARS冠状病毒和MERS冠状病毒),该研究加速了新冠疫苗的研发。此外,国防部还在进行生物威胁诊断工具的研发,可对各种生物剂暴露进行预警。

三、保留专业人才

国防部对国内外卫生安全的贡献主要是军队卫生系统（MHS）的"人才库"。军队卫生系统是一个综合性的全球卫生网络，承担着执行医疗战备和为960多万人员提供顶级医疗服务的双重责任。该系统负责在短时间部署大量临床和相关工作人员（如为应对新冠疫情将人员部署到地方卫生系统），管理军队卫生科研机构，运营全球疾病与生物威胁监测系统，为所有军队医务人员提供培训。

技术娴熟的临床医生、研究人员和支持人员是国防部最宝贵的资源。国防部为应对卫生挑战，对生物安保和卫生专业人员进行招募、教育和培训。培训一名外科医生或传染病专家，从开始学习医学到获得相关证书需要十年时间，基础科研人员学习相关技能也需要相当的时间。

然而，军队卫生系统面临预算减少、机构重组和裁员方面的问题。国防部、白宫和国会的政策制定者需要了解维持国防部卓越的"人才库"的所需预算和其他需求，确保裁员等行为不会导致军队医学专业人才流失。美国整体医疗费用近年来逐步上升，2019年费用为国内生产总值的17.7%。但国防部医疗费用在过去十年中相对平稳，目前为508亿美元，占国防部2021年7054亿美元总预算的7.2%。由此表明，国防部为维持成本效益，一直控制着其医疗费用的增长，但也为此付出了代价。在过去的十年中，维持不变的经费预算已经影响了医疗人员士气，减少了医疗人员进行重要专业培训的机会，并加速医务人员离开国防部队伍。部分国防部最优秀的医生愿意留在军队，就是因为能进行教学并深化其专业知识。如果这些机会被剥夺了，他们很可能也会离开并加入私营部门。

《2017 财年国防授权法案》要求将军队医疗机构移交给国防卫生局管理。然而，许多专家对目前军队卫生系统改革提出了担忧。2020 年 8 月初，各军种向国防部长马克·埃斯珀要求重新审视目前的改革计划。但国防部部长指示要继续进行改革的相关工作。目前，国防部计划裁减 20% 军队医疗人员，即 1.7 万人，但受疫情影响，该计划暂时搁置。《2020 财年国防授权法案》推迟了国防部关于重新调整军队力量部署的决定，并要求国防部向国会提交关于医疗人员重组的报告。如果最终决定按照原计划进行裁员，先前削减措施所留下的负面影响可能会进一步恶化。

因此，对军队卫生系统重组和裁员需要特别注意潜在的对人员招聘和人才保留的影响。如果机构改革和裁员导致军队停止毕业后医学教育（GME）或其他军队医疗教育与培训，那么军队医疗将不可避免地遭受重创。

四、启动军队-军队安全合作倡议

国防部应发起一项促进军队-军队合作的倡议，并在主要盟国间建立卫生安全合作。该倡议不仅应该符合美国的外交政策，还需要白宫和国会的资金支持。

新冠疫情下，美国更多地把注意力集中在国内。拜登政府的"一号国家安全指令"（NSD－1）重申了美国在多国打击传染病威胁中的领导作用。政府所作的第一步就是恢复了国家安全委员会（NSC）中负责全球卫生安全和生物防御的高级总监一职。

随着美国恢复其国际领导地位，并将卫生和生物安全工作作为国家战略中对外开展合作的重要组成部分。拜登政府在制定其全球卫生安全战略时，应将扩大"国家间军队－军队的卫生安全合作"作为标志性举措，支持美国与亚洲等地区主要盟国的广泛伙伴关系。例如：美国、澳大利亚、日本和印度之间的四方安全对话（The Quadrilateral Security Dialogue）就是一个理想的印太地区伙伴关系。这类标志性举措应包括扩大军事交流与合作，从而提高亚太地区主要伙伴国的卫生安全能力。

国家间合作项目可以侧重于人员培训、管理、预防措施、数据与监测、快速检测和接触者追踪，以及通信和社区外联。项目需要明确国家的选择与评估的标准，新的立法授权，以及多年度的资金支持。国家间军事上的合作除了可以达到公共卫生的目标外，也将作为一种软实力满足地缘政治的需要，即提高军队－军队的配合度，并达到制衡中国影响力的作用。

五、开展国际可持续项目

国防部应将现有的国际卫生参与活动转变为可持续的综合项目，将现有的国防部海外卫生项目与基于全球卫生战略的美国能力建设更紧密地结合。国防部海外项目应该从独立的、阶段式的、偶发的、一年资助一次的计划，过渡到多年度预算的综合性计划。

美军可以而且应该在海外卫生工作中发挥重要作用，不仅限于控制当前的疫情，还要通过与国内机构间合作，以及与东道国军队卫生部门之间的密切合作，推动国际社会遏制传染病的相关工作。2017年，美军通过成立国防部全球卫生参与委员会作为协调机构，在改进合作和信息共享方面取得了重大进展。

长期且稳定的公共卫生和传染病项目能加强东道国军队的医疗和公共卫生能力，建立牢固且信任的关系。但是，目前许多军队活动是通过地区作战司令部（GCC）安全合作计划进行的单次活动，由国防安全合作局提供资金，该局在资金使用等方面设定了具体的限制。不确定的资金可能会中断部分项目，产生不好的影响。

六、协调沟通

协调国防部等机构间的合作，将极大地提高政府实现国际卫生安全工作的效率。拜登政府的"一号国家安全指令"对生物威胁领域重点关注全球卫生安全议程（GHSA）。尽管国防部没有专门的资金支持GHSA，但许多相关措施都与其宗旨密切相关。

第二次世界大战以来，陆军和海军的海外传染病研究实验室与东道国的军队和卫生部门在基础科学、疾病监测、疫苗和药物研发方面密切合作；国防部艾滋预防计划（DHAPP）帮助约50个国家的军队开展以针对军队的艾滋病预防、护理和治疗项目；国防威胁降减局的生物威胁降减计划（BTRP）针对特别危险的病原体开展工作，包括加强伙伴国家的疾病监测、诊断和治疗整体实力；美军日常支持国际人道主义援助和灾难响应（HADR）活动，成为美军实际行动和军事演习的一部分；国防部资助并参与从战斗创伤、航空医疗后送到传染病等主题的军事医学相关会议、演习和专家主题交流会，比如每年的印太军事卫生交流会和国际军事医学委员会。

在以民间主导的卫生安全工作中，军事医学和生物安全专家发挥了重要的价值，加强了美军与各机构、大学和国际组织的合作。美国长期以来的国际工作，如美国的艾滋病紧急救援计划（PEPFAR）等，向世界展示了美国军民合作的成功。

美国军队在卫生、生物安全方面的专业知识不仅对美军战备工作至关重要,还为在国内外对抗生物威胁做出了巨大贡献。国防部在后勤、规划和行动方面的优势是"曲速行动"(Operation Warp Speed)成功的核心,国防部在生物方面研究对疫苗开发和检测方面的快速进展也至关重要。这些可能会在美国全球卫生参与中发挥重要作用。军队在公共卫生、传染病研究和生物恐怖领域的专家也应继续扩大内部以及与地方部门的合作。

为达到这一目标,需要以下几方面的共同努力:国防部和其他机构的领导支持;两党在国会上的支持;鼓励合作的前瞻性思维和政治意愿;认真思考,随着美国外交活动的扩大,国防部在应对疫苗危机等全球卫生安全挑战所能做出的贡献;致力于创造并维持新的模式,开发成功的项目;在《2022年国防战略》和《战略规划指南》中,明确将国防部作为应对生物威胁的主要的跨部门生物安全合作伙伴。

(军事科学院军事医学研究院 陈婷)

俄罗斯《生物安全法》主要内容和解读

2020年12月30日,俄罗斯总统普京签署第492-ФЗ号总统令,正式批准并颁布《俄罗斯联邦生物安全法》(以下简称《生物安全法》)。该法案正式文件共36页17条,根据第17条规定,该法于签署日生效。本文主要介绍俄《生物安全法》的颁布背景、内容及特点。

一、颁布背景

俄罗斯此前尚未有生物安全领域的综合性法律文件。2019年3月11日,俄总统普京签署第97号命令批准《2025年前及未来俄罗斯联邦化学和生物安全国家政策基础》,作为俄罗斯化生安全领域正式的战略规划文件。同年8月28日,时任俄总理梅德韦杰夫签署第1906-р号命令,批准了落实该战略规划的政府工作计划。全部计划分为法律规范和政策措施两大类,其中法律规范部分明确要求,2019年应由俄罗斯卫生部负责牵头完成俄《生物安全法》的起草工作。

实际上,在政府工作计划公布之前,俄《生物安全法》的起草工作已经启动。2019 年 3 月，俄政府将《生物安全法》草案提交至俄罗斯国家杜马（俄罗斯联邦会议下议院），此后经过三次审议修改，国家杜马与联邦委员会于 2020 年 12 月 24 日和 25 日先后批准通过。12 月 30 日，俄总统普京签署命令最终批准并颁布本法案。

二、基本内容

俄《生物安全法》严格遵守《禁止生物武器公约》，明确了在维护生物安全领域的基本原则，制定了一系列预防生物威胁、建立和发展国家生物风险监测系统的措施，旨在保护居民和环境免受危险生物因素影响，为确保俄罗斯联邦的生物安全奠定了法律基础。该法案主要内容包括：

（一）维护生物安全的基本原则与主要活动

俄《生物安全法》第三条和第四条分别明确了维护生物安全的基本原则与主要活动。基本原则包括：保护公民和环境免受生物危险因素影响，将个人、社会和国家在生物安全领域的利益和责任结合起来，采取系统的方法实施生物安全措施，提高公众对生物安全的认识，保护、再生和合理利用自然资源，对生物危险进行评估，及时响应生物危险并做好物资储备等。主要活动包括：制定本领域的国家政策与战略规划，对生物风险进行预测、识别、控制以及消除后果，采取专门的经济措施，确保潜在危险设施的防护，开展与生物安全相关的科技活动，协调各级政府维护生物安全的行动，进行以维护生物安全为目的的国际合作等。

（二）各级国家权力机关、个人和组织的职责、权利和义务

俄《生物安全法》第五、六、七条分别规定了俄联邦各级国家权力机关、个人和组织机构在生物安全领域的职责、权利与义务。

俄罗斯政府负责制定和实施生物安全保障领域统一的国家政策、批准生物威胁（危险）应对计划，以及协调组织其他各级政府的相关活动与合作；联邦及各联邦主体国家权力机关负责参与制定并实施国家政策、进行法律规范调节，建立并管理菌（毒）种库，开展生物风险监测，实施控制传染病和动植物疫情的预防措施等；地方自治机构主要负责在本行政区内实施控制传染病和动植物疫情的预防措施。

公民的权利和义务包括：保护健康和环境不受生物危险因素的影响，遵守生物安全领域法规。各组织机构的权利和义务包括：参与和制定生物安全措施，遵守生物安全领域法规，提交生物安全领域科研通报等。

（三）生物威胁判定与维护生物安全的主要措施

俄《生物安全法》的第八至十五条是关于生物威胁判定与维护生物安全的主要措施，这部分也是该法案的核心内容。

第八条阐述了11种主要的生物威胁，包括病原体的特性与形态发生改变、或出现突破种间屏障的可能，利用合成生物学技术制造病原体，各种新发、复发传染病以及动植物疫情扩散传播，利用病原体实施破坏活动或恐怖袭击，微生物耐药性扩散，擅自进行危险的相关科研活动等。

第九至十五条规定了维护公民和环境免受危险生物因素影响、预防生物威胁（危险）的各种措施。其中第九条总体阐述了7条措施，分别是控制传染病传播，建立和发展菌（毒）种库，防止因使用病原体发生事故、恐怖主义行动和（或）破坏，预防危险科技活动，建立并发展统一的生物风险监测网络，在生物安全领域开展基础和应用科学研究，以及规划生产能力与物资储备建设。

第十至十三条分别对以上措施进行了具体阐述。此外，第十四条规定要建立生物安全领域国家信息系统，第十五条规定了生物安全领域的国际合作。

（四）其他

俄《生物安全法》第一条界定了该法案涉及的20个主要术语。第二条规定了维护生物安全的法律基础，主要是俄罗斯宪法、各领域签署的国际条约以及联邦法律文件等。第十六条规定违反生物安全领域法律应承担法律责任。第十七条规定该法自公布之日即2020年12月30日起生效。

三、几点认识

纵观俄罗斯《生物安全法》的全部内容，可发现该法案有以下几个突出特点。

（一）生物安全内容涵盖并不全

尽管采用广义生物安全概念，但仍有部分生物安全问题涉及较少。俄《生物安全法》各项条款涵盖了目前常见的大部分生物安全问题，包括传染病和动植物疫情、两用生物技术风险、生物恐怖主义活动、微生物耐药等。但缺少明确针对生态环境保护、生物多样性保护以及外来物种入侵的相关规定，仅要求"保护微生物群的生物多样性""保护环境免受危险生物因素影响""保护、再生和合理利用自然资源，作为维护生物安全的必要条件"。同时也未涉及有关人类遗传资源的相关问题，仅在第十五条国际合作的规定中提及"安全使用生物资源，协调跨境运输，并监督跨境运输被基因工程处理过的生物体"。

（二）未明确规定俄军相关职责与义务

俄《生物安全法》详细规定了各级国家权力机关、个人和组织机构在维护生物安全领域的职责、权利与义务，但在整部法律中并没有提及俄罗斯武装力量的职责与义务，而实际上俄军在传染病监测与应对、生物安全相关科学研究、生物军控与履约等领域一直发挥重要作用。

（三）缺乏违反该法的相关细则规定

俄《生物安全法》尚未规定违反生物安全法律规定应承担的具体法律责任。第十六条仅规定"根据俄罗斯联邦法律，确定违反俄罗斯联邦生物安全保障领域法律应承担的责任"，此外并无其他内容。具体哪些行为构成犯罪、需要追究什么样的刑事责任，哪些行为造成人身、财产或其他损害，需要承担什么样的民事责任，俄罗斯未来仍需制定专门的法律法规。

（军事科学院军事医学研究院　周巍　李丽娟）

DARPA 2022 财年生物科技研究项目分析

DARPA 自 1958 年成立以来，研发了互联网、全球卫星定位系统、隐形战斗机、无人机等颠覆性技术和高尖端装备系统。2014 年，专门成立了生物技术办公室（BTO），大力发展国防生物科技，探索生物系统的巨大潜力，开拓"生物革命"在军事领域的应用前景。2022 财年，美国防高级研究计划局预算总额为 35.28 亿美元，与 2021 财年（35.66 亿美元）的预算总规模基本持平，并略有下降。值得注意的是，2022 财年生物科技领域在预算总额和占比等方面均有所增加，为 4.24 亿美元（占比 12%），而 2021 财年为 3.75 亿美元（占比 10.5%）。这表明生物科技已处于国防科技的核心地位，必须持续关注，并加大资助和管理力度。

一、重点关注方向

2022 财年，DARPA 部署的生物科技项目中有 75%（24/32）为 2021 财年的接续资助项目，涉及以下 3 个方向。

（一）战场早期医学干预

随着军事科技革命的发展，人类战争已经从以火力为主要特征的机械化战争阶段进入到以智力为主要特征的信息化战争阶段。不管战争形式怎样"升级",提升战场生存率和部队战斗力仍然是各国军队关注的重点。2022 财年,DARPA 继续部署战场医学干预的相关项目,以最大限度地降低战场人员伤亡率。例如,"天然生物电子界面"项目(2022 财年更名为"战伤快速愈合"项目)通过研发能够准确报告创伤状态的生物传感器系统,对伤口愈合进程进行实时监测,同时将多模态信息转化为人体固有的修复程序,指导治疗所需信号的传递,加速伤后恢复和重建。"改进医疗干预措施"项目通过集成新的生物信息学方法和高通量的生理模型系统,针对人体内的多个特定靶点开发新型药物干预措施,减少战伤治疗药物的不良反应、提高安全性。"预防新发疾病"项目利用分子生物学和生物信息学工具,构建模型来预测宿主疾病从鼠、蚊等动物宿主传播给人的可能性,并在实验室中探索防止疾病跨物种传播的方法,保护部队人员健康。

(二) 生物威胁防御

近年来,非典(SARS)、甲型 H1N1 流感、新冠肺炎(COVID–19)等重大新发突发传染病频发,其传播范围广、传播速度快、社会危害影响大,给人类带来了新的严重威胁。为应对传染病大流行可能对美军的影响,DARPA 持续部署多个研究项目,有效提升生物威胁防御能力。例如,"防御大规模恐怖威胁"项目通过算法开发,研发新型生物传感器和网络系统,提升针对各类生物武器威胁的广域监测和早期预警能力。"威胁暴露的法医学指标"项目通过开发生物信息学算法,构建人体感染拉沙热病毒、类鼻疽伯克霍尔德菌等病原体后的表观遗传学特征图谱,并研发便携式一体化检测装备,可在 30 分钟内实现对人体感染病原体的类别和时间的分析研判。"对抗耐药性微生物"项目利用生物化学工具和算法,建立体外嵌合分子对抗微生物的动力学模型,研究体内细菌和毒素快速降解或灭活的机制,开发能够结合耐药性细菌和毒素靶点的新型配体，为美军应对日益流行的耐药性微生物提供科技支撑。

（三）士兵生理认知能力提升

在新一轮全球生物科技研究热潮中，针对人体能力提升的前沿技术迅猛发展，不断向军事应用领域拓展。DARPA持续关注美军单兵作战能力的提升，围绕其生理、认知等能力开展了一系列研究。例如，"改善人员岗位适应能力"项目通过研究士兵基因型和表型之间的关系，将表型特征与驱动性能的潜在生物回路联系起来，以确定与军事特长相关的生理、认知和行为特征，提升美军征兵选拔和制定个性化培训方案的效率。"提升人体韧性恢复能力"项目利用宏基因组学技术研究人体微生物组与环境之间的复杂相互作用，完善体外实验的相关模型和算法，通过对皮肤微生物组修饰改造来调控化学物质的产生，达到减少有害昆虫等对士兵的叮咬，提升其韧性恢复能力。"认知能力恢复"项目通过研究创伤后应激障碍、情绪障碍和药物滥用等神经精神疾病的作用机制，揭示其中发挥作用的神经元受体亚型，研发针对这些受体亚型的新型靶向药物，实现单剂量或最小剂量给药并快速有效地缓解急性症状。

二、新增资助项目

与2021财年相比，2022财年DARPA在生物科技领域共新增4个研究项目。

（一）作战人员关键生物治疗药物分发

"作战人员关键生物治疗药物分发"项目旨在建立完全可分发且能够按需供应的生物治疗药物，确保美军士兵获得关键的医疗救治。为了实现这一目标，该项目将研发能够快速、大量合成活性蛋白质和核酸的技术平台，在短时间内为美军提供所需的生物治疗药物，而不再依赖复杂的供应链或缓慢的研发周期。该项目2022财年经费预算为1027.3万美元，研发计划包括：构建新型生物治疗药物研发技术平台，开展高通量测序和候选药物筛选研究；开发提高生物治疗药物产能的技术，制定操作流程标准以确保生物治疗药物质量。

（二）新一代战伤救治

"新一代战伤救治"项目旨在开发新型关键技术，保护美军士兵在未来战场上的生命和健康。通过开发用于治疗创伤性损伤的全血替代品，并在未来战争中广泛应用，使战场伤亡率大幅降低。该项目一旦取得成功，相关技术产品还可用于抢险救灾、大规模伤亡事件以及维稳任务的医疗救援。该项目2022财年经费预算为1024.5万美元，研发计划包括：开发用于产品原型制作、测试和评估的体外模型；研发产品在野外环境下存储的技术方法；研究用于治疗创伤性损伤的全血替代品的关键生物学功能。

（三）基于仿生技术的海岸防御

由于长期遭受风暴潮、海浪作用以及海平面上升活动的影响，美军沿海地区的军事设施往往有不同程度的结构侵蚀和功能退化，导致其防御能力减弱。"基于仿生技术的海岸防御"项目旨在开发人造和天然材料混合的、能够自我维护的珊瑚礁结构，用于加强沿海低洼地区军事基地的防御能力。通过设计、开发和涂刷人造珊瑚礁底漆，加速珊瑚礁天然繁殖和生长速度，构建可实现零成本自我维护和持续功能改进的防御性珊瑚礁。该项目2022财年经费预算为1149.0万美元，研发计划包括：在水槽中模拟波浪能量衰减过程；在实验室条件下证实造礁方法的有效性；提高造礁生物的温度耐受性。

(四) 作为生物工程资源的环境微生物研发

"作为生物工程资源的环境微生物研发"项目旨在利用环境微生物研发并生产新型军用关键材料。该项目通过研究微生物在极端环境下的性能，阐明生物分子结合无机元素（如稀土元素、金属）的机制，并利用高性能计算和高通量实验方法来加速微生物组装功能性纳米无机材料（如光电、磁性材料）的原型制作。该项目 2022 财年经费预算为 876.4 万美元，研发计划包括：确定稀土元素生物矿化所需的新型生物体、基因通路和微生物化学物质；开发改造生物体的合成生物学工具以适应当前的稀土元素底盘；开展耐高温、耐强酸的微生物研究；探索基因工程微生物组装功能性无机纳米材料的性能。

三、在研项目进展

（一）全球核酸供应

随着美国在伊拉克、阿富汗等全球多个地区部署军队，美军士兵在当地可能面临着罹患地方病以及化生放核（CBRN）等威胁。快速获得应对这些威胁的医疗救治产品至关重要，但是目前美军在产品的制造、存储和配置等方面还存在诸多问题。为解决上述问题，全球核酸供应项目（Nucleic acids On–demand Worldwide，NOW）将开发一个可移动的核酸多芯片组件制造平台，能够在几天内（而不是几个月或几年内）快速生产、配制和组装数百剂核酸治疗产品。该平台有望提供超越当前基于细胞方法的技术体系，并能够在各种环境条件下，以符合标准生产规范（GMP）的流程完成产品的制造。此外，该平台的可移动特性可以保证在开展军事行动的任何地方，即时提供应对各类威胁的医疗救治产品。

（二）评估免疫记忆

近年来，新冠肺炎等新发突发传染病严重威胁美军士兵健康，极大影响了各项军事部署行动。美军士兵主要依靠有效的疫苗接种来预防传染病和防止生物威胁暴露。但是，目前许多疫苗不能提供长时间的保护，有多种病原体甚至缺乏有效的疫苗。此外，还存在疫苗开发成本昂贵、耗时长且失败率高等问题。评估免疫记忆（Assessing Immune Memory，AIM）项目将开发一个平台系统，通过观察宿主对疫苗接种的反应及研究其作用机制，来预测疫苗诱导机体产生免疫记忆的时长和效果。目前常用的免疫反应检测方法（如抗体水平和免疫细胞标记等），并不能全面捕捉免疫系统对疫苗接种的反应。AIM 项目将利用前沿技术发现新的生物分子标志物，以便更早地观察到免疫反应。这些分子标志物将被用来预测和分析疫苗诱导机体产生早期的、持久的保护力的可能性，而不需要数年时间来等待临床试验结果。

（三）阿卡迪亚

细菌是地球上最丰富多样的生命形式，几乎覆盖了任何物体的表面。大多数细菌都生活在由其分泌物积聚而形成的"细菌生物被膜"中。近年来，美国国防部每年都有数十亿美军的资产（包括军用材料和设备等）由于细菌的侵蚀而发生霉变和功能退化。为应对这一挑战，阿卡迪亚项目通过改变细菌的组成和结构开发有益的"细菌生物被膜"，在军用材料和设备表面形成坚固的涂层，从而达到保护军用资产的目的。Arcadia 项目包括两个技术领域："相互作用建模和分析"（Modeling & Analysis of Community Interactions）技术领域；以及"功能性和弹性生物被膜工程化"（Engineering a Functional and Resilient Biofilm）技术领域。Arcadia 项目为期 2 年，分为两个研究阶段。在第一个研究阶段（24 个月），研究团队将研发功能性"细菌生物被膜";在第二个研究阶段（24个月），研究团队将研发"细菌生物被膜"工程化模型，并开发高通量测试平台来进行验证其稳定性。

（四）利用酶活性应对耐药菌

DARPA 与耶鲁大学、华盛顿大学和博德研究所签署合作协议，开展"利用酶活性应对耐药菌"（HEALR）项目的相关研发活动。HEALR 项目旨在利用化学生物学、药物化学和微生物学技术来开发对抗多重耐药微生物感染的新疗法，提高美军士兵应对耐药菌感染等生物威胁的能力。三个承研单位将利用新的治疗方法和新型蛋白质降解技术，灵活、快速地应对新出现的微生物威胁。具体研究内容为：①耶鲁大学将利用合成化学技术和机体自身的蛋白质循环系统来消灭病原体。②华盛顿大学将研发和改进相关工具，允许操控机体与入侵细菌之间的关系，以中和或消灭入侵的病原体。③博德研究所将利用化学生物学、化学以及药物发现方法来研究病原体的关键弱点，并利用机体自身的消除机制来摧毁病原体。

（五）应对环境的高级适应和保护工具

DARPA 与西北大学、斯坦福大学和麻省理工学院等机构签署协议，合作研发"应对环境的高级适应和保护工具"（Advanced Acclimation and Protection Tool for Environmental Readiness，ADAPTER）项目。ADAPTER 项目将开发一种可植入的集成系统，该系统涵盖工程化细胞、生物化学物质及其生物电子载体。美军士兵可以根据实际需要启动或停止系统中治疗药物的释放，从而清除体内引起腹泻的食源性病原体，或者调节因时差导致的机体昼夜节律紊乱，提高美军士兵执行各类任务的效能。根据签署的ADAPTER 项目协议：①西北大学的研究团队将设计一种无线控制的可植入生物电子载体，通过释放肽类等治疗药物来调节机体的中枢和外周神经系统，从而减少美军士兵适应被部署到不同时区或工作时长剧烈变化所需的时间。②斯坦福大学的研究团队将开发一种可植入装置，该装置能够在长达 30 天的时间内持续释放褪黑激素。③麻省理工学院的研究团队将研发一种可吞咽载体，能够将治疗药物递送到肠道内，并且释放既能杀死食源性病原体又能中和病原体释放的毒素的化合物。

四、结束语

总体来看，2022 财年，DARPA 对生物科技项目的布局和投入仍然保持较高水平。新增项目关注利用前沿技术解决美军部队当前面临的重大挑战，如"作战人员关键生物治疗药物分发""新一代战伤救治"项目研发战伤救治需要的新型药物和全血替代品，"基于仿生技术的海岸防御"项目开发军事基地平台建设需要的可自我维护的新型生物材料。重点关注方向持续部署美军长期战略需求所关注的问题，如"预防新发疾病"项目重点关注美军在水源地附近部署部队的健康需求；"防御大规模恐怖威胁"项目旨在提升美军应对各类生物武器威胁的监测和预警能力。"改善人员岗位适应能力"项目聚焦美军征兵和军事化训练的效能提升。不再资助项目大多已由基础实验阶段进入测试应用阶段，如"活体工程材料"项目完成材料的压力测试，"损伤后听觉和视觉功能恢复"项目已获批开展临床试验。

（军事科学院军事医学研究院　张音　刘迈）

DARPA 2021 年生物交叉技术项目进展

2021 年，DARPA 新发布了 9 个生物交叉技术项目，在研项目共 33 项，2022 财年预算共计 43062.3 万美元，同比增长 15.2%，约占 2022 财年 DARPA 总经费的 12.2%。主要聚焦增强武器系统性能、优化作战人员效能和提升防护能力等方面，突出了聚力后勤自主补给与维护能力、深耕人体效能恢复与增强技术、聚焦武器系统材料的生物合成技术等特点。

一、项目布局分析

2021 年 DARPA 生物交叉技术领域新增项目，包括 2022 财年预算中的新上 6 个项目和新发布的 3 项广泛机构公告，在研项目共 33 项，聚焦武器系统性能增强、作战人员效能优化和防护能力提高等方面。此外，在材料制造、后勤保障技术装备、人效增强药物与器械、疾病防护等方面都有长足进展。

（一）增强武器系统性能

一是武器系统高性能材料生物合成。DARPA 关注利用合成生物学方法制备含能材料、聚合物、溶剂/涂料、纤维、织物、光学材料、黏合剂、无机材料等，提高武器系统的火力、防腐、耐高温、表面黏合等性能。①生命铸造厂。2011—2019 财年预算共 19355.8 万美元，利用合成生物学实现超常材料的设计与制造，提高按需生产能力。截至 2021 年，已开发多功能生物合成平台，实现生物合成设计时间缩至 1 天，生物制品的设计与生产提速 7.5 倍，可生产低成本的耐高温涂料以及喷气式飞机和导弹燃料等材料，超过 1630 类分子，已向各军种转化高能燃料、热稳定聚合物、高性能复合材料、生物衍生分子激光护眼罩、生物合成燃料、车辆装甲黏合剂等超常材料生物合成技术。②环境微生物工程资源。7 月新上项目，2022 财年预算 876.4 万美元，旨在研发稀土元素的生物采矿平台，实现本地稀土元素提取，最终达到每周生产 700 克以上单个稀土元素。③重塑蛋白质制造。8 月新上项目，2022 财年预算为 1027.3 万美元，研发蛋白质"即时分布式制造"技术，提升美军在拒止、降级或中断环境中的蛋白质医疗对策生产能力，最终实现 24 小时内可生产 5 类具有生物活性的复杂蛋白质。④全球核酸按需制备。2021—2022 财年预算共 2760.5 万美元，研发可 24 小时内快速生产、配制与包装数百种核酸制剂的移动平台，用于美军传染病防控。2021 年 2 月，资助美莫德纳和通用电气公司研制几天内可快速生产、配制和包装核酸药物的平台。⑤太空生物制造。11 月新上项目，旨在研究轨道环境下的微生物替代原料的利用、可变重力下的微生物生长优化、太空辐射对微生物生长与生产影响及缓解措施，最终形成太空生物制造能力，确保太空资产的供应链弹性与自我维护能力。

二是生物生产技术提升后勤保障能力。利用生物生产技术提升美军后勤资源生产、基建材料制备、海岸防护加强、装备腐蚀控制等能力。①原料按需生产。2020—2022 财年预算共 3795 万美元，研发后勤资源（食物、水和石油润滑剂等）的按需生产系统，使作战人员可利用能源密集型废物独立生产物资，延长作战时间，提高作战灵活性。1月，资助劳伦斯伯克利国家实验室等团队，开发友好独立集成的"变废为宝"系统。②聚宝盆。12月新上项目，研发可在野外按需生产蛋白质、碳水化合物、脂肪和膳食纤维四类食品的系统，最终将演示可满足14名士兵小分队的45天恶劣环境下的口粮营养。③大气水提取。2021—2022财年预算共2419万美元，研发大气饮用水提取设备，为单兵提供一定规模、重量、功率的水输出，提高作战人员饮用水自供给能力。2020年11月，资助通用电气研究公司等开发轻便的"空气变水"设备。④野外全血替代品。5月新上项目，2022财年预算为1024.5万美元，开发一种可部署、耐保存、通用的全血替代品，用于战伤输血，抢救严酷作战环境下的战伤人员生命，最终达到一周内生产50个单位的全血产品，保持6个月的极端温度存储，成本、重量与同量全血接近。⑤工程活体材料。2017—2021财年预算共4833.9万美元，已开发先进生物水泥用于远征军事设施建设等任务，2021年试验了CV-22、直升机和C-17战略运输机机场建设，有望帮助美国空军在亚太地区快速、隐蔽建成简易机场群，起降搭载高超声速导弹、火箭炮的战略/战术运输机，发起"快打快撤"式突袭，实现未来空中分布式作战。⑥海岸防护。1月新上项目，2022财年预算1149万美元，利用合成生物学，开发工程化的珊瑚或牡蛎礁海岸防护系统，减轻海浪和风暴潮对海岸的损害，最终可消减90%波浪能。⑦装备防腐蚀。9月新上项目，旨在利用微生物菌群控制技术，在军用物资装备表面生成保护性生物膜，缓解或去除装备的微生物腐蚀，降低装备维护成本，并聚焦无人潜航器水下阻力降低、防腐蚀、油箱防腐蚀和装备霉菌抑制四类应用场景。⑧生物网络安全。新上项目，2022财年预算660万美元，旨在利用大数据、人工智能、机器学习和生物信息学技术，针对生物网络实验室的高速协同攻击，开发自主监视防御算法，解决自动化生物网络实验室可能遭受的大型网络攻击，保障生物实验室供应链安全。

三是生物传感器提升战场态势感知能力。利用生物系统进行辐射、声学和电磁学等复杂特征监测，增强作战人员战场态势感知能力。①表观遗传特征监测。2018—2022年预算共5464万美元，开发化生放核爆检测设备，可在30分钟内识别出某人所接触的化生放核爆武器，提高美军大规模杀伤性武器威胁诊断能力。2019年7月，资助亚利桑那州立大学等机构开发人类表观遗传特征检测设备。②植物传感器。2018—2022财年预算共5936万美元，开发可远程监控环境变化的转基因植物传感器，2018年资助约翰霍普金斯大学应用物理实验室等机构。③水生生物传感器。2019—2022财年预算共9753万美元，开发可监测水下运载工具的生物传感器硬件，提高美军海上威胁侦察能力，2019年，资助5个团队进行水下潜航器海洋生物信号研究。

（二）优化作战人员效能

一是研究人体效能标志物，实现人效增强。利用传感器监测并预测作战员效能，确定作战人员效能增强的标志物和代谢模型等。①生物能力测量。2020—2022财年预算共5100万美元，开发可实时监测作战人员选拔与训练状态的传感器，提高人员选拔训练效率，改善任务团队组建和人员恢复能力。2019年11月，资助通用电气研究部等机构研发高阶军事训练能力表型与生物标志物监测传感器，测试和选拔军事人员，陆军化生中心进行了布拉格堡伞兵的唾液样本与人员绩效的关系研究，并开发生物标志物 X 因子。②生物停滞。2018—2022年预算共6000余万美元，开发能干预人体分子、细胞、器官代谢进程的长效药物，延长战伤黄金救治时间。2019年，资助4个团队开发极端条件下的细胞衰老延缓剂和生物停滞诱导剂。③生理超配。2021—2022财年预算共2413万美元,开发可减轻熬夜或污染造成人体效能退化的工程细胞,降低作战人员受到的病毒、细菌或毒素等威胁。④万能药。2020—2022财年预算共4359万美元,开发新型多靶点药物,提升极端环境的作战人员恢复力。2019年,资助哈佛医学院等团队研发可选择性阻断疼痛神经元活性的化合物,提供阿片类药物替代品。⑤表观基因组调节。2018—2022财年预算共7121万美元,开发可暂时调节人体表观基因组的模块化普适平台,抵御病原体、药物和辐射等对人体的威胁,重点关注流感病毒、阿片药物、有机磷和γ辐射。2019年6月,开发出基因药物使士兵获得如同"分子盔甲"的防辐射能力;2021年2月至3月,研发了新冠病毒CRISPR靶向治疗剂,可减缓或阻止新冠病毒复制。

二是研发器械药物,实现认知恢复与增强。开发个性化的认知状态评估、维持与增强方法,提高作战人员认知能力。①下一代非手术神经接口。2018—2022年预算共计7729万美元,开发安全、便携、高分辨率的双向脑机接口系统,实现人与系统的高速交互,提高作战人员的战场认知和快速决策能力。2019年5月,资助6个研发团队研发无创和精创脑机接口系统。②智能脊柱接口。2021—2022财年预算共2975万美元,开发新型自适应智能接口,恢复脊髓损伤人员的呼吸、肠与膀胱控制、运动、接触和本体感觉等功能。2019年10月资助布朗大学开发智能脊柱接口,刺激患者脊柱恢复;2021年1月,加拿大加里大学通过对患者脊髓进行电刺激,控制患者血压。③聚焦医药。2020—2022财年预算共2735万美元,在"靶向神经可塑性"项目基础上,开发退伍军人神经疾病快速治疗药物,革新美军的精神保健服务。

三是研发微生物组和生物工程技术,实现恢复力增强。对人类微生物组及其遗传信息的表征与建模。①扩展人体弹性。2020—2022 财年预算共 4470 万美元，研究人类胃肠、呼吸系统、皮肤或口腔内的微生物群落与人体的免疫、代谢、耐受、情绪、决策等的关系，开发菌群控制药物，提高作战人员的免疫力、代谢力、耐受力以及凝聚力等作战效能。②战伤快速恢复。2020—2022 财年预算共计 4296 万美元，开发加速伤口愈合的闭环自适应系统，由传感器和执行器组成，传感器评估伤口状态跟踪身体反应，执行器传递生化信号并影响愈合，最终实现复杂伤口的智能愈合，为作战人员提供更快更精准的恢复力。2020 年 3 月，资助匹兹堡大学等机构研发伤口内部环境改善设备。

（三）提高传染病防护能力

一是病原体检测与监测。①预防新兴致病威胁。2018—2022 财年预算共 4900 余万美元，开发病毒性传染病的源头干预方法，包括移除病毒突变和减少病毒载量的抗病毒剂、疫苗和干扰颗粒等。2019 年 2 月，进入实验室模拟自然环境阶段，研发禽流感、克里米亚刚果出血热等病毒的跨物种传播、动物种群进化，评估阻止病毒传播的干预措施。②CRISPR 病原体检测仪。2021—2022 财年预算共 3347 万美元，将基因编辑器整合于分布式生物检测器中，开发 15 分钟内可筛查 10 种以上病原体或宿主样本的设备，以及 15 分钟内可同时筛查 1000 个临床样本的大规模多个病原体检测平台，提高美军传染病防控能力。8 月，开发了串联核酸酶检测方法，可在 20 分钟内对每微升 RNA 约 30 个分子进行稳定检测。③细菌监视。2018—2022 财年预算共 5959 万美元，开发工程化或未知细菌性病原体的检测设备，为美军提供新型生物防护能力。2019 年 4 月，资助雷声公司开发便携的细菌病原体快速检测设备。④大规模恐怖威胁防御。2015—2022 财年预算共 17885 余万美元。前期开发可经济、可靠、广域监测大规模杀伤性武器的传感器网络SIGMA，阻止人口密集中心的化生放核爆威胁，2016年初在华盛顿特区进行1000个传感器测试，证明SIGMA系统可建立核威胁实时态势感知网络，2021年1月，将SIGMA系统压缩为轻巧的400美元的移动电话大小的网络化设备，成为美国国家安全基础设施。2018年发布"SIGMA+"项目开发实时CBRNE早期监测系统。⑤个性化生物防护系统。2021—2022财年预算共2623.8万美元，开发先进的单兵化生防护装备，研发新的生物材料以及能捕获、中和或消除化生制剂的化合物和轻质耐用系统，提高作战人员生存能力。4月，DARPA资助美菲力尔等三家公司开发轻质材料和强适应性化生防护方法。

二是抗病原体药物研发。①干预、共同预防及治疗。2017—2022财年预算共7200余万美元，主要利用病毒的治疗性干扰颗粒干扰病毒复制，开发针对病毒变异的广谱性抗病毒制剂。2021年4月，巴斯德研究所利用有缺陷的寨卡病毒基因组序列，研制出可治疗寨卡病毒感染的干扰颗粒，降低蚊子和小鼠体内的病毒活性。②多重耐药细菌的治疗剂。2022财年预算1599.9万美元，开发新的多重耐药性细菌治疗方法，包括筛选宿主的结合配体，开发细菌的细胞降解或失活方法，生成宿主配体治疗剂，2021年8月，授予耶鲁大学等3个团队研发合同。

三是疫苗研制。①大流行病预防平台。2018—2022年预算共8220万美元，研发疫苗快速研制平台，实现病原体确认后60天内研制疫苗，接种3天内产生抗体的广谱性疾控平台。2018年2月，DARPA资助阿斯利康、阿贝塞拉公司等机构，已完成寨卡和流感病毒的60天内疫苗研发，78天内从样本中获得高防护性寨卡病毒抗体。2021年4月，阿贝塞拉公司研制了可有效预防或治疗新冠病毒的单克隆抗体LY-CoV555，已进入临床测试。②免疫记忆评估。8月新上项目，开发疫苗免疫记忆反应的评估工具，最终在接种 10 天内可靠预测疫苗的免疫保护期限，而非抗体丰度。

四是控制传染病媒介种群。安全基因，2017—2021 财年预算共 6100 余万美元，开发在时空上可逆控制基因编辑的技术，如限制、消除基因编辑的药物，防止基因编辑滥用风险。2019 年 10 月，研发 CRISPR – Cas9 抑制剂与活化剂、基因编辑的无菌昆虫技术。2021 年，开发了抑制基因驱动技术降低按蚊繁殖能力，以及分子遗传控制系统使得伊蚊不育，控制多个病媒野生种群，降低疾病传播。

二、初步认识

结合近几年 DARPA 的项目布局与资金投入情况，可以看出，DARPA 生物交叉领域呈现聚力后勤自主补给与维护能力、深耕人体效能恢复与增强技术和聚焦武器系统材料的生物合成技术的特点。

（一）聚力后勤自主补给与维护能力，全面提升一体化后勤保障

近两年来，DARPA 聚焦水、食品、超常材料、润滑剂、血液、建筑材料等物资的生物合成技术，开发作战单元或单兵可使用的自主快速物资生产设备，保障边缘部队的自主后勤补给能力，降低后勤运输需求与成本。同时，利用合成生物学建造自修复海岸防护系统，利用微生物菌群控制进行装备维护，利用由生物细菌和土壤制备的生物水泥快速隐蔽建设前沿机场和基地，实现基础设施的快速建设和自主维护能力。2021 年 3 月美国陆军《多域转型：在竞争和冲突中获胜》报告强调，将为联合部队提供持续的后勤保障、维护和兵力投送能力。DARPA 将生物交叉技术布局在一体化后勤保障能力的全面提升上，未来这些技术装备将在各军种全面运用，将大大提升美军的自主补给与维护能力，支撑分布式作战。

（二）深耕人体效能恢复与增强技术，打造超级士兵

近几年，DARPA 广泛布局"生物能力测量""生物停滞""生理超配""万能药""表观基因组调节""聚焦医药""扩展人体弹性""智能脊柱接口""非手术神经接口""战伤快速恢复"，聚焦人体效能恢复与增强技术，研究与人体效能相关的生物标志物，开发相关药物、工程细胞、神经接口和植入式电子设备等，提高美军极端作战环境的人体恢复力与效能，打造恢复快、环境耐受力高、效能增强的"超级士兵"。

（三）聚焦武器系统材料的生物合成技术，提升供应链安全

自 2011 年发布"生命铸造厂"项目以来，DARPA 长期致力于超常材料的生物合成技术，实现了 1630 种分子的低成本快速生产，可生产隐身雷达吸波材料、耐高温涂料、喷气式飞机和导弹燃料等，目前正与空军研究实验室、海军空战中心等部门合作试验鉴定。近两年，DARPA 又新上了稀土元素、蛋白质和核酸等的高效生物合成项目，以及太空生物制造项目，未来有望形成战区前沿的供应链低成本快速生产能力，提升单兵或小型分队的人员和武器装备的补给与维护能力。

（军事科学院军事科学信息研究中心　薛晓芳）

DARPA 利用生物技术开发稀土元素分离和提纯方法

2021 年 7 月 13 日，DARPA 启动"环境微生物作为生物工程资源"（EMBER）项目，旨在利用生物技术开发可扩展的稀土元素分离和提纯方法，填补国防供应链的关键缺口，为在本土或作战环境中获取对国防部至关重要的材料提供能力支撑。该项目作为 DARPA 2022 财年新增的 5 个生物技术项目之一，值得高度关注。

一、项目背景

稀土元素，又称稀土，是元素周期表中镧系元素和钪、钇共 17 种金属元素的总称。稀土元素是激光器、精确制导武器、发动机磁铁等许多武器装备系统的关键材料成分，对国防工业和高科技产业至关重要。美国国内稀土资源丰富，但稀土元素的分离和提纯依赖国外，美国国防部将稀土元素的开采和加工，确定为美国国防工业基地过度依赖中国的关键领域。"生物采矿"是一种利用微生物从原材料提取或分离目标金属（如金或铜）的方法，但利用微生物或生物分子从混合物中分离稀土元素正在研究之中，目前尚缺乏分离所有单个稀土元素所需的特异性，速度也较慢，还不能大规模应用。"环境微生物作为生物工程资源"（EMBER）项目旨在利用微生物和生物分子工程的进展，针对国内未充分利用的资源（如磷矿废弃物、酸性矿山废水和回收的电子类产品），开发基于生物技术的稀土元素分离和纯化方法。

二、项目内容

"环境微生物作为生物工程资源"（EMBER）项目为期 4 年，主要利用环境微生物的多样性、特异性和可定制性，开发用于分离和提纯稀土元素的工程生物体和生物分子的方法，然后将其转化为可用于从国内稀土原材料中提取稀土元素的生物采矿模块（如生物吸附、生物过滤、生物浸出）的实际平台。项目要求研究团队应包括合成生物学、生物分子工程、无机生物化学、化学工程、地质和采矿工程等领域的专家。DARPA 将建立"独立测试与验证团队"，与项目研究团队合作，对基于生物技术的稀土元素分离与纯化能力进行测试与验证，对稀土元素的生物采矿工作流程和技术经济分析进行审查和评论。

（一）拟解决的关键技术挑战

EMBER 项目拟解决的关键技术挑战主要包括：①底盘生物体的设计和工程化，使其能够耐受酸碱、极端温度和高金属浓度。②利用生物技术从复杂混合物中有选择性地、特异性地进行单个稀土元素的提取。③针对与细胞/生物分子相关的稀土元素，开发高通量、灵敏、无损检测方法。④优化生物萃取过程中稀土元素的积累、速率和再利用。⑤将选定的稀土原材料（如矿山废弃物、酸性矿山排水、回收的电子产品等）与基于生物的稀土提取模块集成，形成完整的稀土纯化系统。⑥在提供稀土原材料的设施中进行试点规模演示。⑦对已开发的生物技术方法进行技术经济分析，以支持其可扩展性和商业可行性。

（二）项目技术领域

EMBER 项目包括两个技术领域：①"稀土元素利用生物工程"领域：为工程生物体和/或生物分子建立"设计－构建－测试－学习"平台（DBTL），对稀土元素进行处理，使其能够在恶劣条件下从复杂混合物中分离和纯化。其中，生物体包括微生物、真菌或噬菌体，如利用光合生物（蓝藻细菌、微藻）作为底盘，必须包括额外能源需求的理由。②"稀土元素的生物采矿"技术领域：开发和测试生物采矿工作流程，从实际的原材料中纯化单个稀土元素，研究将从实验室规模发展到每周生产至少 700 克稀土元素的试点示范规模，并在实际的稀土原材料地点进行演示。项目要求研究团队必须同时解决上述两个技术领域的问题，以确保项目结束时能够为特定的稀土元素原材料产地基础设施量身定制一个完整的集成系统。

（三）项目实施计划

EMBER 项目为期 4 年，实施计划分为 3 个阶段。第一阶段：为期 18 个月，其工作重点是开发适用于分离稀土元素的微生物和生物分子；开发对微生物和生物分子中稀土元素积累情况进行非破坏性测定的方法；研究论证利用细胞、生物分子或无细胞系统对稀土元素进行特异性结合和转化；设计、开发和验证模块化的稀土元素生物采矿工作流，使其能够从复杂的国内原材料中提纯单个稀土元素；开发分离和回收稀土元素的生物采矿模块并进行演示；同时，利用获得的数据进行初步的技术经济分析，以确定研发团队基于生物技术的稀土提取和纯化工艺的可行性。第二阶段：为期

18 个月，其工作重点是继续推进可在极端条件下发挥作用和生长的可工程化底盘菌株研究，扩大能够与稀土元素进行特异性结合和转化的生物体或生物分子的数量，提高从实际的原材料中分离稀土元素的效率和规模；同时，根据从初步的扩大生产中获得的信息进行第二次技术经济分析。第三阶段：为期 12 个月，其工作重点是集成第二阶段研究成果，利用选定的稀土原材料产地设施进行试点规模的稀土元素分离技术演示，并结合试点规模研究数据进行最后的技术经济分析。

（四）项目预期成果

EMBER 项目将提供多种生物技术驱动的能力：①利用水处理将稀土混合物分离成单个元素；②实现稀土盐/氧化物之间的相互转化，促进卤化物、磷酸盐、硝酸盐等的生产；③针对含稀土元素的细胞和生物分子，开发新的高通量分析检测方法等。该项目开发的方法将通过现有采矿或废物处理基础设施进行概念验证和试点规模的可扩展性演示。

三、初步认识

（一）高度关注美国国防部稀土元素提炼技术研发部署

美国在稀土加工提炼能力上欠缺。近年来，美国国防部为摆脱稀土元素提炼技术对我国的依赖性，积极采取多方措施，加强稀土的国防供应链安全。一方面，美国国防部根据《国防生产法》有关条款，陆续与 MP Materials、莱纳斯稀土公司等多家稀土元素生产商签订协议，推进稀土元素提炼等研究。另一方面，DARPA 开始部署探索稀土开采和加工的新技术。2019 年，DARPA 向北卡罗莱纳州立大学提供青年项目"从美国本土可持续提取稀土元素的植物生物采矿系统的战略性设计与开发"资助，该项目为期 3 年，资助金额为 99.2 万美元，拟开发从土壤和废弃物中提取稀土元素的植物生物采矿系统，利用植物吸收稀土元素，可部署在田间、消费垃圾区、大型矿山等区域，以消除对国外稀土资源的依赖。2021 年 5 月 28 日，DARPA 在 2022 财年预算申请文件中新增"环境微生物作为生物工程资源"（EMBER）项目，寻求利用来自极端环境的微生物处理无机材料的能力，开发稀土元素分离和提纯的方法，年度预算 876.4 万美元，此次 DARPA 官方正式发布 EMBER 项目广泛公告书，预期目标明确，值得高度关注。

（二）高度关注基于生物技术分离和提纯稀土元素的研究进展

17 种稀土元素的路易斯酸、分子量和原子半径等物理和化学性质差异性极小，稀土元素的提纯需要复杂的物理和化学提取步骤，需要耗费大量能源，往往效率低下，而且容易对环境和人员造成危害。目前，利用生物技术提炼稀土元素仍然具有较大挑战性，主要体现在 3 个方面。首先，生物采矿是利用微生物从原材料中回收金属（如铜、金）的一种替代方法，生物吸附和生物过滤方法在从受污染环境中提取或去除金属领域展现了应用前景，但在单个稀土元素的特异性、选择性提炼及大规模应用上还处于研究阶段。其次，合成生物学工具虽已应用于适应实验室的底盘生物体，并可适用于在中度酸碱性和适中温度下生产有机分子，但尚未开发用于环境微生物。最后，精确测量与生物体相关的稀土元素的方法是低通量和破坏性的，与典型的合成生物学路径尚不兼容。DARPA 的 EMBER 项目旨在克服上述缺陷实现单个稀土元素的选择性、特异性提炼，相关研发思路、技术路径和相关进展值得跟踪研究与借鉴。

（军事科学院军事科学信息研究中心　郝继英）

DARPA"阿卡迪亚"项目有望缓解装备微生物腐蚀

2021年9月10日，DARPA生物技术办公室发布"阿卡迪亚"项目广泛机构公告。该项目旨在利用微生物菌群控制技术，在装备表面构建坚固且有益的生物膜，缓解或去除装备的微生物腐蚀，降低装备运行时的表面阻力或抑制装备表面的黑色霉菌生长。项目一旦研发成功，将大幅降低美军的装备维护成本，相关研究值得高度关注。

一、研究背景

长期以来，微生物腐蚀是军事物资装备面临的重大难题。军备物资、飞机和舰船等表面易附着有害生物膜，腐蚀装备表面。目前，擦洗、干坞等微生物腐蚀去除方法存在两方面问题：①一些装备的被腐蚀位置狭窄或不易到达（如燃料箱内部或已部署的水下无人潜航器），难以进行洗消或修复；②一些方法的过程复杂且费用高昂，长期使用效果不佳。

DARPA认为，微生物菌群控制技术可在物资装备表面形成有益生物膜，避免装备表面被腐蚀。为此，DARPA发布"阿卡迪亚"（Arcadia）项目，目的是利用微生物菌群控制技术，改变军用物资装备表面有害生物膜的微生物组成与结构，生成保护性生物膜，缓解或去除装备遭受的微生物腐蚀，降低装备维护成本，提高作战效能。

二、项目情况

项目总周期为 54 个月，其中研发过程 4 年，研发团队由微生物学、微生物生态学与群落构建、系统建模与机器学习、材料科学、表面科学、流体力学、微流体与试验台开发等领域专家组成；技术验证 6 个月，在项目研发结束后进行独立测试验证。研发内容包括两个技术领域，聚焦用于军事装备的四类应用场景。

（一）技术领域

一是微生物群落的建模与分析。①根据 DARPA 提供的生物膜样本，开发针对特定应用场景的高通量试验台，重现生物膜所在环境（湿度、温度、潜航器剪切速率等），并实时监测生物膜的物理化学特性及其微生物群落结构，监测中不破坏生物膜；②使用生物膜的物理化学特性及其微生物物种间相互作用等数据，建立微生物群落预测模型，可模拟并预测群落对实验室或野外环境的响应，确定发挥防腐蚀等目标功能的关键微生物和群落结构；③根据野外监测数据不断改进模型，最终生成一种预测工具，可预测生物膜对环境或意外干扰的响应。

二是具有抗腐蚀和抗干扰能力的生物膜构建。①在实验室开发目标功能生物膜的构建方法，构建有益微生物群落，生成具备抗腐蚀和抗干扰能力的稳定生物膜（干扰包括应用场景的特定干扰和自然物种入侵等），群落构建过程可重复；②在野外对群落进行部署和测试，同时调整试验台环境使其更接近野外环境；③群落构建方法包括：向单一微生物逐步添加新物种；在稳定群落中替换单个或多个物种；利用转基因微生物技术辅助构建；利用抗生素、抗菌剂或酶降解微生物，去掉群落中不需要的微生物。

（二）应用场景

项目将针对四类应用场景，开发可重现每个场景环境（温度、湿度变化，有氧/缺氧循环，剪切速率等）的试验台，构建微生物群落，在物资装备表面生成保护性生物膜，并在野外环境达到一定防腐蚀指标。

一是降低无人潜航器水下阻力。无人潜航器在水下长时运行，海洋微生物腐蚀潜航器，使其表面粗糙，运行速度降低，电池消耗增加，使用寿命缩短，自主导航能力下降。最终的生物膜，可使潜航器表面的流体动力粗糙度小于150微米。

二是无人潜航器水下防腐蚀。水下无人潜航器防腐蚀涂层功效有限，各类微生物会腐蚀潜航器内外的表面材料。最终的生物膜，可去除潜航器内外90%以上的微生物腐蚀。

三是动力燃料箱防腐蚀。大气冷凝或水箱泄漏可导致燃料箱内积水，燃料与水混合会滋生细菌和真菌，导致局部腐蚀、燃料污染，并堵塞燃料箱过滤器。最终的生物膜，可去除燃料箱90%以上的微生物腐蚀。

四是库存物资或车辆霉菌抑制。物资装备部署或存储于潮湿环境，装备的内部易冷凝并生锈，装备的高纤维材料和柔软易损部位易滋生霉菌，降低资产品质，也给作战人员带来健康风险。最终的生物膜，可使装备表面保持1厘米以上的抑菌圈[①]，并持续抑制霉菌6个月。

（三）研发进程

项目开发过程将持续4年，包括两个阶段的工作。第一阶段持续2年，

[①] 由发明青霉素的弗莱明提出，是以青霉菌落为圆心的规则圆形，抑菌圈的大小可评价待测药物的抑菌效果。

将开发针对不同应用场景的试验台，重现运行环境和相关干扰，生成精确模型并分析所需的微生物物种，给出具备防腐蚀功能的微生物群落结构，最终可并行运行 50 个试验台，进行群落的多个参数监测，在实验室保持群落 2 周的稳定功能。第二阶段持续 2 年，将不断完善微生物群落模型，可根据野外环境预测微生物群落的物种调整，最终模型对野外群落的预测精准度在 90% 以上；进行群落的野外部署与测试，确保部署 2 个月后保持群落的稳定功能。

三、初步认识

（一）美军高度重视微生物菌群控制技术的军事应用研究

近年来，美军高度关注微生物菌群控制技术军事应用所产生的颠覆性效果。目前主要有两方面应用：①人体效能增强。空军研究实验室正进行人类肠道微生物菌群工程改造，增强作战人员对环境的应变能力；DARPA"传染病媒介重塑"项目旨在通过改变作战人员身体局部的微生物菌群来调节宿主功能，提高作战人员的免疫、代谢等恢复力和环境耐受力等，增强作战人员效能。②装备防腐蚀维护。DARPA"阿卡迪亚"项目旨在控制物资装备表面的微生物菌群，开发装备材料"益生菌"，去除装备表面有害生物膜，保护装备表面。这些技术一旦突破，军事应用价值显著，应密切关注其技术发展路径和研发进展。

（二）微生物菌群控制技术的军事和经济价值巨大

随着作战环境的复杂性加剧和装备的不断老化，军用物资装备的微生物腐蚀问题愈发突出。据美国国防部后勤管理 2014 财年数据，陆军每年在航空和导弹飞机防腐蚀问题上花费近 12 亿美元，海军花费超过 27 亿美元，空军花费超过 54 亿美元，其中微生物腐蚀花费约 12 亿美元。"阿卡迪亚"项目的微生物菌群控制技术，可高效经济地去除飞行器、潜航器和储备车辆等装备的微生物腐蚀，大幅提升装备效能，降低维护成本。此外，微生物腐蚀给冶金、电力、航海和化工等民用行业造成巨大损失。据外文文献报道，微生物腐蚀约占工业总体腐蚀的 15%～40%，每年造成石油和天然气行业超过 1 亿美元损失；美国阿拉斯加州拉德霍湾输油管道遭受微生物腐蚀而泄漏，已导致超 10 亿美元损失；加利福尼亚州阿利索峡谷甲烷储备井因微生物腐蚀泄漏，已造成公共和民事赔偿等数十亿美元损失。微生物菌群控制技术开发的生物膜，可广泛用于输油管道、核电材料和大型船舶等民用设施腐蚀防治，有望成为攻克装备微生物腐蚀的颠覆性技术。

（军事科学院军事科学信息研究中心　薛晓芳）

美军研究利用生物水泥快速建设战区前沿机场

2021年以来,在DARPA"工程活体材料"项目支持下,美军生物水泥研发试验取得重要进展。美国空军利用新开发的生物水泥技术,先后建成倾转旋翼机停机坪、直升机停机坪、战略运输机机场等航空设施,相关性能达到飞机起降要求。未来作战中,美军或可利用这种生物水泥技术,在亚太地区快速、隐蔽、经济地建设并维持一个简易机场群,支撑空中力量实现分布式敏捷作战;或依托前沿简易机场,利用战略战术运输机快速投送陆基远程精确打击武器,突袭纵深战略目标和海上舰船等,相关动向值得关注。

一、项目概况

(一)研发内容

2016年,DARPA生物技术办公室发布"工程活体材料"(ELM)项目广泛机构公告,2017—2021财年共计投入经费4833.9万美元,主要开发工程化的结构支架活体材料,支持活细胞在建筑材料中持续快速生长,使建筑材料具有生物学、结构完整性和自修复等功能，可用于远征军事设施建设等任务。项目主要研发混合活体材料和可编程活体材料两项技术，实现结构材料的按需快速生产、精确图案自动生成、可响应环境并自修复等三项功能。混合活体材料技术是将活细胞添加到支架材料中，使生成的混合材料结构良好，具备类似天然活体结构材料（木材或骨骼等）的可再生特性。可编程活体材料技术主要探索通过基因工程将结构特征表征到多细胞生物系统的方法，研究可从单个祖细胞（如种子）生长成活体结构材料的设计与开发技术，将开发人工生物多细胞系统，形成由特定基因型的单个祖细胞进行细胞分化的精确模式，探索基因编程结构设计方法，工程化祖细胞，产生具有预定三维结构的多细胞系统。

（二）研究进展

2016—2017 年，DARPA 选择三家研究团队进行项目开发，并在混合活体材料技术方面进展较大，形成的生物水泥具有可快速生产、自修复、降尘和低碳环保等优势。一是科罗拉多大学波尔德分校团队。2016 年，DARPA 资助科罗拉多大学波尔德分校研发蓝藻砖块；2020 年 1 月，团队将蓝藻细菌与明胶、沙子和营养物质混合，最终形成坚固且可自修复的砖块。研发团队正在测试无须水凝胶情况下的蓝藻菌株，将生产出更坚固的砖块。该团队已发表 2 篇文章，申请 1 项国际专利，并成立一家"减去材料"公司商业化该技术，正在测试无需水凝胶情况下的多种蓝藻菌株，以生产更坚固的砖块。二是梅森生物公司团队。2017 年，DARPA 授予梅森生物公司"工程活体海洋水泥"项目研发合同；研发团队利用野生型芽孢杆菌菌株，将岩石和沙子颗粒在 3 天内黏合成坚固砖块，最终水泥由约 85% 再生花岗岩和 15% 生物栽培石灰石组成，碳排放量低于传统水泥的 1%，成本与传统水泥相近。梅森生物公司已拥有 18 项海洋生物水泥的实用专利，每年可生产约 1 万米^2 生物砖块，正加大产量至 10 万米^2。商业和军事应用广泛，已承接美国多个军种的直升机、战略运输机等的机场建设工程，并用于美国北卡罗来纳州水族馆的活体海岸线建设以及环保生活水泥。三是环保设计公司团队。2017 年，DARPA 资助环保设计公司研发菌丝体复合材料；团队将玉米壳或大麻纤维等植物废料装入模具，并播种和培养菌丝体，产生的大量菌丝体和植物残渣形成坚固的复合材料。当前，该技术被广泛用于商业门芯、房间隔音板等包装和建筑领域。

二、技术应用

2018 年 8 月，美国空军蓝色地平线计划的一个创新团队构想了"美杜莎"项目。该团队认为，未来大国冲突中，作战基地将从集中式转向分布式，利用普通水泥开展工程建设，需要较多重型设备和数十名工程人员，花费 1～2 月才能完成，无法满足战场应急行动需要，空军需具备快速的基础设施（机场和基地等）建设能力。

随后，该创新团队与 DARPA 合作，授予梅森生物公司"美杜莎"项目合同，进一步开发灵活、快速的生物水泥技术，实现空军机场设施的快速建设。该技术只需将生物细菌播种于当地土壤或石块骨料中，利用装有营养剂的喷雾器喷洒喂养，3 天内就胶结成坚固的生物水泥机场，降低了工程建设对重型设备和工程人员的需求，缩短了建设时间，有利于未来作战中空军在靠近对手的战区前沿持续遂行空运任务。该生物水泥可根据土壤类型、作战环境需求调整水泥功能（加固、防腐或降尘），也可针对不同战区土壤采取优化的胶结工艺。

2021 年以来，DARPA 与空军、海军陆战队合作，进行了多种机场建设试验，开展相关技术应用验证。一是 CV-22 旋翼机停机坪原型试验。2021年 3 月 9 日，DARPA 将梅森生物公司开发的 232 米^2 旋翼机 CV-22 停机坪交付于空军。开发团队将生物细菌种植于建设地点的土壤中，利用装有营养剂的喷雾器对细菌进行"浇水"和"喂养"，3 天内就建成了坚固跑道。该停机坪原型完全符合旋翼机跑道需求，证明了生物水泥可降低材料运输和工程建设成本，保障偏远、高风险和受灾地区的基建需求。

二是直升机停机坪原型试验。2021 年 8 月 3 日，美国海军陆战队第 3 远征军第 11 机动建设营利用梅森生物公司开发的生物水泥系统，在自行爆破压碎的混凝土骨料中种植细菌，在关岛基地建造了直升机停机坪原型，海军第 25 直升机海上战斗中队将一架 MH-60 直升机降落在该停机坪，并测试了平台的作战能力。此次试验完全采用本地材料，降低了远程采办与后勤运输需求，最终目标是取代普通水泥，减轻美军偏远地区的后勤运输负荷，提高远征前沿基地建设能力。

三是 C-17 战略运输机停机坪试验。9 月 24 日，美国空军预备役司令部网站宣布，空军第 15 空运中队与 DARPA 合作，在关岛利用梅森生物公司的生物水泥系统和本地土壤，建造了 C-17 战略运输机停机坪，停机坪完全符合战略运输机起降需求，下一步将把生物水泥系统用于基地其他关键组件建设，最终目标是实现一天内建成一个简易的空军基地。

三、初步认识

生物水泥是使用细菌将土壤或石块骨料快速胶结成坚固混凝土的技术，利用该技术开展战区前沿机场等军事设施建设，主要有三大优势：一是建设周期短，成本低。美军当前已验证 3 天内建成一个倾转旋翼机停机坪，未来设想1天内建成一个可起降战略运输机的机场，建设速度惊人；从技术验证情况看，建设成本不高，与普通水泥相当。二是后方投送物资人员少，工程相对隐蔽。生物水泥环境适用性好，可最大程度利用当地岩石、土壤等材料开展设施建设，无须从后方向战区前沿投送大量重型设备、建筑材料和工程人员，相关建设活动的痕迹小，使得对手侦察发现难度增大。三是具备自修复能力，设施维护和改造便利。生物水泥是一种具备繁殖生长能力的"活"材料，用其建造的军事设施能够修复自身的小损伤，具备较好的耐久性。

美国空军按照兵力分散部署、战时快速集中的思路，推动实现分布式敏捷作战。生物水泥技术有望帮助美国空军在亚太地区快速、隐蔽建成简易机场群，降低大型空军基地遭袭对美国空军战机出动能力的影响。

（军事科学院军事科学信息研究中心　薛晓芳）

美军研究建造可自修复的沿海基地海岸防护系统

2021年1月4日，DARPA发布"海岸防护"项目公告，着手开发可在数月或数年内快速部署、自修复的珊瑚或牡蛎礁海岸防护系统，保障美军遍布全球的沿海基地安全。

一、项目基本情况

研究背景。美军认为，当前全球气候变化导致的海平面上升和风暴潮，威胁其全球1700多个沿海地区军事设施。目前，美军海岸防护系统主要包括混凝土防护岸和抛石防波堤（石材和混凝土块混合）两类，这些防护岸或堤直接阻挡海水波浪能，长期被冲刷，需要持续的高成本维护。为此，DARPA生物技术办公室启动"海岸防护"项目，旨在利用合成生物学，开发工程化的珊瑚或牡蛎礁海岸防护系统，减轻海浪和风暴潮对防护系统的损害。

项目目标。一是实现海岸防护系统的长期随时维护；二是维持健康的珊瑚或牡蛎礁生态系统；三是开发可消减波浪能的新珊瑚或牡蛎礁结构。

项目将在墨西哥海岸进行牡蛎礁防护岸的建立与测试，在南佛罗里达或加勒比海进行珊瑚礁防护岸的建立与测试。

计划进程。项目将持续 5 年，通过 3 个阶段的工作，不断提高海岸防护结构的波浪能消减能力以及珊瑚或牡蛎的补充率、生长速度、耐温性和抗病能力。第一阶段持续 18 个月，建立 50 米的珊瑚或牡蛎礁海岸防护结构，针对不同的海浪高度与频率，设计底层结构的高度、宽度、坡度、粗糙度和深度，并通过建模和造波水池测试防护结构。第二阶段持续 18 个月，将第一阶段的底层结构加长至 100 米，研究珊瑚和牡蛎底层材料的抗病、抗侵蚀、波浪能消减、耐温等能力。第三阶段持续 24 个月，将第二阶段的底层结构加长至 150 米，并最终实现以下目标：可消减 90% 波浪能，珊瑚生长速度提高 30%，耐受高于环境 3℃ 的温度，牡蛎生长速度提高 15%，抗病能力提高 20%。

二、技术领域

（一）防护岸的底层结构与材料

主要开展材料学、微观和宏观珊瑚礁组件设计，进行波浪能消减、吸引幼虫的流体动力学建模研究，使得防护岸能随时消减波浪能，促进珊瑚或牡蛎的生长。底层结构由模块化或单片组件构成，采用可消减大面积波浪能的几何设计，以确保防护岸在沿海环境中不退化不移位。底层材料包括水泥、环保材料、天然涂料等。

（二）珊瑚或牡蛎礁生态系统工程

利用化学、声学、结构学和光学等系列技术，建立珊瑚或牡蛎礁生态系统，促进保护性藻类生物快速聚集，使珊瑚或牡蛎礁生长速度快于自然生长速度。在底层结构预留适当空隙，吸引和维持珊瑚礁种群，保持健康的生态系统。确保生态系统相关要素和生物种群可现场部署，所有生物无毒、无病原体。

（三）珊瑚或牡蛎的适应性生物学

研究珊瑚或牡蛎的适应性生物学，利用非基因改造的适应性育种方法，提高珊瑚或牡蛎的耐温性和抗病性，适应不断变化的环境，提高其生长速度。①利用细菌、古细菌、真菌等微生物增强珊瑚及其共生藻类的健康和恢复力。②利用珊瑚嵌合体，融合两种有性繁殖的幼年珊瑚，培育出环境耐受的珊瑚礁，增强遗传多样性和生存能力。③利用表观遗传学分子技术，开发更强壮、更适应环境和生长更快的珊瑚礁，提高珊瑚的耐温性和快速生长的自适应性。

三、美军应用合成生物学的态势

DARPA"海岸防护"项目致力于解决美军沿海基地防护岸的长期维护问题，一旦研发成功，将帮助美军大幅压减沿海基地防护的人力、物力投入。与此同时，"海岸防护"项目有望实现珊瑚或牡蛎礁生态系统的快速现场部署，有效补充珊瑚或牡蛎礁，保护海洋生态，解决近年来全球海洋资源开发和气候变化导致的生物礁严重退化问题，实现军事效益和生态效益"双丰收"。

美军高度关注合成生物学相关技术军事应用产生的颠覆性效果。从披露的项目看，美军至少已布局开展3个方向的研究：

（一）开发高性能材料，实现军用高价值材料的按需快速生产

DARPA部署"生命铸造厂""千分子""工程活体材料""海岸防护"

"按需生产食品和原料"等项目，利用合成生物学按需生产隐身雷达吸波材料、自修复水泥、海岸防护材料、食品、原料等；美国陆军"面向军事环境的合成生物学转化应用"项目利用合成生物学，提高涂层复合材料的耐腐蚀性，保护军事装备；美国陆军研究办公室研发纳米电子自修复等高性能材料用于士兵防护；美国空军研究实验室利用合成生物学研发航空热固性塑料和高密度吸热燃料。

（二）研发高效生物能源，实现持续、大容量的军用能源和电力保障

美国海军研究办公室利用合成生物学开发新能源材料、传感器和设备，为各种环境平台提供更大电源；美国海军空战中心开发生物合成高能燃料，实现海上或基地的燃料生产。

（三）研制人效增强药物，实现人体恢复力、防护力、环境耐受力的提高

DARPA 新部署的"生理超配"项目将开发合成生物学细胞，减轻熬夜或污染物等造成作战人员的效能退化；美国空军研究实验室正进行人类肠道微生物菌群工程改造，增强作战人员对环境的应变能力。

2020 年，美国空军《战略研究季刊》发布的《合成生物学国家战略》报告强调，应从制定合成生物学国防路线图、建立合成生物学国防工业基地、投资关键技术等方面制定合成生物学国家战略，提升美国实力。可以预见，未来美军必将不断拓展合成生物学技术应用的广度和深度，力求在新一轮军事技术革命中累积形成巨大的军事优势。

（军事科学院军事科学信息研究中心　薛晓芳）

DARPA 项目管理与决策经验分析

美国国防高级研究计划局（DARPA）是美国专门负责管理国防预先研究计划项目的机构，被称为推动美国国防部转型的"技术引擎"，60多年来，DARPA 为美国高技术的发展做出了巨大贡献，推动了基础技术研究向军事应用的转化，促进了美国国防科学技术的发展，其卓越成就背后的组织管理运行机制值得探究。

一、DARPA 概述

DARPA 成立于 1958 年，是美国国防部重大科技攻关项目的组织、协调、管理机构和军用高技术预研工作的技术管理机构，所管理的多为风险高、潜在军事价值大的科研项目，被誉为"全球军事科技发展风向标"。

（一）使命任务

DARPA 主要关注高风险、高回报、对各军种联合作战有巨大促进作用的、对推动军事发展有重大影响的技术领域。其使命任务是保持美国科技研发的战略领先地位，占领科技研发的制高点，具体是指通过具有前瞻性的关键科技研发和创新来保持美国军队在军事技术方面的领先地位。DARPA 通过对企业和院校研究机构的革命性、高风险、高回报的研发投资，获得具有前瞻性的关键技术，并快速应用转化装备部队，达到美国科技研发先发制人、永远领先的战略意图。

（二）组织架构

DARPA 是一个相对独立的组织，直接向美国国防部高层负责，尤其是相对独立于各军种，形成一套独立而富有活力的运行机制。DARPA 是一个"小核心、大网络"的扁平化组织机构，本身并不从事科研，有效连接不同技术研究和开发领域的思想、资源和人员，具有高度的灵活性。"小核心"由技术办公室、职能办公室组成，从上到下只有局长－办公室主管－项目经理 3 个层级，目前组织机构包括 7 个技术办公室和 5 个职能办公室。其中技术办公室主要负责遴选适合的项目进行资助并跟踪管理，分别为适应性执行办公室、生物技术办公室、国防科学办公室、信息创新办公室、微系统技术办公室、战略技术办公室和战术技术办公室。上述办公室在组织关系中平行且没有过多分支，使整个结构体系运转更加快速，信息传递效率大大增强。其所有项目都由外部专家和团队进行研发，内部没有研究实验室。DARPA 局长可直接接待来自科研需求一线的科技人员，并可根据其良好的项目可行性报告直接任命其为 DARPA 未来新项目的项目经理。项目经理也可直接向 DARPA 的总顾问办公室或局长申请经费。这种模式有利于保持 DARPA 的灵活性与创新性，也有利于快速决定项目研究的启动、继续及中止。

"大网络"指的是 DARPA 拥有强大的外脑体系，如由全美最顶尖的 20~30 名科学家和工程师，同 20 名项目官员共同组成的国防科学研究委员会，以及拥有 30~60 名化学家、材料学家、生物学家、计算机科学家的精英型组织组成。这些咨询机构是 DARPA 与美国精英大学和科研机构信息沟通的重要途径。DARPA 的咨询专家每年 7 月召开夏季会议，讨论国防技术领域未来的研究主题，为 DARPA 选择资助项目提供参考。另外，项目经理也会不断会见全国各知名研究共同体成员，了解他们的最新研究项目并有选择地进行资助。

（三）管理理念

DARPA 秉承"灵活、快速、不拘泥形式的思考 – 建议 – 讨论 – 决策 – 修改"的管理理念。美国国会赋予其 3 项特权：一是拥有以具有竞争力的工资从企业雇佣有经验的项目经理的人事权，二是允许采用更加灵活的合同管理办法，三是有权使用现金奖励。DARPA 基于项目管理方法首创了项目经理轮换制度，采用常任专职、常任兼职、聘任专职和聘任兼职等 4 种方式，并以项目经理与项目同进退的"有限管理"原则开展项目经理人的管理。聘用来自工业界、大学、政府实验室和联邦研发中心的，既懂技术又懂管理的专家担任项目经理。每名项目经理的任期一般为 3～5 年。项目经理轮换制度保证了每个项目经理可将更多的精力用于完成手中的科研任务，从而使 DARPA 始终保持新鲜的创新思想与活力。

二、DARPA 的项目管理

（一）决策管理

在项目管理上，DARPA 将其投资重点放在高难度、需要长期稳定投入的项目上。这些技术项目一旦突破，将为美国国家安全带来巨大利益，但同时，这些技术项目失败的风险也很高。此外，DARPA 还考虑到了其他因素：一是将决策重点放在那些由于风险高而各军种不大可能支持的研究上，或对现有系统或作战概念提出挑战的研究上；二是强调军事指挥员未来可能需要的能力；三是坚持所有项目始于好的思路及履行这些思路的人。

DARPA 采取自上而下的方式提出技术需求，采用自下而上的方式发现创新思想。具体包括：定期与美国国防部的文职及军事领导人会面，了解需要研究的问题；定期对军事基地、司令部、训练中心及其他军事机构进行访问，收集相关情况；征求高级军事领导人的意见，了解他们最关心且难以解决的问题；研究最近的军事行动，找出制约美军能力的问题；与国防部业务机构讨论技术现状；参观各军种的演习或试验，了解技术的实施情况等。

（二）管理过程

DARPA 既重视项目技术研发，又注重项目技术推广，DARPA 的项目一般会经历项目启动、技术培育、工程化与推广应用等阶段。

（1）项目启动。项目经理自下而上选择拟资助的项目和团队，经 DARPA 办公室主任与局长同意后启动。DARPA 会资助多个相关的项目，并由办公室主任和局长来把握项目间内在的关联性。

（2）技术培育。项目在启动一段时间后开始验证其技术可行性，然后根据验证结果对已开展的项目进行筛选和淘汰。筛选和淘汰的结果由项目办公室主任与局长共同做出，由项目经理具体操作。保留下来的项目将进入技术培育阶段。技术培育成熟后，便进入工程化与推广应用阶段。

（3）工程化与推广应用。项目进入此阶段后，DARPA 便把培育成熟的技术转移给各军种，由各军种与相关企业通过招标方式签订合同，进入原型机改进设计、试制生产阶段，然后提供给军方使用，甚至最终走向民用。在此过程中，各军种如果不愿接受新培育的技术，DARPA 可以通过国防部部长强力推行新技术产品进入采办程序。另外，DARPA 可说服成熟企业或者初创公司进行投标，完成新培育技术的工程化与推广应用。

三、DARPA 的项目决策

DARPA 是专业化的管理机构，其行政管理和专业技术管理之间的边界非常明确，"专业化管理机构"的定位决定了其决策模式整体上分为两个层次，一是政府层面的管理决策，二是项目经理主导的技术决策。管理决策是通过自上而下的过程定义问题，负责提出技术难点，技术决策则通过自下而上的方式来发现创新灵感，提出解决问题的思路。在具体决策职责上，管理决策主要围绕研发方向、项目经理人的选择等，技术决策则围绕项目实施过程中的具体事项，包括技术方案确定、技术来源选择、项目执行团队选择、项目进展方向把控等。在 DARPA 决策模式中，DARPA 和项目经理是两个关键中枢，DARPA 是连接用户和项目经理的纽带，项目经理是连接 DARPA 和科学家的纽带。这种边界明确又紧密连接的决策模式成功地将国家技术需求与科学家的研究专长很好地联系起来，实现需求与应用的良好衔接。

（一）立项阶段的决策

DARPA 项目的管理决策在立项阶段和退出阶段较为突出，项目实施阶段主要是技术决策，其中立项阶段的管理决策主要包括发现新的方向和合适的项目经理，退出阶段的决策主要包括研发成功项目的转化应用和失败项目的评估与退出。

1. 发现新的研究方向

思想是 DARPA 的灵魂，既包括新的潜在需求又包括新的前沿问题，这是实现颠覆性创新的起点。在发现新的潜在需求上，DARPA 重点通过三种途径发现新的研究方向：一是与需求方保持长期广泛联系发现新的技术需求。DARPA 与军方建立了良好的沟通协作机制，经常开展实质性的思想交流与碰撞，甚至直接参与到一些军事演习中，竭力探索未来的潜在军事需求。二是利用其广大的协同网络发现新的潜在需求。DARPA 在长期的科技管理工作中，打造了一张协同创新网络，涵盖国内政、产、学、研多方机构和人员，从中不断挖掘并吸收这些机构和人员的建议。三是通过大数据挖掘新的研发需求。DARPA 非常注重采用大数据手段进行技术前沿的捕捉和挖掘，确保全方位获取颠覆性技术的灵感。

发现新的前沿问题上，DARPA 的决策主要包括三个方法：一是通过领域外专家发现新的方法。DARPA 经常聘用领域外专家，从新的视角看问题，跳出科研看科研。DARPA 还通过人员轮换、聘用"新人"来打破学派之墙。二是实地调研。DARPA 的工作人员尤其是各办公室主任经常访问领域内著名科学家、团队、研究机构，了解技术最新进展和科学家们的最新思想，从而掌握本领域最前沿的动态。三是与 DARPA 局长见面会。快速营销会议是 DARPA 发现新思想（同时也是发现人才）的典型方式，是为极具想象力的人敞开的大门。有合作意向的机构或者个人可以与 DARPA 局长面对面进行几十分钟或几小时的推销，如果能够成功吸引局长的注意，可能被当场决定给予预算支持。

2. 发现合适的项目经理

项目经理制度是 DARPA 模式得以成功的关键，DARPA 项目经理的发现方式分为常规方式和非常规方式。其中常规方式包括公开招聘、网络筛选、同行推荐三种。公开招聘是 DARPA 各个办公室根据研究需求和职位空缺情况公开招聘项目经理。网络筛选是通过 DARPA 已经开展的项目，构建了一张网络，涵盖以往参与过项目的科研人员，根据需求从中择优选择。

同行推荐是通过曾经担任或正在担任 DARPA 项目经理的人员进行推荐。非常规方式是对常规方式的有益补充，确保不遗漏优秀人才，包括快速营销会议和点对点挖人。这种方式既用于发现新的前沿问题，也是 DARPA 寻找项目经理的方式之一。点对点挖人是通过猎头公司、主动搜索挖掘等方式锁定目标并努力促成合作。

项目经理在获得任命后会获得一定额度的年度经费支持，根据 DARPA 确定的方向去寻找新的技术来解决问题，也就是进行项目的技术决策，且不对项目预设具体成败指标。立项阶段的技术决策方法主要包括四类：一是与需求方沟通联系。DARPA 的项目经理与军方高官保持着密切联系，以获取最符合军事应用需求的项目选题。二是头脑风暴。包括正式制度和非正式制度两种，正式制度是 DARPA 建立了一些专门机构来帮助项目经理召集顶尖科学家进行头脑风暴，其中最著名的是国防科学研究委员会，每年 7 月份召开为期约一个月的研讨会，围绕几个确定的主题进行讨论。非正式制度是指项目经理以个人名义召集科学家进行研讨。三是实地调研。项目经理经常出差寻找符合自己方向的潜在项目。四是互补性资助。尽管 DARPA 有鼓励创新宽容失败的好氛围，但在项目上经常同时资助不同的研究团队开展同一个项目的技术互补型方案，这样做是为了降低由技术决策失误带来的风险，从而能够给自己发现更好项目的机会。

（二）实施阶段的决策

DARPA 项目在整个实施阶段都是开放的，随时可对原定技术方案进行调整甚至更换，以保证技术方案的最优化。在这个过程中，项目经理主要采用三种方式进行技术决策：一是定期研讨会。DARPA 项目组下设若干研究工作组，定期召开不同范围的研讨会，包括每周内部讨论会、每月子系统碰头汇报会、每季度联席会议等，在季度联席会议上，项目经理根据研究组汇报的进展情况做出终止、调整或增加预算等决策,并且随时吸纳新的技术方案。二是公开征集。DARPA 项目的实施过程非常透明,通过一套成熟的机制向全社会公开项目信息,在项目执行遇到困难时则公开向全社会征集解决方案,广泛汇集社会力量推动创新。三是"把鸡蛋放在不同篮子里"。DARPA 在项目实施过程中往往不愿意把所有赌注押在一个技术方向上,会通过各种方式开辟不同的技术路线去解决相同的问题。

(三) 退出阶段的决策

"退出"是相对于研发者而言,对于项目来说是研发阶段的结束,成果转化阶段的开始。项目进行到退出阶段,大体上有成功和失败两种结局,DARPA 对项目成功的定义不单指研发成功,而是包含了开始步入应用的含义。DARPA 项目有关退出的决策从立项便已开始,并且由管理机构和项目经理同时推进,故对退出阶段的分析不区分管理决策和技术决策。

退出阶段的决策方法主要包括 3 个方面:一是立项阶段即建立研发与应用的联系。DARPA 项目无论成功或是失败,都要具备潜在的高回报。所有的研发活动在立项之初就有明确的应用目标以及有能力承受相应成果转化成本的接盘者。当项目经理只具备碎片化的想法时,DARPA 也会帮助其与未来应用客户建立联系,确保研发与应用之间保持一条畅通的道路,促使 DARPA 撤出后项目能够步入应用或继续获得研发支持。

二是实施阶段与应用方共同推进。在项目推进过程中,以军事应用为目的的项目全程保持与军方深度沟通,随时挖掘、发现新技术在军事应用上的机会。以产业应用为目的的项目,在实施过程中项目经理会邀请产业界人士参与研讨会,直至项目成果得到有意向开展成果转化的企业董事会关注进而获得投资,项目经理才会完全退出。还需进一步开展深入研发的项目,项目经理会提供第三方验证,使技术路线获得外界认可,从而获取其他机构的继续资助。

三是充分挖掘、保存和利用失败项目的价值。基础研究领域"成少败多",DARPA 也不例外,大部分项目是以失败告终的。对于失败项目,DARPA 需要证实在目前科技水平下无法达成项目目标。宣告失败的项目并非完全被放弃,随着科学技术的不断进步,当项目重新具备再开发的条件和价值时,DARPA 会重启项目。

四、启示借鉴

(一)引入项目经理机制

DARPA 模式的最主要成功因素是其独特的项目经理制。在项目经费的管理和安排上,项目经理具有极大的自主性,有助于其提高决策速度,将有限的时间和精力投入到项目跟进和创意发现上。

以军队改革为契机,打破壁垒,引进懂科研、懂管理的高端科研管理人才,寻找前瞻性的科研项目,取代原来的行政指派方式,充分发挥他们的预见性和聪明才智,招揽国内外顶尖的科学家组成科研团队,并提供充足的资金保障。

(二)多头资助项目引入竞争机制

为了降低项目选择风险、促进研究团队之间的竞争,美国往往选择资助互补性技术方案,同时资助没有关联的不同研究者从事同一个项目,以确保总体目标的达成。例如,在使用生物燃料制造低成本航空燃油这一项目上,DARPA 挑选了三家机构同时开展研究,北达科他大学能源和环境研究中心、通用电气公司及环球油品公司霍尼韦尔分部。最终北达科他大学能源和环境研究中心首先研制成功,并进入大规模验证生产阶段,DARPA

成功地实现了预期目标。

目前，缺乏生物技术、信息技术、纳米技术等多学科交叉融合的研究机制，单凭生物医学研究机构很难解决面临的诸多科学问题和技术壁垒，因此亟需建立以项目管理为牵引的多学科交叉研究模式，推动生物科技及交叉技术的发展。在项目资助上可以采取多方资助的方式，引入竞争机制，促进团队之间互相合作和竞争，有利于项目最终成功达到预期目标。

（三）完善项目退出机制

良好的项目退出机制具有促进成果转化、营造宽容失败环境、激发创新热情的积极作用，DARPA 针对研发成功的项目向应用方转移、研发失败项目的退出与重启、研发中途被其他技术方案替代等情况都有相应的机制安排。

立项时明确项目退出机制。立项之初即对成果转化应用有明确的规划，如研发方与应用方的职责、研发方何时退出项目、后期利益如何分配等。做好失败评价机制与预案。维护和激励研发人员的热情、发现未来的可能研究方向、打造宽容合理失败的环境等。对于合理失败，应予以宽容，对于不合理的失败，如立项考虑不充分甚至弄虚作假等导致的失败，应对相关人员的科研诚信进行记录，在未来项目支持上需慎重考虑。

（军事科学院军事医学研究院　刘伟）

美国脑计划实施进展及特点分析

脑科学研究作为当前国际科技前沿的热点领域,被看作是可以和"人类基因组计划"相媲美的大科学项目。美国脑计划,也称 BRAIN Initiative,是由白宫科学技术政策办公室发起,由奥巴马政府宣布启动的一项政府与民间联合支持的研究计划。美国脑计划通过推动创新神经技术开展大脑研究,旨在彻底更新我们对人脑的理解,取得了一系列进展,如绘制大脑的动态图谱,首次显示单个细胞复杂的神经回路的时空相互作用,以及探索防治脑疾病的新方法。

一、技术进展

美国脑计划自启动以来,共计发表论文 1191 篇。按照优先研究领域进行划分,在优先资助 7 大研究领域中,"干预工具"方向发文数量最多,为 872 篇,其次为"监测神经活性"方向,发文 857 篇;"神经回路"这一优先方向发文数量最少,为 270 篇。此外,由 DARPA 资助的美国脑计划项目包括靶向神经可塑性训练项目(TNT,项目编号为 DARPA – BAA – 16 –

24)、神经工程学系统设计项目（NESD，项目编号为 DARPA – BAA – 16 – 09）、RAM Replay（DARPA – BAA – 15 – 34）、电子处方项目（ElectRx，DARPA – BAA – 15 – 06）、恢复主动记忆项目（RAM，项目编号为 DARPA – BAA – 14 – 08）、基于系统的神经技术新型疗法项目（SUBNETS，DARPA – BAA – 14 – 09）和手部本体感受和触感界面项目（HAPTIX，项目编号为 DARPA – BAA – 14 – 30），其中除 HAPTIX 目前仍在进行，其他项目均已停止。

（一）优化和完善大脑图谱的绘制方法

2019 年，艾伦脑科学研究所的 Dr. Ed Lein 公布了迄今为止最详细的人类大脑"部分图谱"，通过 brain – map. org 网站向科学家和公众提供大脑图谱集。该项目历时 5 年，将高分辨率神经成像和细胞水平绘图结合起来，创建一个完整的数字大脑图谱。

2020 年，脑计划的细胞普查网络（BICCN）被《自然·方法》杂志列为年度合作项目。该项目旨在利用分子、解剖学和功能数据来创建一个全面的大脑细胞类型普查。该研究团队最近发表了一份哺乳动物初级运动皮层的多模态细胞普查图谱，通过转录组细胞类型映射小鼠初级运动皮层中 300000 多个细胞的空间结构，并获得改进的皮层视图。此外，艾伦脑科学研究所曾红葵团队通过单细胞技术解析小鼠大脑皮层与海马细胞组成取得新突破，通过分析成年小鼠同型皮质约 130 万个细胞，并得出了转录组细胞类型分类法，揭示了谷氨酸能和 GABA 能神经元类型的完整组成。

在大脑示踪技术领域，加州大学 Dr. Xiangmin Xu 团队应用基于病毒的新型大脑示踪工具，可跨突触发现连接海马和皮层的神经回路，这一发现标志着创新大脑绘图工具开启了新时代。

（二）脑电波预测行为取得新进展

功能性超声成像（functional Ultrasound，fUS）与其他技术联合，已有许多治疗策略，例如与磁共振成像 MRI 互相配合，可准确掌握疾病部位以及把握治疗状态。研究人员在两只恒河猴的头骨中，植入 $4\sim5\text{cm}^2$ 的超声波换能器，随后向猴子发布任务指令，猴子们会在特定的提示下，向指定方向移动眼睛、手臂等部位。为检验 fUS 的准确性，研究人员把 fUS 的脑成像活动与电生理学数据对比，通过图像变化，来追踪猴子的脑活动变化，从而解码猴子的行为意图。最后，研究团队将 fUS 数据和对应的任务，通过深度学习进行算法处理，从而了解大脑活动模式与指定任务的关系。这项研究将对治疗中风、瘫痪等脑部疾病有帮助，也对了解脑神经作用机制、研究脑神经调控、脑机接口提供科学依据。相关研究成果于 2021 年 5 月 5 日在《神经元》杂志发表。

（三）人工智能助力神经模式解码方法日趋成熟

2021 年 1 月，由国立卫生研究院和国家科学基金会资助的南加州大学脑科学研究团队在《自然·神经科学》发表研究论文，分离并解码特定行为的大脑信号模式。该团队开发了一种称为"优先子空间识别"（PSID）的机器学习算法，可分离出与特定行为相关的大脑信号的动态模式，有助于研究人员开发增强的脑机接口，以恢复神经和精神障碍患者的脑功能。

智能神经接口（INI）项目于 2019 年 1 月 31 日由 DARPA 发布，该项目基于"第三波"人工智能的方法，改进和扩展下一代神经技术的应用空间。"第一波"人工智能关注的是能够狭义定义任务的基于规则的系统；"第二波"人工智能始于 20 世纪 90 年代，从大量数据中统计模式识别器，其在语言处理、导航和解决问题方面具有惊人的能力。但是，它们不能适应不断变化的条件，提供有限的性能保证，并且不能向用户解释结果；"第三波"

人工智能将专注于情境适应，使机器在大量变化甚至不完整的信息下仍能可靠地运行。INI 项目将解决中枢和外周神经接口的两个主要挑战，一是维持神经接口的决策性能，以提高鲁棒性和可靠性；二是建模和最大化生物神经回路的信息量，以增加神经接口的带宽和计算能力。当计算机"读取"某人的大脑时，大脑和机器之间的接口并不保持不变，所以计算机需要每天重新校准一次或多次。2019 年 7 月 15 日，埃默里大学、佐治亚理工学院和西北大学的科研人员获得 DARPA 提供的 100 万美元联合资助，将实验室开发的基于人工智能的方法结合在一起，将流形解码方法与 ANMA（对抗神经流形对齐）的独立神经网络方法相结合，该组合技术称为 NoMAD，可根据传入数据的任何变化调整流形，并可周期性地自动重新校准，这样神经系统的"意图"就可以在不受干扰的情况下顺利解码，能够解码控制运动的神经系统发出的复杂信号。NoMAD 集成了运动、感觉和认知领域的神经模式，将适用于多种类型的神经接口。因此，除了假肢设备和运动控制之外，NoMAD 可能改善帕金森氏症、癫痫、抑郁或精神疾病的电刺激疗法的效果。

（四）下一代非侵入性神经接口技术取得突破性进展

下一代非侵入性神经技术（N3）项目于 2018 年 3 月由 DARPA 生物技术办公室提出，旨在开发高分辨率的便携式神经接口，能够同时读取和写入人脑的多个位置，在非手术的情况下实现大脑和系统间的高水平通信，将先进神经技术应用于健康士兵，为未来改善人机交互提供技术支持。N3 项目包含非侵入式神经接口和微创式神经接口 2 个技术领域。该项目将分 3 个阶段完成。目前，各研究机构已顺利完成第一阶段工作，该阶段的核心成果之一是磁电纳米转换器，可用于传输或接收磁电信号，实现了对神经元信号的精准读取和写入。2021 年 3 月，美国巴特尔纪念研究所（Battelle Memorial Institute）获得资助，将继续推进 N3 项目的第二阶段。研发团队将在上述成果的基础上，继续优化磁电纳米转换器，实现多信道无障碍联通，同时逐步推进外部信息编写接口的构建和测试工作。

（五）创新性显微成像技术可实时洞察神经网络

开发出一种创新性工具，可帮助研究人员在 3D 模式下观察并分析大脑的神经活性。由于受到现有工具的限制，如今科学家们仍然无法有效研究神经系统中的网络构架，并一次性观察大脑中大量的脑细胞；研究人员开发了一种名为 SCAPE 显微镜的超快速、3D 成像技术，其能帮助研究人员对更大体积的组织进行观察，同时对活细胞中精细网络的破坏性也小很多。SCAPE 显微镜能帮助科学家们研究一次性需要实时观察的大体积组织样本，由于细胞和组织能保持完好无损的状态并在三维空间内高速观察，因此后期研究人员还需要探索许多此前无法进行研究的新问题。目前已利用 SCAPE 技术对嗅觉上皮细胞进行研究，可一次性分析研究数千个嗅神经细胞，这些嗅神经细胞会对不同气味组合产生反应。相关研究成果于 2020 年 4 月发表于《科学》杂志。

此外，由美国情报高级研究计划局资助的 MICrONS 项目在 2020 年取得重大成功，艾伦研究所研究人员开发了一种千兆级自动成像管道，用于高通量透射电子显微镜绘制神经环路，证明了在跨多个脑区的皮质微电路水平上获取大型电子显微数据集的可行性。相关研究成果于 2020 年 10 月发表于《科学·通讯》杂志。

（六）多技术联合攻关"脊髓修复"难题

"新一代脊髓修复"项目（BG+）于 2019 年 10 月 30 日发布，该项目通过整合伤口稳定、再生疗法和功能恢复开发治疗脊髓损伤的新疗法。脊髓损伤（SCI）是美国国防部非常关注的问题。在 33.7 万名患有严重 SCI 的美国人中，大约有 4.4 万名是退伍军人，每年有 1.1 万名新受伤。脊髓损伤是一种复杂的疾病，患者常因脓毒症和自主神经系统功能障碍等因素而终身瘫痪，长期发病率增加。目前在 SCI 恢复和治疗技术领域仍然存在重大挑战。BG+项目旨在开发治疗脊髓损伤的新方法。

2020 年 11 月 9 日，DARPA 宣布与加州大学戴维斯分校、约翰·霍普金斯大学和匹兹堡大学的多学科团队签订合同，以推进这项至关重要的工作。主要研究任务是通过开发可植入系统，包括对生物标志物进行实时监测和干预的装置，以减少脊髓损伤早期阶段的不良影响，并尽可能在慢性损伤晚期阶段恢复功能。BG+项目经理 Al Emondi 博士指出，该项目旨在创造机会，在脊髓受伤后立即提供新的治疗方法。BG+团队将采用包括超声、红外光谱、干细胞植入、定向电和超声刺激等一系列技术，和新颖外科和机器学习技术进行攻关。其中，加州大学戴维斯分校的研究小组正在开发 SCI 早期阶段的治疗方法，包括血流动力学控制系统和新型 3D 打印的神经干细胞仿生可降解支架；匹兹堡大学的研究小组正在研究一种可植入的集成设备，可通过无线控制和无线充电来恢复慢性 SCI 患者膀胱和肠道功能。约翰·霍普金斯大学的团队正在开发一个由两部分组成的系统，包括多模式、多功能脊髓植入装置和急性损伤早期植入装置。在项目结束后，研究团队与 FDA 协调，验证技术的临床应用可行性，为临床医生和患者提供可用的工具，并帮助那些患有单纯性脊髓损伤的战士提供急需的治疗，最终实现 BG+的宏伟目标。

（七）新型设计方法聚焦重大精神疾病药物研发

急性精神疾病已成为军人从现役军事部署中退役的主要原因，统计数据显示，退伍军人群体中存在着接近流行病比例的心理健康危机，美国平均每天有 22 名退伍军人自杀。而现有的药物可作用于大脑中多种神经递质受体亚型，没有特异性，且同时激活许多信号通路而产生显著的副作用，包括幻觉，使药物无法在军队医疗保健环境中使用。研发特异性药物，将有选择地瞄准和结合特定的神经递质受体，并只激活可能影响感兴趣条件的特定神经信号通路。"特异性药物"研究项目（Focused Pharma Program）于 2019 年 9 月 11 日由 DARPA 公布，其设计灵感来自于迷幻药（如裸盖菇素等）的研究，寻求通过开发全新的心理治疗药物来快速治疗退伍军人中普遍的神经精神疾病，如创伤后应激障碍、抑郁、焦虑和药物滥用，从而彻底改变心理健康。"特异性药物"研究项目将不包括人体临床试验，但在计划的 4 年项目结束时，研究人员必须向美国食品和药物管理局（FDA）提交临床试验新药申请。DARPA 计划在项目中途进行审查，以验证这些药物的疗效可以与副作用分离的假设，如果研究不支持这一假设，DARPA 将终止研究。该项目负责人为北卡罗来纳大学教堂山分校的药理学家布莱恩·罗斯（Bryan Roth），获资助金额为 2700 万美金。罗斯表示，该项目的目标是找到有治疗作用而非致幻剂的化合物。目前实验室已合成出了这种药物，正在小鼠身上进行试验。目前的挑战是，这类药物能否在人体中发挥抗抑郁作用。也有学者对该项研究提出质疑，伦敦帝国理工学院迷幻研究中心主任罗宾·卡哈特－哈里斯（Robin Carhart－Harris）认为致幻作用本身是药物发挥治疗潜力的关键，不可能将这些成分分解，只保留其中一个而去除另一个；致幻剂研究先驱里克·多布林（Rick Doblin）认为，关于非致幻的致幻剂化合物的想法是一个"虚假的"白日梦。

二、主要举措

（一）注重顶层设计，制定前瞻性战略规划

美国脑计划是美国在国家层面将脑科学置于国家科技创新体系核心地

位,并与美国独特的科技研发体制机制、投入框架、系列科技战略倡议等因素相结合,进行整体布局和顶层设计,以促进脑科学快速创新发展的重要战略规划。美国脑计划自正式启动至今,共发布两个战略报告:《BRAIN 2025:科学愿景》(简称《BRAIN 2025》)和《脑计划2.0:从细胞到回路,再到治愈》(简称《BRAIN 2.0》)。连同美国高端科技智库推出的系列战略报告,包括美国防务智库波托马克政策研究所、美国国家科学院等发布《神经技术未来研究:21世纪引领经济革命的神经科学和技术发展路线图》《新兴认知神经科学及相关技术》等报告,对美国脑计划的顶层设计起到了重要的引领和支撑作用。

1. BRAIN 2025

2014年6月5日,由多委员会工作组和神经科学伦理小组构成的国立卫生研究院脑计划工作组,提出以实现脑计划的科学性和伦理性愿景为目标的战略计划报告(BRAIN 2025)。工作组一致认为实现这一愿景的最佳方式是通过加快技术发展,开发和使用工具,以获得关于神经系统如何在健康和疾病中发挥作用的基本认识。本战略报告介绍了工作组的调查结果和建议,包括整个脑计划的科学背景和基本原理,阐述7个主要目标:一是发现多样性;二是生成多尺度图谱;三是运行中的大脑;四是证明因果关系;五是确定基本原则;六是推进人类神经科学;七是从脑计划到大脑。以及实现这些目标的具体交付成果、时间表和成本估算。工作组根据七大目标确定七项优先研究领域,即细胞类型、神经环路、监测神经活性、干预工具、理论和数据分析工具、人类神经科学和整合方法,并针对每个优先领域提出研究建议。

2. BRAIN 2.0

2018年4月,脑计划工作组2.0咨询委员会成立,包括以哈佛大学

Catherine Dulac 教授和芝加哥大学 John Maunsell 教授为联合组长的国立卫生研究院主任咨询委员会工作组，和以宾夕法尼亚大学 James Eberwine 教授和约翰·霍普金斯大学 Jeffrey Kahn 教授为联合组长的神经伦理小组。通过回顾之前脑计划的投资和进展，并向更广泛的神经科学界和脑计划利益相关方寻求建议，2019 年 10 月，工作组 2.0 向国立卫生研究院主任咨询委员会提交 BRAIN 2.0 中期战略报告。该报告反映了工作组 2.0 的分析和建议，包括在 BRAIN 2025 战略规划的短期和长期目标背景下回顾了到目前取得的成就，确定与目标的差距和新的研究机会，并针对发现多样性、多尺度成像、运行中的大脑、证明因果关系、确定基本原则、人类神经科学这六大优先研究领域分别提出 BRAIN 2.0 短期和长期目标建议。

（二）鼓励跨部门协同，构建军民融合和公私合作模式

美国政府鼓励美国国家机构、学术研究组织、非营利性基金会以及企业跨部门协同合作、共同推动，构建了以军民融合和公私合作为主的多元合作组织管理模式，以顺利推进脑计划。国立卫生研究院作为美国脑计划的依托单位，其主任咨询委员会 ACD 作为脑计划工作组，是脑计划战略报告制定的中坚力量和智囊团，为脑计划的顺利实施掌舵护航。国防部机构主要包括负责颠覆性高新科技研发的 DARPA 和以人工智能为主要研究方向的美国情报高级研究计划局，充分体现了以军民融合的模式开展脑科学领域的重大科学发现和前沿技术探索。此外，在美国脑科学计划的非联邦成员中，除了各个基金会、大学外，还包括 12 家企业以及 2 个技术组织和社会团体，这些机构在推动脑计划高新技术研发和成果转化方面发挥了重要作用，对于推动脑计划实施的各个阶段取得成效都非常重要。

1. 管理机构

美国脑计划依托美国国立卫生研究院（NIH）实施。鉴于脑计划的整合性研究属性，国立卫生研究院共有10个研究所（中心）（ICs）作为成员单位参与脑计划的管理（图1），主要聚焦于大脑回路的结构和功能研究。此外，国立卫生研究院建立了高水平的脑计划工作组，即国立卫生研究院主任咨询委员会（ACD）。该工作组负责在BRAIN 2025报告的框架下，持续评估脑计划的阶段性进展，确定应用新技术产生对脑回路的创新性认识，并指明有价值的技术发展领域。国立卫生研究院主任弗朗西斯·柯林斯作为脑计划的领导者，主导整体战略规划和中期战略报告的制定和实施。

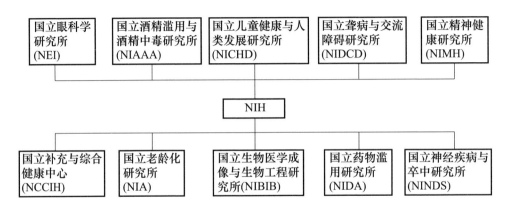

图1 美国脑计划管理单位

2. 参与成员

在美国国内，脑计划的众多成员来自于公立或私营机构。其中参与脑计划的联邦政府机构包括美国国防高级研究计划局（DARPA）、国家科学基金会（NSF）、情报高级研究计划局（IARPA）、白宫脑科学计划（WH）和美国FDA；非联邦机构包括基金会、研究所、大学、企业、技术组织和社会团体等。在此基础上，为促进脑计划成员之间的交流合作，共享机会与成功，由部分联邦机构和非联邦机构成员共同组建脑计划联盟（BIA）。联盟成员主要包括：西蒙斯基金会、艾伦脑科学研究所、FDA、美国情报高级研究计划局、科维理基金会、国立卫生研究院、国家科学基金会和电气与电子工程师协会。

脑计划的国际成员包括澳大利亚健康与医学研究委员会、加拿大脑基金会、丹麦灵北脑科学基金会等。

3. 组织管理

首先,国立卫生研究院的 10 个研究所(中心)之间可进行多层次协调;院外项目工作人员和研究所(中心)主任定期会面,开展战略规划的整合和管理工作,以支持整个脑计划研究;此外,成立脑计划多委员会工作组和神经伦理小组,可为参与脑计划管理的 10 个研究所(中心)提供处理问题的各种建议。在经费管理方面,10 个 ICs 对国会下拨给脑计划的研究经费和其他的补充投资经费(如 21 世纪治愈法案)进行战略性管理,以持续资助神经科学领域。截至 2019 年,国立卫生研究院已对数百名科研人员提供超 700 项资助项目,资助经费总计约 13 亿美元;至 2026 财年,21 世纪治疗创新基金(21 世纪创新基金)将为脑计划研究提供总计 15.11 亿美元的资金。

脑计划多委员会工作组作为评估的主体机构和脑计划的联邦成员(如 DARPA、FDA、IARPA 和国家科学基金会)的代表以及其他一般成员,负责在新计划发布资金公告之前审查新计划的具体实施方案,监督国立卫生研究院主任咨询委员会认可的脑计划的实施,定期评估由脑计划支持的当前项目和计划的进展情况。此外,工作组负责向咨询委员会及时传达脑计划的项目和进展,批准新项目和执行脑计划第二级审查程序。

4. 项目实施

美国脑计划的科研项目包括资助机会和资助奖两种类型。资助机会以"资助机会公告"(FOAs)的形式发布,每项资助机会公告包括名称、FOA

号、当前状态、过期时间、优先资助类型和资助目的共 6 种属性。截至 2021 年 7 月 21 日，美国脑科学计划网站发布处于开放申请状态的 FOAs 68 项，已结束 166 项。其中国立卫生研究院发布的开放申请状态的 FOAs 数量最多（40 项），其次为国家科学基金会（25 项）。已结束的 FOAs 数量同样是国立卫生研究院最多（113 项），其次为国家科学基金会（37 项）。

（三）重视多学科交叉融合，建立统一数据标准和数据平台

跨界与多学科交叉是美国脑计划的一个显著特点。该计划吸引了众多学科领域专家如化学家、物理学家、工程师与神经科学家开展合作，深度推动纳米－生物－信息－认知的交叉融合，从新视角和多层次揭示了大脑的奥秘，极大地推动了新技术的开发与应用。同时，科研项目资助方向注重多领域交叉。2014—2020 年期间，脑计划已获批的资助奖共计 938 项，其中 704 项资助奖呈现多领域交叉研究特点：233 项属于 2 个领域交叉，122 项属于 3 个领域交叉，174 项属于 4 个领域交叉，175 项属于 5 个及以上多领域交叉。

为切实推动多学科交叉和新技术开发，美国脑计划重视建立统一标准化的研究数据，并通过网络数据平台及时分享最新的脑科学研究成果，借鉴国际现有的脑科学数据共享平台的经验，以数据标准化、数据可利用化为目标，制定了清晰开放的数据共享规则，有效提高成员单位的协作效率。

（四）关注神经伦理研究，构建安全良性的科研环境

在制定脑计划战略之初，国立卫生研究院就认识到伦理问题是该计划的一个关键问题。为了解决脑科学与神经技术发展引发的社会伦理争议及难题，有效规避潜在风险，BRAIN 2025 工作组和 BRAIN 2.0 工作组均设立了神经伦理小组，负责制定伦理研究项目指南以及为脑计划项目研究人员提供伦理咨询。同时，脑计划专门资助了一系列神经伦理研究项目。2017财年，国立卫生研究院开始资助脑计划中神经伦理类研究项目，支持与人类大脑研究和神经技术开发相关的伦理问题研究，并鼓励在神经科学研究中同步开展神经伦理研究。此外，在脑计划2.0报告的短期和长期目标中，建议将神经伦理学引入对人类大脑回路分析的整个过程。

（五）开展广泛国际合作，促进知识传播和共享

随着脑计划研究的不断深入，美国越来越重视国际合作对于知识共享和成果转化的重要作用，在多个国家之间开展全球性的项目合作。如美国国家科学基金会（NSF）与加拿大健康研究所（CIHS）、魁北克研究基金（FRQ）、德国研究基金会（DFG）等国际机构合作设立的全球性神经科学研究项目"下一代神经科学网络（NeuroNex）"项目，旨在调动全球创新资源，加强对神经科学和认知科学的理解。

三、结束语

总体来说，美国脑计划目前在计划车道上正飞速疾驰，也取得了诸多突破性进展。随着中期战略计划对脑计划研究目标的剖析和细化，美国脑计划的前进方向正越发清晰和明确，不断践行着三大研究主旨，如SCAPE显微镜等创新性神经技术或研究工具加深了我们对大脑的解读；大型细胞普查网络有助于绘制大脑图谱，诠释了单个细胞在复杂的神经回路中的时空互作模式；功能性超声成像等为神经系统疾病的防治提供了新方法。美国脑计划通过设置转化类研究项目，鼓励地方高新技术企业积极参与脑计划，推动了创新神经技术的研发；同时，美国脑计划也充分考虑军事需求，注重挖掘创新神经技术和研究工具的军事应用价值，为利用强大的神经科学基础研究平台和科研团队解决军事难题创造新的机会,为促进军地融合不断提供有利条件。

(军事科学院军事医学研究院　祖勉　王瑛　刘伟　王磊)

脑机接口技术军用前景分析

脑机接口向来是美军关注的重点之一。20世纪70年代前后,以DARPA为代表的颠覆性技术研发机构开始投资脑机接口项目。此后,DARPA、美国陆军研究实验室、空军研究实验室等机构分别就作战需求,持续布局脑机接口领域,研究重点从疾病治疗逐渐转向认知和行为能力增强。

一、脑机接口技术发展现状

脑机接口技术是一种可直接连通人脑与人脑、人脑与计算机等外部电子设备或软件,不依靠大脑信号输出的通信系统,涉及神经科学、信号检测处理、模式识别等多学科交叉,在疾病康复、人体效能增强等方面具有广阔应用前景。根据脑机接口技术与大脑连接方式,可分为侵入式脑机接口技术、非侵入式脑机接口技术和半侵入式脑机接口技术。侵入式脑机接口技术要求通过手术将微电极植入大脑皮层,直接接触神经元组织,可获取高质量的脑电信号。但因异物植入,可能会引起免疫反应,带来安全风险。非侵入式脑机接口技术置于颅骨之外,直接采集头皮脑电波,信号量和信息准确度均次于侵入式脑机接口技术。半侵入式脑机接口技术要求将电极植入颅骨下方、大脑皮层之外，基于皮层脑电图进行信息分析，其获取的信号强度和分辨率弱于侵入式，但往往强于非侵入式。

近年来，因计算机算力、基因测序和医学传感器技术等平行技术取得巨大进步，加之脑机接口技术在军事医学等领域的潜在应用被不断挖掘和验证，吸引了大量投资，形成了研发与成果转化应用的良性循环，脑机接口技术发展步入快车道，取得了诸多进展。一是高级假肢技术研发及应用取得突破成果，患者可通过意念控制模块化假肢，实现了自主进食，假肢力量和灵敏度显著提升；二是机器学习技术的进一步融合及控制算法的优化为实现人类对武器系统等外在设备的精准控制提供了更理想的途径；三是生物兼容性材料的应用弱化了侵入式脑机接口技术的负面效应，脑机接口技术应用逐渐被健康人群所接受，并逐渐超越疾病治疗范畴。

二、脑机接口技术挑战

脑机接口技术在军事、医学领域的潜在应用可能会成为现实。但综合观之，脑机接口技术仍然面临诸多挑战。

（一）信号传输速度和质量有待提高

脑机接口技术信号输入和输出需整合大量数据，一方面要拓宽大脑信道，提升信号传输速度；另一方面要求同时配备测试仪器进行运动解析，通过大数据分析解码脑电信号并将其转化为计算机语言，准确率很难达到预期效果。如何提高信息保真度和传输带宽是研究的重要方向之一。

（二）自适应性不强

自适应性是在处理和分析过程中，根据数据特征自动调整方法、顺序、参数和边界条件,使其与相关数据的统计分布和结构特征相适应。在脑机接口技术中,时间、空间和接口装置自身变化都会影响数据处理结果。无论是侵入式还是非侵入式脑机接口技术系统,数据解码是关键的一环,其中往往涉及机器学习。分析对象、任务或时间帧发生变化可能会导致机器学习崩溃。因为神经元相对于电极的位置会发生迁移,二者错位往往会导致解码模式不稳定。总体观察,当前脑机接口技术的自适应性较差。

(三)抗干扰性差

脑机接口技术在信号采集和传输过程中都存在诸多干扰因素。在脑电信号采集过程中,往往会夹带机信号等干扰成分,影响信号质量。人脑信号的无线传输是脑机接口技术的潜在应用场景,可实现命令传递,或协助指挥官对士兵状态的远距离评估,这可能会面临敌方信号的故意干扰。

2014年"合成心灵感应"(Synthetic Telepathy)研究显示,基于互联网的脑脑通信可能永远不会成为战场中的最佳解决方案,因为脑与脑、大脑与机器之间的网络安全性,以及电磁脉冲给传输网络带来的脆弱性仍未解决。设计抗干扰能力强的信号采集设备,全方位思考和构建信号传输通道的防干扰策略是脑机接口技术切实应用于军事领域的瓶颈所在。

三、脑机接口技术的潜在军事应用

(一)近期应用(0~5年)

在未来5年内,脑机接口技术可从3个角度辅助空军战斗力生成。一是将非侵入式生物传感器融入驾驶舱,对飞行员的生理和认知状态进行实时监测和反馈,提高态势感知能力。迈克尔·弗里兹(Michael Fritts)在《人类优化与机能增强》一文中指出,未来可能会出现由数据驱动的个性化、综合性复合生物反馈算法,并最终将生物信息的监测和反馈融入整个飞机预警系统,强化安全性和态势感知能力。二是采用神经调节技术来提高作战能力。神经调节是对目标区域直接施加电击或药物制剂来改变或调节神经活动。近年来经颅直流电刺激(transcranial Direct Current Stimulation,tDCS)技术有了巨大的发展。2018 年,美国空军研究表明,经颅直流电刺激可显著提高操作人员的信息加工和多任务处理能力。三是通过非侵入式大脑监视和中心凹追踪改善人机协作。人类与机器之间的有效互动对于美国空军主要武器系统(Major Weapon System,MWS)的操作至关重要。充分利用脑机接口技术,可对二者进行有效融合,实现人机高度协同。使用头戴式标示系统,飞行员只需注视目标物方向,点击按钮来标示目标。安装在头盔内的摄像头可追踪中心凹运动,判断飞行员目光注视方向,设备也可根据中心凹信息改变显示器上光标的位置,缩短操作过程和时间。

(二)中期应用(5~20 年)

未来 5~20 年内,脑机接口技术在生物传感器、神经调节和人机协作等方面的应用将逐渐改良,侵入式脑机接口技术快速发展,由 DARPA 资助的基础神经科学研究将增进对大脑的理解,可能会带来新的用途,如可植入微芯片、精准神经调节、远程飞机控制以及脑机接口技术动物控制。

可植入微芯片能优化目标识别、信息储存方法、生物传感器技术和安全程序,加快日常任务的执行过程。美专家认为,美军应重视侵入式微芯片的应用,并考虑如何将经生物改造的人员纳入编队。

精准神经调节的目标是标准化训练。初步研究显示,经颅直流电刺激等精确神经调节技术不仅能提高记忆和多任务处理能力,还可加快学习过程。飞行是美国空军技术依赖重地,美国国防部每年耗费大量金钱和时间对飞行员进行飞行和武器系统操作培训。为此,DARPA 开展目标神经可塑性训练（Targeted Neuroplasticity Training，TNT）项目，拟通过非侵入式技术，提高士兵对认知和技能的长期记忆能力。此外，美国国防部也应考虑和测试将神经调节技术融入飞行员头盔，对大脑施加精准电流刺激，增强人体效能。

通过大脑监视来改进人机协作，实现飞机控制。使用非侵入式方法控制无人机将在未来 20 年内实现。美国空军对非侵入式脑机接口技术的研究应超越目标标示，将任务范畴拓展至人际通信等范畴。人脑在模拟器上对 F–35 的控制，这也在一定程度上说明机器过程自动化可以通过思维实现。此外，脑机接口技术信息的双向传输，也应纳入试验范畴。士兵能通过意识控制无人机，无人机收集的视频反馈信息如何传输到人脑视神经上，这是未来视神经接口技术发展和应用的方向。

将侵入式脑机接口技术植入动物体内，引导和刺激动物执行军事任务。研究人员发现，部分动物的大脑更容易植入脑机接口技术，或直接经脑机接口技术为特定动物植入知识，由此实现对动物的控制。DARPA 研究人员对蜻蜓进行了基因改造，使其能接受脑机接口技术光学指令；通过在鼠脑中植入虚拟记忆，老鼠能走出迷宫。动物控制技术可带来多领域应用，如载荷运输、侦察、搜救和爆炸物侦测等。

脑机接口技术中期场景想定应用是否能成为现实，在一定程度上取决于美国空军就如何将非侵入式脑机接口技术应用于高负荷场景开展的试验项目成果，科技成果即潜在军事力量，建议尽早开展全面研究。

（三）长期应用（20 年以上）

脑机接口技术发展迅速，加上人工智能（AI）、大数据、纳米科技等现代科学技术也在不断变化中，未来脑机接口技术可能会向多个不可预测的方向演进。但随着研究深入，脑机接口技术部分技术障碍可能会被攻克，如纳米技术和 3D 打印将推动微电子机器系统和传感器的渐进式改良；人工智能和大数据分析将提高人类意图解码能力，改善人机协作；基因技术可能会解决脑机接口技术生物兼容性的问题。在光基因学研究领域，大脑细胞能同时响应电脉冲和光纤线缆中的闪光。基于光基因学，有望开发安全、高效、且具备长期稳定性的脑机接口技术装置。未来，联网脑机接口技术装置可与大脑各个部分直接通信，为作战人员提供多种传感器反馈信息，也可增强记忆、控制疼痛或情绪，或将信息无线传输至他人。对大脑特定区域的精准刺激还可实现人体效能增强。借助脑机接口技术，人类可能会制造"超人"，导致"人"的传统定义发生改变。在军事领域，美国空军和国防部应该首先确定脑机接口技术的应用标准，并将标准国际化。

四、结束语

人类应该如何处理可对人体机能和智力产生重大影响的技术？从短期来看，脑机接口技术在多个领域具有应用潜能，但安全风险不容忽视。如何有效识别、控制、限制和防止威胁产生，是对政府及军队能力建设的考验。美专家认为，应增加脑机接口技术研发投入。持续关注将有助于确定脑机接口技术未来发展方向，投入领域应囊括技术拓展和文化氛围塑造，鼓励开展风险试验活动。未来主要研究重点包括为驾驶舱的飞行员或高负荷工作场所配备可穿戴生物传感器、在现实场景中开展测试神经调节技术、调查和分析神经调节加速学习的效果、制定脑机接口技术应用标准，充分考虑技术带来的伦理问题，为政策制定可能对技术发展产生的影响做好准备。

（军事科学院军事医学研究院　蒋丽勇）

合成生物学技术进展及潜在威胁分析

合成生物学将重塑世界,将对未来大国竞争及国家军事优势塑造带来深刻影响。结合推动合成生物学快速发展的技术创新因素,梳理了合成生物学最新进展,并以此为基础阐述了合成生物学时代的潜在安全威胁,对如何通过合成生物学技术塑造国家军事优势提出了相关建议。

一、技术进展

合成生物学是一种以工程化设计理念为指导,借助现代技术对生物体进行有目的的设计、改造甚至重构的多学科交叉新技术。近年来,在基因测序、基因编辑等革命性技术推动下,合成生物学取得了大幅进展。

(一)工程化生物材料研发

西班牙国家研究委员会玛格丽塔·萨拉斯生物医学研究中心研究人员2021年11月发表文章《微生物生物技术与材料工程结合》(网络首发版),探索了如何通过细菌纤维素、藻酸盐等微生物成分来优化工程材料。微生物和材料科学的融合,有望合成具备感知和自我修复能力的工程活性材料,研究结果表明，海藻酸盐和多羟基烷烃在封装和生物打印等混合性材料领域具有较大潜力，细菌纤维素在工程化活体生物材料研发方面前景广阔。2021年12月，明尼苏达大学生物材料研究所研究人员利用合成生物学和材料科学方法，将枯草芽孢杆菌改造成一种由自组装蛋白支架组成的二氧化硅材料活性成分，所得工程材料可在含有二氧化硅材料的细胞中再生，实验结果表明，材料的力学性能更突出。

（二）疾病治疗和诊断产品研发

药物合成是合成生物学研究和应用的重要方向。2021年11月，伊朗马拉赫大学理学院生物系研究人员发表文章《成孔肽：癌症治疗新选择》，认为成孔肽是一种天然防御系统蛋白，因其广泛用于抗菌和抗真菌药物，被视为新型抗肿瘤肽。可通过合成生物学技术，合成安全性更高的成孔肽来开展模型研究，观察不同生物活性分子对癌细胞的选择性作用。2021年11月，乔治梅森大学研究人员发表文章称，研究团队设计合成了8种新的抗菌肽，使用从头计算设计，并通过机器学习算法评估合成过程的合理性，在实验室验证了产品的活性。这项研究开发了合成具有窄活性谱抗菌肽的新方法。未来，研究团队将继续探索上述合成肽在疾病治疗方面的潜在价值。

（三）生命科学研究工具研发

合成生物学技术脱胎于生命科学研究，其在不断自我完善的同时也开始反哺现代生物研究。2021年12月，科学家发表文章《遗传密码拓展技术在合成生物学应用中的意义》。遗传密码拓展得益于合成生物学，而遗传密码拓展也有助于开发更多合成生物学工具，全基因组密码子重新分配和非天然氨基酸的生物合成等研究成果将对加速推进生命科学研究发挥重要作用。2021年12月，相关研究人员在《自然通讯》上发表文章《11种非模型哺乳动物、爬行动物和鸟类的单细胞图谱》。研究团队利用合成生物学方法，对 11 种非模型物种进行了单核 RNA 测序，并研究了 ACE2 和 TMPRSS2 的共同表达，同时对肺细胞图谱进行跨物种分析。相关工作提供了一个基因表达谱概要，可用于识别新冠病毒靶细胞。

（四）生物能源和环保化学产品研发

通过合成生物技术对生物质原料进行加工，生产各种以再生生物质资源为原料的化工产品，是有效解决生物燃料研发问题的关键。此外，近期环境友好型化学产品研发取得突出成果。研究人员通过合成生物学，利用工程酵母生产脂肪酸信息素，梳理了酿酒酵母脂肪酸生物合成途径，认为酵母产生的昆虫信息素可能会成为一种生态友好的农业害虫防治方法。

二、潜在威胁

基因测序、基因编辑及基因合成等创新生物技术推动了合成生物学快速发展，可能带来新威胁。

（一）可能引发经济战

CRISPR 技术可用于族群基因改造。将基因驱动技术用于细菌和昆虫等快速繁殖的动物，有可能消灭整个物种，让生态系统崩溃。基因编辑导致的性状特征可能需要数代时间才能完成，结果显现的缓慢性可为不良科学行为提供掩护，合成生物学也因此可能成为恶意行为体"设计"经济战的方式之一。

（二）可能被用以制造致命病毒

2018 年，加拿大阿尔伯塔大学研究人员通过邮购 DNA 片段，制造了活马痘病毒；也有团队从冷冻肺组织中合成了 1918 年西班牙流感病毒。

（三）可能带来意外恶果

澳大利亚科学家试图将鼠痘病毒作为载体引入一种不孕不育基因，结果制造和释放了一种致命病毒。根据加德纳技术成熟度曲线（Gartner Hype Cycle），自 2018 年生物黑客已成为自主生物科研（DIY）的主流趋势。网络信息的普及和生物实验材料价格的大幅度下跌，促使民间生物学研究遍地开花，这可能会刺激恶意行为体的不良科研作为，增加了意外恶果的可能性。

（四）存在监管漏洞

包括《禁止生物武器公约》在内的生物安全监管机制往往强调研究结果，忽略过程的合理合法性。美国政府根据生物剂的两用性，制定了管制剂清单，但其更新速度往往滞后于各类新型病原体的出现速度。

三、几点认识

合成生物学涉及经济、网络、生物安全、教育、外资、基因信息控制等各个方面，已经成为各国竞争要地。世界各国在生物技术研发领域的投入逐渐加大。2018 年、2020 年美国国家科学院先后发表《合成生物学时代的生物防御》《保卫生物经济》报告，明确了相关公共行业和私营经济需联合应对的策略方针。如何确保合成生物学的正面战略价值，成为美国关注重点。文章建议美国政府重点开展以下 5 个方面工作，来塑造和强化美国在合成生物学领域的技术优势。

（一）构建合成生物学国防路线图

美国国防部应充分认识和评估合成生物学在军事领域的应用和潜在影响，将合成生物学思想融入战略规划、作战方针和战术制定当中，科学指导资金分配，确定技术研究方向。

（二）搭建合成生物学国防工业基地

因与传统武器系统重叠部分较小，直接导致国防部未在合成生物学领域进行全面及长远布局，直至目前未搭建与之相关的工业基地。美国政府问责局（GAO）指出，工业基地的缺失会导致供应链中断，甚至出现污染或问题产品，间接影响军队作战。文章建议，美国国防部将合成生物学置于国防工业的重要位置，融合可信赖的地方企业，构建牢固的工业基础。

（三）投资关键技术

涉及先进材料、后勤、自适应材料、生物传感器、生物芯片、病原体抗体等关键技术在军事领域具有广阔应用前景，应重点关注并加大投入。合成生物学可为创造稀有物种提供方法和途径，填补大规模生产急需的材料缺口；自适应材料研发可改善基地基础建设，弱化军用物资对后勤系统的依赖；经过特殊改造的生物体可监测自身所处的环境；生物芯片，以低成本、高速度完成高通量分析；借助生物芯片和机器学习等前沿技术，加速制作病原体抗体图谱，为传染病防治提供更多应对措施。

（四）制定基因信息和人体效能增强相关的伦理及法规指导

个体基因信息和人体效能增强是合成生物学研究和应用最具争议的领域，二者引发的伦理和法律问题广受关注。美国应禁止本国公民基因信息外泄；就国防部、CIA等特殊部门工作人员的基因测序活动、结果应用、公开范围做出严格规定，限制登录和访问国防部血清库的权限。在军队人员招录过程中，有限度地使用基因测序信息进行人员筛选。借助基因技术增强人体效能，未来必然应用于军事领域，美国国防部必须为此做好应对准备，制定标准和规范并将其推向全球。

(五)建设人才队伍

高精尖人才队伍是保障科学研究顺利进行的核心要素。美国应在加强留学生审查力度的同时,强化相关外资管理法律,保证更多美国学生可通过奖学金、实习岗位、对口招聘实践等方式参与科学、技术、工程、数学(STEM)研究生项目。因近期美国对留学生及外籍科研人员的严格管控,美国STEM项目收入减少,建议CDC等政府机构相应提升预算额度,弥补因签证限制导致的资金缺口,避免相关研究项目和机构关停。

合成生物学在基因层面对生命的解构和重组,将对人类社会发展带来深刻影响,在一定程度上改变了美国面临的威胁存在,并为未来军事优势的塑造提供了创新途径。美国应谨慎平衡安全和自由,从战略、战役和战术层面为合成生物学在军事领域的切入做好策略应对,构建合成生物学战略,并将其实施平台拓展至全球范围,刻画和体现美国价值,塑造军事优势。

(军事科学院军事医学研究院　蒋丽勇)

美国陆军"集成视觉增强系统"进入快速部署阶段

2021年3月31日,美国陆军宣布授予微软公司价值219亿美元的"集成视觉增强系统"(IVAS)生产协议,要求其在10年内向陆军交付12万台增强现实头盔。这标志着该项目从快速原型设计阶段进入生产制造和快速部署阶段,将为美国陆军"近距离作战部队"(CCF)批量配备增强现实技术,提供更强的态势感知能力、团队指挥能力和军事训练能力。

一、基本情况

"集成视觉增强系统"是以微软公司混合现实头戴式显示器(HoloLens)为基础的军用级增强现实头盔,旨在提供增强的态势感知、目标瞄准和知情决策能力,应用于作战、演练和训练。

(一)项目进程

2018年,美国陆军授予微软公司4.8亿美元合同,开发"集成视觉增强系统"原型。2019年3月至4月,来自陆军特种部队、海军陆战队的士兵在弗吉尼亚州皮克特堡对该原型进行首次测试，认为可帮助部队"在日益城市化、拥挤、能见度低和不可预测的战场上赢得优势"。2021年3月，美国陆军授予微软公司为期10年、价值219亿美元的"集成视觉增强系统"固定价格生产协议，要求提供12万套增强现实头盔，推进其快速配备"近距离作战部队"，从而使士兵更安全、更有效地作战。该协议的生效，展现了美军重大军事项目快速开发和生产的新进程，使微软公司成为美军更为重要的技术供应商，反映了双方更加紧密的合作关系。

（二）技术性能特点

目前，微软公司开发的"集成视觉增强系统"集成了传感器和人工智能等一系列技术，将高分辨率夜视、热传感器、弱光传感器等整合到统一的平视显示器中，增强士兵的视觉感知，可支持士兵在各种场景下进行信息共享和决策，有效发现、识别敌方目标。该系统的主要功能包括以下两点。

（三）目标发现、识别与定位

可利用夜视镜、热传感器和弱光传感器，使士兵在黑暗或烟雾中看清目标，同时保持夜视镜自身较低的发光度，从而避免被敌方发现；可将3D地图等数字虚拟对象叠加在面前的现实世界上，突出显示关键目标和清晰可见的位置数据、导航提示和任务参数，士兵在移动时可看到不同角度的路标，查看己方团队成员的位置以采取协调行动，定位已知的敌方目标。

（四）开展虚拟训练与军事演练

可利用增强现实和机器学习技术塑造的混合现实训练环境，使"近距离作战部队"在与任何对手交战前进行场景演练，指挥官可看到士兵的训练场景，收集士兵的训练数据（包括心率等），帮助其提高射击技术，士兵在训练演习结束后还可观看其训练表现报告。

二、初步认识

(一) 该系统大规模部署将带来颠覆性军事应用效能

美国陆军要求微软公司生产的"集成视觉增强系统"被认为是一种"作战－预演－训练"系统，具有战斗倍增器的作用，不仅能够使作战人员看到战场环境的增强显示信息，迅速调整作战策略，在快速变化的战场环境中谋求"先敌一步"；也可通过构建基于增强现实等技术的高度逼真的虚拟战场，使作战人员在部署前掌握作战地域情况，提高军事训练效率和杀伤力。2019年，美国陆军副部长莱恩·麦卡锡曾将该系统评价为"战场上的游戏规则改变者"，认为"俄罗斯、中国和其他知道这些能力的潜在对手不会想要与美军交战"。2021年2月，微软公司总裁布拉德·史密斯在参议院军事委员会指出，该系统集成了增强现实、夜视和面部识别技术，将为士兵提供对于远程战场的"实时分析"（以3D地图的形式显示远程战场情况，利用微软的云服务平台实时处理数据），还可通过创建建筑物的"数字孪生"，帮助规划人质救援行动。此次美国陆军与微软公司签署的价值高达219亿美元的生产协议，是对美军增强现实技术应用的一次大规模升级，将使其超级士兵拥有不对称的作战优势，应予以高度重视。

(二) 开发模式使新兴技术快速进入战场

美国陆军与微软公司合作开发"集成视觉增强系统"，采用了"中间层采办"的非传统合作方式，采取了非常规的"其他交易授权"合同签订方式，首次将"以士兵为中心的设计"方法制度化、予以系统应用，使高科技公司直接与军方领导和士兵合作，让工程师、科学家与士兵"并肩作战"，利用各自的专业知识来加快装备的开发和部署过程，大大提高了项目的开发速度,实现了装备的快速原型化。"中间层采办"程序着眼新兴技术快速形成作战能力,主要针对可在 5 年内形成初步作战能力或完成部署的项目,于 2020 年被美国国防部确立为正式的六种采办程序之一,现已开始广泛应用,有力促进了新兴技术向战场的快速转化应用。

(军事科学院军事科学信息研究中心 郝继英)

DNA 数据存储技术研究进展

DNA 数据存储技术历经发展，已经跨越了早期概念验证和加速发展的阶段，其原理与技术流程已经基本清楚，相关研究逐渐进入深水区，向着实际应用的关键科学与技术问题不断探索。进入 2021 年，DNA 数据存储技术研究已经不再局限于简单的编码设计和流程优化，具有创新性的工作主要围绕以下三个关键问题展开，本文亦将围绕此三点进行介绍：一是数据 DNA 的低成本快速写入；二是面向 DNA 存储信道的优化编码；三是高级功能的底层（分子）实现。

一、数据 DNA 的低成本快速写入

尽管 DNA 芯片合成技术的出现和发展给 DNA 数据存储的实现带来了希望，但是其写入端的成本及通量远远不及读出端，距离传统存储介质仍有较大差距。

目前商用的 DNA 合成方法主要是基于亚磷酰胺的 DNA 合成法，包括"去保护、偶联、加帽（可选）及氧化"4 个步骤。东南大学的研究者基于

此方法创新性地在电极上合成 DNA，利用电化学去保护替代传统酸催化方案，在一定程度上简化合成步骤，加速反应，具有进一步降低成本的潜力。同时，继续丰富 DNA 存储的单元（A，T，G，C），提升存储逻辑密度，降低单位成本，同样是 DNA 化学合成的努力方向。

相对于需要从头全合成的 DNA 存储方案，利用天然或有限预合成的 DNA 存储数据能够有效降低写入成本。有赖于纳米孔测序的发展，通过在天然 DNA 上顺序"打孔"（制造缺口或修饰），可以实现数据的记录。伊利诺伊大学的研究者设计了可以捕获、存储和释放这类 DNA 的生物电子元件，在实验室规模上验证了随机访问，为这类 DNA 数据存储方案的规模放大提供了基础。除人为修饰外，利用 DNA 折纸（DNA origami）技术将预合成的寡核苷酸在特定 DNA 骨架上"编织"不同的二级结构，类似于结绳记事，同样可以实现数据存储。除此之外，为预合成的 DNA 设计合理的黏性末端，利用连接酶将批量的 DNA 有序地连接起来实现数据记录，同样可以降低数据存储的成本。天津大学的研究者还针对预合成 DNA 设计了一个基于德布莱英图（de Bruijn Graph）的 DNA 序列高鲁棒重建算法，可以将混合的预合成 DNA 重构为长片段序列，利用有限的短片段存储海量的长片段信息。

相对于人工生产，生命细胞生产 DNA 的成本几乎可以忽略不计。因此，将数据写入体内 DNA 的技术方案不容忽视。哥伦比亚大学的研究者首次构建了基于电刺激的"人－胞"输入接口，诱导 CRISPR/Cas1－Cas2 系统在特定位点插入 DNA 序列，实现信息的写入。相比于之前将外源 DNA 嵌入特定位点的存储方案，该模式仅仅依靠细胞内的 DNA 和蛋白质实现了数据记录，不禁让人畅想未来低成本细胞刻录机的出现。

二、面向 DNA 存储信道的优化编码

DNA 数据存储离不开编码，为了更规范地描述编码所解决的问题，建立了考虑 DNA 存储主要非理想因素的 DNA 存储信道模型，同时还讨论了该信道的信道容量和错误概率等基础界限，这将进一步推进 DNA 数据存储多类型编码的发展，为不同场景下寻找最优化编码方案提供理论基础。

为了与 DNA 存储所使用生化反应流程更加契合，发展具有一定条件约束的编码成为该领域关注的重点。相关研究针对连续碱基长度、GC 含量和 DNA 分子正交性等关键生化指标优化编码方案和算法设计，搜索特定问题下的序列相关性最小、码集合最大的最优编码方案。

在具体面对具有插入删除和替代错误的 DNA 存储信道时，大量同时具有有效信息和严重干扰的信号在读出时被接收到，为此，微软的研究者提出了优化的编码序列恢复方法，也称为编码的迹重构。利用该方法可以从严重干扰的读段中重构出原始序列，提供有效信息。而针对难以处理的插入删除错误，同样有新的编码策略被提出。除此之外，研究者还开发了 DNA 存储编码方案的综合评估平台。

三、高级功能的底层（分子）实现

除写入和读出外，与传统存储介质类似，提供面向用户的插入、删除、修改、检索和随机访问等高级功能，亦是 DNA 数据存储走向实用化的重要发展方向。将这类高级功能落实到 DNA 分子操作的层面上是值得研究的关键问题。

随机访问是最早提出和实现的高级功能。根据碱基互补配对原则，利用正交设计的引物 PCR 访问特定数据区域即可实现。但是这种实现方式通过指数扩增获取数据，难以保持相关 DNA 的均一性。麻省理工学院的研究者利用 DNA 条形码标记的二氧化硅小球对 DNA 文件进行封装，在无须扩增的条件下即可实现文件的随机访问，为大规模数据集中的随机访问提供了分子层级的研究基础。

根据关键信息检索相似的文件，类似于以图搜图，也是日常工作的常见需求之一。华盛顿大学的研究者利用 DNA 分子探针杂交技术，在包含 160 万张图像的 DNA 存储数据库中执行了相似性搜索，该分子搜索与计算机相似性搜索算法的性能相当。

快速查看文件简介，如图片的缩略图，可以大大减少文件读取的压力。北卡罗来纳州立大学的研究者设计了不同程度浏览图片缩略图的分子反应方案，这减少了搜索所需文件时需要测序的 DNA 数，大大降低了 DNA 测序和解码的延迟和成本。

DNA 作为数据载体，同样是生命遗传信息的承载者，为了保证数据安全和生物安全，清华大学的研究者合成了镜像的 L‒DNA 用于数据存储，同时还设计了扩增此类 DNA 的镜像 DNA 聚合酶。这种独特的数据载体和单一匹配的蛋白酶类似特定的钥匙与锁，极大程度地保障了数据安全。

DNA 存储一直以来面临着数据写入后难以擦除和改写的问题。针对这一问题，伊利诺伊大学的研究者设计了蕴含双层信息的 DNA 模式，其中以缺口表示信息的结构层面可以通过酶催化擦除和重写。虽然这一层面改写信息量有限，但无疑为分子层面的数据改写提供了全新思路。

就 DNA 存储系统而言，主要瞄准了数据的长期存储，而当前的 DNA 存储系统通常不是独立的，这意味着它们必须求助于外部工具来恢复存储在

DNA 中的数据。研究者提出了一种独立自洽且可以自解释的存储系统，并为之设计了相应的文件结构和格式，为数据在 DNA 中长期存储提供了应用潜力。

四、总结与展望

DNA 数据存储进入 2021 年以来依旧是化学、生物和通信等领域的研究热点，来自美、中、英、韩等国的科学家针对其中的关键科学和技术问题不断探索，进一步推动该技术向实用化迈进。在前进的同时，针对该技术也有越来越多理性的思考和讨论，包括流程中各环节的不确定性，数据长期保存的稳定性等。这些问题的发掘和讨论是一笔宝贵的财富，逐步探索和解决这些关切都将为 DNA 存储的稳步发展夯实基础。

目前，DNA 存储联盟已经拥有包含微软、illumina、Twist Bioscience 在内的 29 个成员，其在发布的第一部白皮书中明确提到了目前正处于一场由 DNA 引发的数据存档的变革前夕，同时还对在 DNA 上实现极低成本（1 美元/太字节）的高密度存储提出了预测。对比传统存储介质的发展，DNA 存储正在以超乎寻常的速度快速发展，多领域巨头共同关注，成本壁垒逐渐成为了研究者们着重关注的最后一道关卡。随着相关研究从发散到聚焦到这一核心问题，DNA 数据存储的实用化也将最终到来。

（天津大学合成生物学前沿科学中心　韩明哲　陈为刚　周晓　李炳志）

全球脑机接口领域文献科学计量分析

脑机接口是指在没有外周神经系统和肌肉组织参与的条件下,通过计算机等电子设备采集转化大脑活动信号为输出控制信号,进而在人或动物与外界设备之间创建的直接连接,从而实现脑与设备的信息交换。脑机接口开辟了一种全新的模式,给人类提供了一种可根据不同情境的大脑活动来操控电脑或者通信设备进行活动的可能,为用意念或思维控制外部设备提供了可行手段,是21世纪的研究前沿和热点之一,受到许多国家的政府、企业高度关注和重视,投入了大量研究经费和人员,并取得了较大进展,产出了较多的研究成果。科学论文一般作为科学基础研究成果的展现形式,而专利多作为技术研发成果的知识产权保护手段。对论文进行科学计量学分析,可以客观描述科技研究、创新过程,评价一个领域的科技发展水平、各个国家的科学研究地位和差异、顶尖机构的分布等,从而提炼出可指导科技实践的政策建议。

一、研究方法和数据来源

学术论文是重要的科技情报源,期刊文献记载的一般都是学科领域的基本研究成果。对SCIE检索系统收录的脑机接口领域相关学术论文进行统计分析，主要从学术论文的总体数量、作者国别和机构、学术影响力等角度进行研究，以有效分析脑机接口领域科研人员和科研机构的研发能力和研发水平。2010—2021年间，在SCIE收录的期刊中共发表脑机接口相关论文8444篇，文献类型为Article，经过数据下载、清洗、统计和分析。检索日期为2021年8月2日，检索策略如下：

((TS＝((＊brain＊NEAR/2（machine OR computer OR response）NEAR/1（interfac＊OR interact＊))OR " direct neural interfac＊" OR " direct brain computer communication" OR " direct brain connect＊"))OR（TS＝（(" transcranial direct current stimulation＊" OR " transcranial direct current stimulation" OR " transcranial alternating current stimulation" OR " transcranial magnetic stimulation" OR " deep brain stimulation" OR " focused ultrasound")AND(" visual Evoked Potential＊" OR " cognitive network＊" OR " cognitive task performance＊" OR " brain functional connect＊" OR " Local field potential＊" OR " motor network connect＊" OR " closed－loop algorithm" OR " P300")))OR（TS＝（(" Human Intelligence" OR education OR " memory enhancement" OR " memory improve" OR " enhancement of memory" OR " memory enhancing" OR " Memory Enhanced" OR " Enhanced Memory" OR " learning enhanced" OR " Enhancing Learning" OR " Learning enhancement" OR " sleep regulation" OR " regulation of the sleep" OR " regulation of sleep" OR " Sleep－regulating" OR Dyskinesia OR dyskinesis OR dyspraxia OR kinesipathy OR " movement disorder" OR " motor disturbance" OR " artificial limb" OR " prosthetic limb" OR " power suit" OR " power armor" OR " powered armor" OR exoframe OR hardsuit OR exosuit OR Dermaskeleton OR ectoskeleton OR exoskeleton OR " vegetative patient" OR " vegetative state" OR " Human vegetable")AND(" visual Evoked Potential＊" OR " cognitive network＊" OR " cognitive task performance＊" OR " brain functional connect＊"

OR " Local field potential * " OR " motor network connect * " OR " closed – loop algorithm" OR " P300" OR " event related potential" OR " evoked Potential" OR " slow cortical potential" OR " event related desynchronization" OR " event Related synchronization" OR Neurofeedback))))

二、研究结果

（一）脑机接口论文发表逐年分布情况

如图1所示，2010—2020年间，全球脑机接口相关论文的发表数量呈现逐年增长趋势，从最初发表272篇直至2020年首次超过1000篇。而论文数量的年增长率，则出现起伏波动趋势，除了2011年年增长率达到最高值的38%以外，在2013年和2015年均达到20%的高增长率。

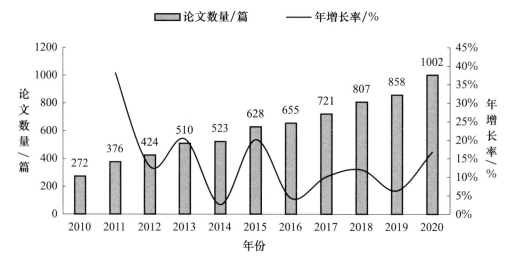

图1 脑机接口领域在2010—2020年间论文发表情况

（二）脑机接口论文发表的国家分布情况

如图2所示，美国发表的脑机接口相关论文数量居全球首位，十余年间共发表2077篇相关论文,但美国作为第一作者所在国家所发表的论文数量明显减少;中国的论文数量居于美国之后,其作为第一作者所在国发表的论文数量并未显著减少,这与美国与其他国家合著较多,而中国的全球合作论文发表较少有关。美国和中国的论文发表数量与其后的国家差距较大,表明这两个国家在脑机接口领域的理论研究居世界前列。除中国以外,其他9个国家,包括亚洲的日本和韩国在内均为发达国家。此外,英格兰是前10国家中,以第一作者发表论文数量低于其所有论文50%以上的国家,表明英格兰大部分论文是与其他国家/地区合作共同完成,其独立研究成果的影响力可能低于其论文全球排名应有的程度。

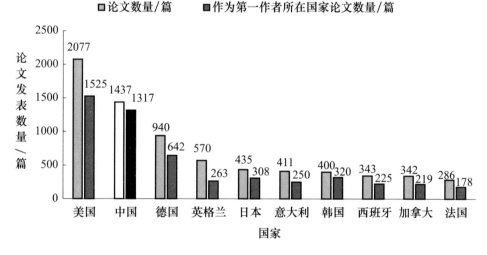

图2 脑机接口论文前10发表国家

如图3所示,在脑机接口论文数量前五位国家中,美国和英格兰的逐年发表情况平稳,均呈现缓慢的递增趋势。美国在2020年被中国超越之前年发表量一直居世界首位。中国的发文量在2014年之后发展较快,而从2019年开始增长迅猛,并最终超过美国。德国论文数量在2016年之前呈现缓慢增加趋势,但之后有较大幅度的回落,直至2020年也没有恢复到2016年的峰会水平。日本在近10年中，则一直处于起伏涨落之间，从发文趋势来看，日本目前处于回落阶段。

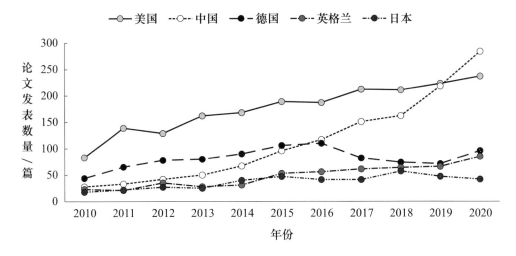

图3　脑机接口论文数量前五国家的逐年发表情况

（三）脑机接口论文发表的国际合作情况

如图4所示，美国脑机接口论文发表数量居全球首位，其国际合作论文

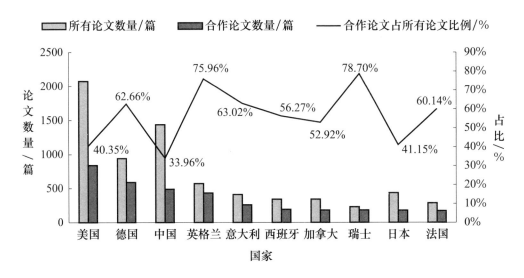

图4　脑机接口论文国际合作数量前10国家

数量亦如此。但美国的国际论文占其所有论文的比例并不高，为40.35%，仅高于前10国家中国际合作率最低的中国的34%，这可能与美国在脑机接口领域的学术研究能力居全球之冠，国内的研究人员不论其研究方向和研究内容，均较为容易在国内找到合作伙伴。亚洲国家包括日本和韩国（38%），论文的国际合作率均不高；而瑞士和英格兰的比例均在75%以上，即有3/4以上的论文是与其他国家的科学家共同完成。这可能与东西方科学研究方式以及合作传统有关。

如图5所示，美国、英格兰、德国等国家处于国际合作网络的中心。在所有国家中，中国与美国的合作次数居全球首位，这可能也与两国的论文发表数量远超其他国家有关。英格兰和日本是除美国之外，中国与之合作最多的国家。而德国与美国、英格兰、意大利等国家的合作均较密切。

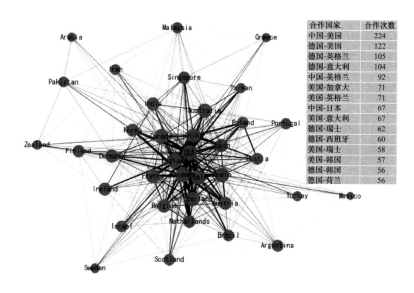

图5　脑机接口领域的国际合作网络图

如表1所列，中国和美国在脑机接口领域互为合作最多的国家。此外，美国与英格兰、日本合作较多；而中国与德国、加拿大合作较多。中国与近邻日本的合作还不及美国与日本的合作密切。

表1 中国和美国合作国家情况

序号	与中国合作国家	合作论文数量/篇	与美国合作国家	合作论文数量/篇
1	美国	224	中国	224
2	英格兰	92	德国	122
3	日本	67	加拿大	71
4	波兰	44	英格兰	71
5	德国	38	意大利	67
6	加拿大	36	瑞士	58
7	俄罗斯	31	韩国	57
8	澳大利亚	25	日本	49
9	新加坡	22	法国	47
10	意大利	15	奥地利	41

（四）脑机接口论文发表国家的学术影响力情况

如图6所示，美国在较大的论文发表数量基础上，还保持着较高的篇均

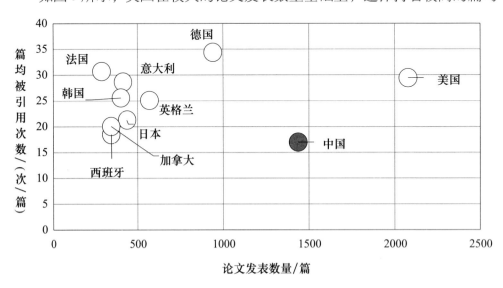

图6 脑机接口论文发表数量前10位国家的引用情况

被引次数，表明美国在脑机接口领域不仅学术产出较多，而且学术影响力较大。中国的论文发表数量虽然仅次于美国，但其篇均被引用次数为前10国家中的最低，表明中国目前在脑机接口领域的基础研究中，论文产出数量已不再是关注的重点，而提升论文的质量和在学术界的影响力将成为下一阶段的主要任务。前10国家，德国既有较多的论文发表数量，其篇均被引用次数也居全球首位。表明德国的脑机接口研究有比较大的优势。

本研究按照论文的被引用量降序排序，前5%的论文被定义为高被引论文。从图7可见，美国的高被引论文仍居全球首位，但它的高被引论文占其所有论文比例，并不是全球最高。而德国的该比例超过10%，即所有论文的十分之一均为全球高被引论文，该比例远高于其他国家。中国的高被引论文占比为3.41%，仅高于西班牙和加拿大。同时，将第一作者所在国家的高被引论文比例进行分析，发现日本和意大利的比例显著降低，表明这两个国家的高被引论文主要为非第一完成国的国际合作论文，其完全由本国科学家主导的研究的学术影响力与非本国主导的国际合作研究有较大的差距。

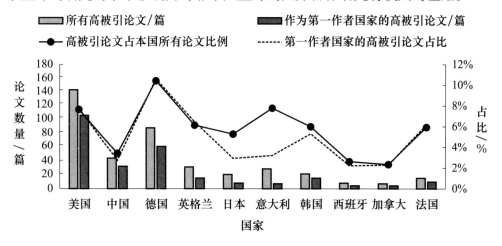

图7　脑机接口领域论文数量前10国家的高被引论文数量和占比情况

一般来说，一个国家的论文数量占全球论文总量的比例，与其高被引论文数量占全球高被引论文总量的比例应该是基本持平的。如表2所列，美国发表的脑机接口相关论文数量在全球占比为28%，但其高被引论文数量在全球占比达到43%，两者相差15%，美国相关论文的学术影响力可见一斑。德国的情况与此类似。而中国正好与此相反，以全球占比19%的论文数量，占到的全球高被引论文的13%。西班牙和加拿大的情况与此类似，使比例的差值均呈现负值。

表2 脑机接口论文发表前10国家的被引用情况

国家	发表论文数量/篇	论文占全球比例	高被引论文数量/篇	高被引论文占全球高被引论文比例	高被引论文占本国论文比例	高被引论文占比-论文全球占比
美国	2077	28.09%	159	42.97%	7.66%	14.89%
中国	1437	19.43%	49	13.24%	3.41%	-6.19%
德国	940	12.71%	98	26.49%	10.43%	13.78%
英格兰	570	7.71%	35	9.46%	6.14%	1.75%
日本	435	5.88%	23	6.22%	5.29%	0.33%
意大利	411	5.56%	32	8.65%	7.79%	3.09%
韩国	400	5.41%	24	6.49%	6.00%	1.08%
西班牙	343	4.64%	9	2.43%	2.62%	-2.21%
加拿大	342	4.62%	8	2.16%	2.34%	-2.46%
法国	286	3.87%	17	4.59%	5.94%	0.73%
总计	7395	1	370	1	5.00%	0

（五）脑机接口基础研究的顶级机构情况

表3中为全球脑机接口领域发表论文数量前20机构。中国虽然仅有2所机构进入，但全球排名第一者为中国的中国科学院，当然，这与中国科学院下属院所数量众多不无关系。美国有6所机构排名前20位，德国有4

所，英国有 3 所，而奥地利、法国、韩国、加拿大、瑞士各有 1 所机构入围。

以上机构大部分为各国的大学，还有研究机构。但是，美国有 1 所联邦政府机构——美国联邦政府退伍军人事务部也发表了较多的脑机接口研究论文。该机构于 1958 年根据美国国会要求，开始进行医学研究工作，美国政府每年投入大量资金对其进行支持，与此同时，私人基金的参与也促进了退伍军人医疗系统的医学研究。而且，该事务部是美国政府的科研计划制订的部门之一，如 2019 年与其他美国政府部门共同推出的《美国国家人工智能研究机构计划》（National Artificial Intelligence Research Institutes）。

表 3 脑机接口领域论文发表数量前 20 全球机构

序号	全球机构名称（英文）	全球机构名称（中文）	论文量/篇
1	CHINESE ACADEMY OF SCIENCES	中国科学院（中国）	210
2	EBERHARD KARLS UNIVERSITY OF TUBINGEN	图宾根大学（德国）	208
3	HARVARD UNIVERSITY	哈佛大学（美国）	159
4	UNIVERSITY OF OXFORD	牛津大学（英国）	157
5	GRAZ UNIVERSITY OF TECHNOLOGY	格拉茨技术大学（奥地利）	144
6	TECHNICAL UNIVERSITY OF BERLIN	柏林工业大学（德国）	144
7	UNIVERSITY OF CALIFORNIA SAN DIEGO	加州大学圣地亚哥分校（美国）	140
8	CENTRE NATIONAL DE LA RECHERCHE SCIENTIFIQUE CNRS	国家科学研究中心（法国）	139
9	UNIVERSITY OF PITTSBURGH	匹兹堡大学（美国）	138
10	UNIVERSITY OF LONDON	伦敦大学（英国）	136
11	STANFORD UNIVERSITY	斯坦福大学（美国）	129
12	KOREA UNIVERSITY	高丽大学（韩国）	108
13	UNIVERSITY COLLEGE LONDON	伦敦大学学院（英国）	108

续表

序号	全球机构名称（英文）	全球机构名称（中文）	论文量/篇
14	UNIVERSITY OF TORONTO	多伦多大学（加拿大）	107
15	TSINGHUA UNIVERSITY	清华大学（中国）	105
16	US DEPARTMENT OF VETERANS AFFAIRS	美国退伍军人事务部（美国）	101
17	HUMBOLDT UNIVERSITY OF BERLIN	柏林洪堡大学（德国）	97
18	UNIVERSITY OF WASHINGTON	华盛顿大学（美国）	97
19	MAX PLANCK SOCIETY	马克斯·普朗克学会（德国）	94
20	ECOLE POLYTECHNIQUE FEDERALE DE LAUSANNE	洛桑联邦理工学院（瑞士）	93

如图8所示，中国科学院的论文发表数量虽然居全球第一位，但其篇均被引用次数居前15位机构中最低，仅16次/篇。篇均被引次数最高的为德

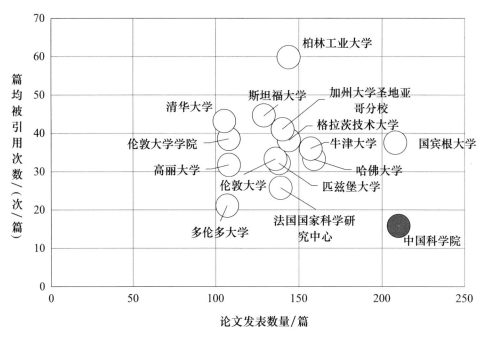

图8 脑机接口领域论文数量前15全球机构的被引用情况

国的柏林工业大学，达到60次/篇。表明中国机构还需要提高论文的质量和学术影响力。

如表4所列，清华大学是继中国科学院之后发表脑机接口论文最多的中国机构。而北京市也是全国进入前20强机构最多的省市。

表4 脑机接口领域论文发表数量前20中国机构

序号	中国机构名称（英文）	中国机构名称（中文）	论文量/篇
1	CHINESE ACADEMY OF SCIENCES	中国科学院	210
2	TSINGHUA UNIVERSITY	清华大学	105
3	SOUTH CHINA UNIVERSITY OF TECHNOLOGY	华南理工大学	85
4	ZHEJIANG UNIVERSITY	浙江大学	83
5	TIANJIN UNIVERSITY	天津大学	82
6	EAST CHINA UNIVERSITY OF SCIENCE TECHNOLOGY	华东理工大学	77
7	UNIVERSITY OF ELECTRONIC SCIENCE TECHNOLOGY OF CHINA	电子科技大学	76
8	SHANGHAI JIAO TONG UNIVERSITY	上海交通大学	74
9	XI AN JIAOTONG UNIVERSITY	西安交通大学	67
10	SOUTHEAST UNIVERSITY CHINA	东南大学	62
11	FUDAN UNIVERSITY	复旦大学	44
12	NATIONAL UNIVERSITY OF DEFENSE TECHNOLOGY CHINA	国防科技大学	35
13	BEIJING INSTITUTE OF TECHNOLOGY	北京理工大学	33
14	TONGJI UNIVERSITY	同济大学	31
15	CAPITAL MEDICAL UNIVERSITY	首都医科大学	30
16	HANGZHOU DIANZI UNIVERSITY	杭州电子科技大学	29
17	HUAZHONG UNIVERSITY OF SCIENCE TECHNOLOGY	华中科技大学	29

续表

序号	中国机构名称（英文）	中国机构名称（中文）	论文量/篇
18	BEIJING NORMAL UNIVERSITY	北京师范大学	27
19	CHINESE ACADEMY OF MEDICAL SCIENCES PEKING UNION MEDICAL COLLEGE	北京协和医学院	27
20	BEIHANG UNIVERSITY	北京航空航天大学	25

如图9所示，清华大学不仅脑机接口论文发表数量较多，而且篇均被引用次数相当高，达到43.3，表明在脑机接口领域的研究有比较大的优势。华东理工大学发表的论文数量虽然不是特别突出，但其篇均被引用次数还略高于清华大学，居中国机构中第一位，表明其相关论文的学术影响力较大。

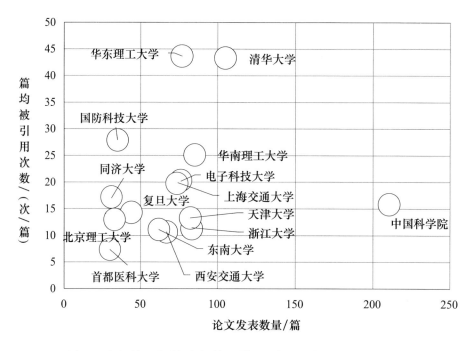

图9 脑机接口领域论文数量前15中国机构的被引用情况

多人合著论文的作者在研究中起到的作用并不相同,而第一作者在研究开展和论文形成中起到重要作用。为此,本研究将第一作者所在机构所发表论文的数量进行排名,如表5所列,奥地利的格拉茨技术大学替代中国的中国科学院排名全球第一位。这可能与中国科学院与较多的国外以及国内研究机构开展合作有关。但是,仅统计第一作者则发现中国有9家机构进入全球前20位,这应该与中国开展的国际合作研究较少密切相关。除中国外,美国有5所机构,德国有2所,奥地利、英国、韩国、加拿大各1所机构进入全球有20位。天津大学排名全球第3位,超过中国科学院,成为中国脑机接口相关论文发表数量最多的机构,这应该存在天津大学较少与校外机构合作的原因。

表5 脑机接口论文第一作者所在机构的前20位情况

序号	第一作者机构	机构名称	论文发表数量/篇
1	GRAZ UNIVERSITY OF TECHNOLOGY	格拉茨技术大学(奥地利)	105
2	EBERHARD KARLS UNIVERSITY OF TUBINGEN	图宾根大学(德国)	103
3	TIANJIN UNIVERSITY	天津大学(中国)	71
4	UNIVERSITY OF PITTSBURGH	匹兹堡大学(美国)	71
5	CHINESE ACADEMY OF SCIENCES	中国科学院(中国)	67
6	UNIVERSITY OF OXFORD	牛津大学(英国)	67
7	STANFORD UNIVERSITY	斯坦福大学(美国)	66
8	ZHEJIANG UNIVERSITY	浙江大学(中国)	61
9	TSINGHUA UNIVERSITY	清华大学(中国)	58
10	KOREA UNIVERSITY	高丽大学(韩国)	57
11	UNIVERSITY OF WASHINGTON	华盛顿大学(美国)	57

续表

序号	第一作者机构	机构名称	论文发表数量/篇
12	UNIVERSITY OF ELECTRONIC SCIENCE TECHNOLOGY OF CHINA	电子科技大学（中国）	55
13	UNIVERSITY OF CALIFORNIA SAN DIEGO	加州大学圣地亚哥分校（美国）	53
14	XI AN JIAO TONG UNIVERSITY	西安交通大学（中国）	53
15	SHANGHAI JIAO TONG UNIVERSITY	上海交通大学（中国）	52
16	TECHNICAL UNIVERSITY OF BERLIN	柏林工业大学（德国）	48
17	UNIVERSITY OF TORONTO	多伦多大学（加拿大）	46
18	SOUTHEAST UNIVERSITY CHINA	东南大学（中国）	45
19	DUKE UNIVERSITY	杜克大学（美国）	42
20	SOUTH CHINA UNIVERSITY OF TECHNOLOGY	华南理工大学（中国）	42

（六）脑机接口论文高被引论文情况

如表6所列，近10年被引用次数最多的脑机接口相关论文是美国伊利诺伊大学Kim Dae – Hyeong发表在NATUREMATERIALS上的论文。中国有3篇论文入选前50高被引论文，分别为清华大学的Chen, Xiaogang，电子科技大学的Zhang, Yangsong，以及上海交通大学的Wang, Xiao – Wei所撰写。

（七）脑机接口论文资助机构情况

如表7所列，中国的国家自然科学基金委资助发表的脑机接口论文数量最多，其次为美国卫生和公共服务部。全球前10位资助机构中，有4个为美国所有，2个为德国所有，中国、欧盟、日本、英国各有1个机构入选。

重要专题分析

表 6 脑机接口论文被引用次数前 10 位论文的情况

序号	题目	发表年	第一作者	第一作者机构	期刊	被引次数
1	Dissolvable films of silk fibroin for ultra-thin conformal bio – integrated electronics	2010	Kim, Dae – Hyeong	Univ Illinois	NATURE MATERIALS	1031
2	High – performance neuroprosthetic control by an individual with tetraplegia	2013	Collinger, Jennifer L.	Dept Vet Affairs Med Ctr	LANCET	858
3	Flexible, foldable, actively multiplexed, high – density electrode array for mapping brain activity in vivo	2011	Viventi, Jonathan	Hosp Univ Penn	NATURE NEUROSCIENCE	679
4	Single – trial analysis and classification of ERP components – A tutorial	2011	Blankertz, Benjamin	Berlin Inst Technol	NEUROIMAGE	634
5	Adaptive Deep Brain Stimulation in Advanced Parkinson Disease	2013	Little, Simon	Univ Oxford	ANNALS OF NEUROLOGY	561
6	Unresponsive wakefulness syndrome: a new name for the vegetative state orapalalic syndrome	2010	Laureys, Steven	Univ Liege	BMC MEDICINE	549

续表

序号	发表年	题目	第一作者	第一作者机构	期刊	被引次数
7	2011	Regularizing Common Spatial Patterns to Improve BCI Designs: Unified Theory and New Algorithms	Lotte, Fabien	Inst Infocomm Res	IEEE TRANSACTIONS ON BIOMEDICAL ENGINEERING	519
8	2013	In vivo recordings of brain activity using organic transistors	Khodagholy, Dion	Ecole Natl Super Mines	NATURE COMMUNICATIONS	492
9	2015	Electronic dura mater for long–term multimodal neural interfaces	Minev, Ivan R.	Ecole Polytech Fed Lausanne	SCIENCE	487
10	2014	On the interpretation of weight vectors of linear models in multivariate neuroimaging	Haufe, Stefan	Tech Univ Berlin	NEUROIMAGE	482

重要专题分析

表7 脑机接口论文的全球资助机构情况

序号	全球基金资助机构（英文）	全球基金资助机构（中文）	论文数/篇
1	National Natural Science Foundation of China NSFC	国家自然科学基金委（中国）	1114
2	United States Department of Health Human Services	美国卫生和公共服务部（美国）	995
3	National Institutes of Health NIH USA	美国国立卫生研究院（美国）	993
4	European Commission	欧盟委员会（欧盟）	575
5	National Science Foundation NSF	国家科学基金会（美国）	446
6	German Research Foundation DFG	德国研究基金委（德国）	373
7	Ministry Of Education Culture Sports Science and Technology Japan MEXT	日本文部科学省（日本）	235
8	United States Department of Defense	美国国防部（美国）	234
9	UK Research Innovation UKRI	英国研究与创新署（英国）	233
10	Federal Ministry Of Education Research Bmbf	联邦教育与研究部（德国）	230

从表8可见，中国除了国家自然科学基金委外，国家重点研发计划、中央高校基本科研基金等也对脑机接口相关研究进行了资助。其中，广东省自然科学家基金是唯一一个进入前10位的省级资助项目。

表8 脑机接口论文的中国资助机构情况

序号	中国基金资助机构（英文）	中国基金资助机构（中文）	论文数/篇
1	National Natural Science Foundation of China NSFC	国家自然科学基金委	1114
2	National Key Research And Development Program of China	国家重点研发计划	215
3	Fundamental Research Funds for the Central Universities	中央高校基本科研基金	171

续表

序号	中国基金资助机构（英文）	中国基金资助机构（中文）	论文数/篇
4	National Basic Research Program of China	国家重点基础研究发展规划（973）	150
5	National High Technology Research and Development Program of China	国家高技术研究发展计划（863）	102
6	National Natural Science Foundation of Guangdong Province	广东省自然科学基金	59
7	China Postdoctoral Science Foundation	中国博士后科学基金	54
8	Ministry Of Education China 111 Project	中华人民共和国教育部、外国专家局"111计划"	42
9	China Scholarship Council	中国留学基金委	37
10	Chinese Academy of Sciences	中国科学院	36

三、结束语

全球脑机接口相关论文的发表数量呈现逐年增长趋势，美国发表的脑机接口相关论文数量居全球首位，其次为中国。美国国际合作论文数量亦居世界第1位，但其国际论文占其所有论文的比例并不高，仅高于前10国家国际合作率最低的中国。而瑞士和英格兰的国际合作率比例均在75%以上。美国、英格兰、德国等国家处于国际合作网络的中心。在所有国家中，中国与美国的合作次数居全球首位。美国有较高的篇均被引次数，表明美国在脑机接口领域不仅学术产出较多，而且学术影响力较大。中国的论文发表数量虽然仅次于美国，但其篇均被引用次数为前十国家中的最低。德国的高被引论文占比超过10%，为全球最高。中国的高被引论文占比为

3.41%，仅高于西班牙和加拿大。全球脑机接口领域发表论文数量前20位机构中有中国科学院和清华大学，且中国科学院居世界首位，不过其篇均被引用次数居前15位机构中最低。前20位机构中，美国有6所机构，德国有4所，英国有3所。中国国家自然科学基金委资助发表的脑机接口论文数量全球最多，其次为美国卫生和公共服务部。以上结果皆表明中国目前在脑机接口领域的基础研究中，论文产出数量已不再成为关注的重点，而提升论文的质量和在学术界的影响力将成为下一阶段的主要任务。

（中国科学技术信息研究所　傅俊英　邢晓昭）

美国对生物防御建设项目进行整体分析和评估

2021年4月,美国空军战略威慑研究中心主任阿尔伯特·毛罗尼发表文章对美军生物防御建设项目进行了整体评估。毛罗尼认为,新冠疫情给美国经济、政治及安全利益带来重大影响,放大了国防部化生防御项目中生物威胁处理模式的弊端,指出国防部在生物威胁应对方面存在预算经费缩减、项目管理混乱等问题,在一定程度上限制了国防部生防能力的整体提升。

一、美国国防部化生防御项目的历史沿革

美国国防部下属机构国防威胁降减局(DTRA)专门管理化生防御项目,负责协调化生防御领域的基础研究、高级研发及采购。第一次海湾战争是推动美国国防部设立化生防御项目的直接原因。美国政府在战后总结报告中指出,在第一次海湾战争中国防部未对生物袭击做任何准备。一旦伊拉克使用炭疽、肉毒杆菌毒素等生物战剂,可能会造成巨大人员伤亡,甚至改变战争局势。1993年,科林·鲍威尔(Colin Powell)下令组建"生

物防御联合项目办公室"（Joint Program Office for Biological Defense），旨在开发生物探测器，拟定和实施炭疽疫苗接种计划。1993年11月，国会将美国4大军种与化生防御相关的研发经费合并为一个项目预算组合，并统一交由国防部长办公室负责管理。1994年2月，化生防御项目正式成立，由陆军负责管理和领导，1995年完成人员配置，1996财年首个正式联合预算组合到位。2001年，生物防御联合项目办公室并入化生防御项目执行办公室。

二、美国国防部化生防御项目中的生物防御能力建设

化生防御项目中生物防御能力建设的核心目的是保护美军免受恶意生物武器威胁，保证美国军队能够在遭到生物污染的战争环境中生存、作战和取胜，其在近30年的实践中形成了应对生物威胁的快速反应能力，在政府机构、国家以及国际层面构建了全方位生物防御合作网络。

（一）平台设施和技术能力

一是先进的研发和生产设备。美国国防部在佛罗里达州阿拉楚阿县建立了一所公私合营的疗法及疫苗研发基地。目前该设施由生物制品合同开发和制造组织生物服务公司（Ology Bioservices Inc.）主责运营。生物服务公司专长于疫苗、抗体和抗病毒药物的研发和生产工作，其在新冠肺炎疗法和疫苗研发方面发挥了重要作用。

二是病原体检测及疗法评估。化生防御项目承担国防部部分危险病原体检测、疗法测试和评估工作。依托化生防御项目，2015年美军在达格威建成全球最大的全系统活体生物剂实验室，主要用于测试生物战剂检测技术。目前，化生防御项目高度关注器官芯片技术。通过芯片技术进行药物和疗法测试，有望缩减动物及人体试验等可能引发伦理问题的验证过程，

缩短审批流程，降低事故风险。

（二）安全事故处理模式

2004 年，化生防御项目核心机构之一——美国陆军传染病医学研究所实验室事故处理过程成为国防部快速响应生物威胁事件的优先模式。该所一名研究人员在向老鼠注射埃博拉病毒时意外刺伤自己，遂被隔离。当天，生物技术公司 Sarepta Therapeutics 生物医药研究人员帕特里克·艾弗森（Patrick Iversen）发表基于病原体遗传物质快速形成治疗方法的主题演讲。美国食品药品监督管理局（FDA）仅在 2 天内批准了艾弗森研发的一种合成药物。随后，艾弗森应邀参与化生防御项目，其相关研究获得该项目转型医疗技术计划的资助。此后，化生防御项目办公室逐渐将快速隔离感染患者、联合多方力量开发治疗手段等步骤作为应对突发生物安全事故的首要措施，成为国防部快速、灵活、高效应对类似威胁的保底手段。

（三）生物防御合作网络

一是跨政府机构合作网络。作为国防部化生防御相关工作的协调机构，化生防御项目联合各军种内部的研发、测试及采购部门，构建了国防部生物安全防线。2020 年，国防部化生防御项目和卫生与公众服务部联合参与美国前总统特朗普推出的"曲速行动"，加速新冠疫苗研发工作。

二是国内公私合作网络。以需求为牵引，选取优势地方企业参与疫苗和药物快速研发是化生防御项目常用的做法。在埃博拉疫苗研发过程中，国防威胁降减局科学与技术联合办公室负责技术早期研发，该办公室曾与一家小型生物技术公司合作，加速疫苗开发和早期效果测试。化学、生物和放射防御联合项目执行办公室则接管项目研究的后期阶段，协助推进疫苗临床试验的开展。由政府机构及生物技术公司构成的动态合作网络，往往能积聚相关领域的优势技术，快速形成治疗方案。

三是国际合作网络。依托化生防御项目,美军将合作网络拓展到国际层面。在埃博拉疫情防控事务中,化生防御项目人员与加拿大公共卫生署及世界卫生组织建立了密切合作关系。2011年叙利亚发生内战,该国化学武器库成为多方关注的重大问题。叙利亚政府使用沙林(一种神经毒剂)和氯气攻击本国公民,给在相关地区执行任务的美军造成威胁。通过长期合作网络,化生防御项目委托一家以色列生物公司为其开发可迅速阻止沙林致死的药物传递机制,并协助该公司获得美国FDA紧急使用授权,确保其在必要时为美军提供解毒剂和自动注射器。此外,化生防御项目还与英国、澳大利亚等国家保持长期合作关系。因为朝鲜涉嫌开展生物武器研发活动,美韩两国近年来在生物安全防御领域合作紧密,已连续多年联合开展名为Able Response的例行化生防御演习。国际合作网络已成为美国化生防御向纵深发展的重要推动力量。

三、美国化生防御项目中生物防御能力建设存在的问题弊端

文章认为,国防部化生防御项目作为管理框架,其在实施过程中过多受外界环境影响,具体任务方向与最初使命设定出现偏差,存在关注焦点模糊不清、项目管理混乱无序、经费分配不合理等弊端。美国国防部化生防御项目是美军生物威胁应急处理的主干力量构成,其从基本能力建设、事务处理模式以及研发合作网络等角度搭建了美军生物防御链条。

(一)关注焦点模糊

国防部化生防御项目中生物防御能力建设的初衷是保护美军不受生物武器威胁。20世纪以来,全球传染病此起彼伏,公共卫生问题逐渐被安全化,这在一定程度上弱化了生物防御项目对生物武器防御及医疗措施研发

的关注度。2009 年，在奥巴马政府发布《应对生物威胁的国家战略》之后，部分决策人员建议将化生防御项目相关经费列为"国家优先事项"，导致原先用于化生武器防御研究的资金流入"全球生物威胁检测门户"和"全球生物技术计划"等人类与公众服务部的传统领域。新冠疫情期间，国防部化生防御项目通过"曲速行动"参与公共卫生防治事务，在为地方药企提供大额资金的同时，大量人员参与项目安排及合同管理工作。在"国家优先事项"影响下的生物防御项目，过多参与传染病应对措施工作，将囿于"零和"游戏的限制，削弱美军抵御生物武器的能力。

（二）项目管理混乱

陆军是国防部化生防御项目的执行机构，但其并未就全军化生防御能力建设活动作出长期规划，各军种相关研究处于零散状态，原因有二。一是化生防御项目在国防部总体规划中并非核心项目，执行机构负责人无力也不愿意建立多军种联合议程；二是负责化生防御项目管理和经费分配的国防部办公室领导层更迭较快，导致各时期的关注重点缺乏连贯性，项目之间的系统性和整体性不强。

（三）经费分配不合理

一是总体项目经费呈下降趋势。根据国防部办公室审计网站数据，2001 年"9·11"事件之后，军方高度关注化生放核恐怖主义，国防部化生防御项目预算充足且稳定，2006 财年总预算高达 17 亿美元（相当于 2021 年的 22 亿美元）。此后因公众对化生恐怖主义关注度下降，化生防御项目预算开始呈现下滑趋势，2009—2013 年相关预算额度未超过 15 亿美元（已考虑通货膨胀因素），2013—2015 年，因国防部医学化生应对措施研发项目的短期投资，预算额度小幅上升。之后，该项目经费一直稳定在 12 亿美元左右。

二是经费分配不合理。化生防御项目经费主要用于设备采购和医疗措施研发,前者涉及手动和自动探测器、威胁预测软件、保护性面罩和防护服、洗消剂以及整体保护系统;医疗措施研发包括疫苗等预防性产品、诊断方法和治疗措施。1998—2009 年,装备采购成本占比 40%～50%,2010—2020 年采购经费被压缩至 20%～25%,仍有 8%～10% 用作管理成本,研发经费仅占比 66% 左右。2016—2017 年化学放射性防御经费及化生两用装备和技术研发经费相对稳定,但生物防御经费大幅下跌,这与全球生物武器威胁态势变化相悖。

四、文章提出美生物防御能力建设的意见和建议

经费削减及关注重点转移等问题可能会弱化美军生物防御能力建设和相关技术储备,战略威慑一旦失效,将使美军再次陷入第一次海湾战争中面对化生武器威胁如履薄冰的窘境。鉴于此,文章提出以下建议。

(一)厘清生物威胁概念,明确职责范畴

"生物威胁"的模糊定义囊括自然发生、意外发生或恶意造成的生物泄漏事件,照搬广义概念框架来指导军队生物安全防御能力建设并不科学。应区分威胁源头来开展防控手段和医疗措施研发,卫生和公众服务部专注于自然暴发的传染病等公共卫生事件,执法机构和情报部门着重预防生物恐怖主义,军队重点开展生物武器防御工作,实验室检查生物安全原则的执行情况,农业部门处理物种和食品安全问题。各部门各司其职,才能形成整体合力。国防部化生防御项目中的生物防御能力建设应针对可能影响部队作战的生物武器威胁,从人员团队、生物武器探测、防护装备、危害检测平台、生物武器攻击后的医学应对措施、整体防护系统等方面建构威

慑能力和技术力量。

（二）重视潜在生物武器威胁，将生物防御融入作战计划

近年来化生防御项目预算下滑迅速，在有限的整体项目经费中生物防御份额降幅较大，这与生物武器威胁态势演变趋势不符。明目张胆的生物武器研发会招致道义谴责，各国纷纷转向基因编辑、合成生物学等先进生物技术研究，技术两用性特征凸显，看似和平的技术竞争下生物战风险暗流涌动。作者建议，应将生物武器防御融入作战计划，将其固化为备战应战的必要元素，稳定和保有保护军队生物安全的能力。

（三）制定长期发展战略，注重军队生物防御能力建设系统化

国防部应制定清晰的战略，总体规划军队生物防御相关的研发活动，制定流程指导，针对特定威胁，开发防御手段和医疗措施。同时，就敌对国家可能使用小规模高致命性、顽固性生物武器做好全面准备。

（军事科学院军事医学研究院　蒋丽勇）

美军生化专家警告合成生物学带来的生物武器威胁

2021年1月20日,美西点军校生化专家肯·威克塞斯就其发表的论文《工程病原体和非自然生物武器:合成生物学的未来威胁》接受采访,认为DNA重组、基因编辑等合成生物学技术的快速发展与扩散,降低了修改病原体、制造工程生物武器的门槛,正导致一场可与原子弹发展相匹敌、影响威胁态势的科学革命,利用工程病原体进行生物攻击的可能性正稳步增加,生物武器构成的不对称威胁继续增大,因此,应高度重视并重新评估合成生物学发展带来的生物武器威胁。

一、主要观点

合成生物学是采用工程学理念,对自然界已有的"生物组件"进行重新设计、组合和装配,人工合成新的生命体或者改变已有生命体。合成生物学技术具有典型的两用性,既可用于制造新型的材料、药物等,也可用于设计制造工程生物武器。威克塞斯在其采访记录及相关论文中阐述了合成生物学技术带来的工程生物武器威胁的观点，主要包括3个方面。

（一）合成生物学技术促进了生物武器的设计与开发

近年来，研究人员利用合成生物学技术重构或再造致病微生物的公开报道屡见不鲜。2002年，美国纽约州立大学石溪分校利用化学方法合成脊髓灰质炎病毒基因组。2005年，美国疾病控制与预防中心等机构再造了1918年的大流行性流感病毒。2018年，加拿大研究人员成功合成与天花病毒有亲缘关系的马痘病毒。合成生物学技术和工具的不断成熟与扩散，正将JASON国防咨询小组（美国著名国防科技咨询组织，现属于麻省理工学院研究与工程公司）1997年预测的未来六大新兴生物威胁变为现实：①二元武器的开发；②专门设计的基因构建；③使用基因疗法作为武器；④逃避宿主免疫应答的病毒开发；⑤使用可在昆虫、动物和人类之间传播的病毒；⑥专门设计的疾病开发。目前，合成生物学对未来国家间冲突和恐怖主义暴力的影响日益增加，敌对国家和非国家行为体定制设计病原体的能力，将增强其开发和部署生物武器的能力，这种工程生物武器不仅相对廉价有效，而且可能具有更高的致病性、环境稳定性，并能承受爆炸性战斗部运载过程中温度和压力快速变化的冲击。

（二）合成生物学技术正在改变安全威胁态势

历史上只有国家行为体才拥有开发和使用生物武器的资源。合成生物学技术的进步，已经降低了设计、修改和制造病原体所需要的技能，再加上可获得的基因数据呈指数级增长，技术落后的对手可能设计出更具毒性和传染性的生物武器，拥有不对称优势。特别是，合成生物学技术促进了二元生物武器的开发，即通过借助现代合成生物学工具，可设计制造出两种相互关联的非致死性病毒，但在宿主感染后可混合产生高传染性的致病性病毒。非国家行为体在开发二元武器时，为确保安全可将其组成部分进行分别运输和储存，然后在生物弹药投送前再将其混合为一体。

（三）国防部应继续支持合成生物学及相关领域的研究和培训

为有效应对合成生物学带来的潜在威胁，需要军事规划者保持警惕，需要研究界制定有效的医学对策，并开发能够区分自然病原体的或工程病原体的检测技术。国防部应继续开展6个关键的基础生物学研究，即人类基因组学、免疫学及增强免疫应答方法的开发、细菌和病毒基因组学、细菌和病毒检测技术开发、疫苗开发、新型抗病毒药物和抗生素开发。国防威胁降低局、陆军化学和生物中心、DARPA、生物医学高级研究和开发局、国立卫生研究院、疾病控制与预防中心、农业部农业研究服务局等机构，应重视并资助合成生物学及其相关学科的研究和培训，有效预测合成生物学技术被恶意使用的方式，并开发必要技术来防范合成生物体的武器化使用。

二、初步认识

（一）工程生物武器威胁得到美军高度重视

近年来，美军一直是合成生物学研究的重要资助方，一方面，陆续启动"基于自主诊断的预防和治疗""生物铸造厂"等项目，在疫苗和特需药品、军用材料、军用新能源、人体效能增强等领域的军事应用上取得重要进展。另一方面，加强工程化生物武器威胁的系统研究。2016年，美国国防部委托国家科学院开展"合成生物学带来的新型威胁识别与应对策略研究"项目，2018年发布报告《合成生物学时代的生物防御》，对"制造病原体生物武器""制造化学品或生物化学品""制造可改变宿主的生物武器"三大类11种合成生物学能力进行了系统评估，认为合成生物学技术进步带来了新一轮生物武器威胁。此次美军生化专家发表的《工程病原体和非自然生物武器：合成生物学的未来威胁》一文，再次强调合成生物学发展已使国家或非国家行为体掌握了重构致命病原体的能力，利用合成生物学技术改造的细菌和病毒可用作武器，相对于使用常规武器的对手获得不对称优势。

（二）高度关注工程化生物武器威胁研究

新冠病毒大流行已表明，自然发生的新型病原体传播对经济和社会可产生巨大影响，这可能激发一些国家或恐怖组织试图利用病原体进行不对称攻击。生命科学领域近年来的重大进步将使新一代生物武器特异性、靶向性更强，且难以预防、监测和检测。2018年10月，德法科学家曾公开质疑美国DARPA"昆虫联盟"项目正研发潜在的生物武器及其运载工具，可能违反《生物武器公约》。在当前大国竞争加剧的情况下，不能排除某些国家出于敌对目的选择使用生物武器的可能性。

（军事科学院军事科学信息研究中心　郝继英）

美军全球生物监测哨点分析

2019年12月以来的新冠肺炎已造成全球逾2.22亿感染病例，累计近460万人死亡。美国因抗疫不力导致感染和死亡人数居高不下，为转移视线始终将病毒源头栽赃于其他国家。但是，美军自第一次世界大战后就开始进行生物武器研发，《生物武器公约》生效以来继而转入秘密研发，已在全球部署了200多个生物实验室，持续进行生物武器攻防研究，其中最著名的是与新冠疫情相关的陆军传染病医学研究所。美军的全球生物实验室部署地点、主要任务以及给我国可能带来的生物安全隐患都值得高度关注。

一、美军全球生物监测哨点分布

美军在全球建立以生物实验中心或实验室为主的生物监测哨点，进行病原体的检测，传染病的监测、诊断与治疗，以及生物战剂攻防对抗研究。

一是在本土建立生物实验室和靶场。一方面建立非医学生物防御的研发中心与试验靶场。美国陆军化学生物中心专门研发化学生物威胁的探测、防护、洗消等技术装备，陆军测试与评估司令部达格威试验场专门从事化学生物武器威胁和防护的评估、试验与训练基地，是化学生物中心配套的试验靶场。另一方面美军拥有众多生物医学防御研究机构。陆军传染病医学研究所是美军的生物安全四级实验室，主要进行毒素、细菌和病毒高等级传染性生物制剂的诊断测试，药物和疫苗研究，在本次新冠肺炎溯源中的争议最大，资助北卡罗来纳大学巴里克团队研发冠状病毒的传播机制。此外，华尔特里德陆军研究所、海军医学研究中心等生物实验室长期进行生物医学防御研究。

二是在我周边10个国家部署生物监测网络。在泰国驻扎有陆军武装部队医学科学研究所（AFRIMS），建立了国家紧急行动中心和12个省级紧急行动中心以及口蹄疫实验室；在马来西亚开发了一号卫生网络；在菲律宾建立了6个区域动物疾病诊断实验室，1个动物疾病诊断参考实验室、2个生物安全二级放射性同位素实验室和1个炭疽诊断实验室；在印度建立国家实验室；在越南建立生物安全二级实验室、应急行动和疾病监测中心、人类和动物健康实验室；在印度尼西亚进行生物实验室和医院设施升级；在韩国4个基地部署"美韩联合门户与综合威胁识别演示系统"，并进行培训和演习，全面监视与响应生化威胁；在新加坡三巴旺驻扎了海军医学研究亚洲分部实验室；在柬埔寨金边驻扎了海军医学研究第二分部实验室；在老挝建立了疾病监测实验室。

三是在俄罗斯周边的乌克兰、阿塞拜疆、格鲁吉亚、乌兹别克斯坦、亚美尼亚、土耳其、保加利亚、罗马尼亚、哈萨克斯坦、约旦、伊拉克、巴基斯坦12个国家部署电子综合疾病监测系统、区域生物威胁监测网络，并进行生物安全培训和演习。在乌克兰建立了2个国家兽医监测实验室和1个疾病诊断实验室；在阿塞拜疆建立了中央参考实验室和几个危险病原体存储库站点；在格鲁吉亚驻扎有陆军医学研究格鲁吉亚分部，并建立了卢格实验室；在亚美尼亚部署了布鲁氏菌病监测项目，进行作战能力演示和实地演习；在哈萨克斯坦建立了阿拉木图中央参考实验室；在伊拉克建立了 14 个诊断实验室。

四是在非洲的埃及、喀麦隆、几内亚、塞拉利昂、利比里亚、塞内加尔、乌干达、坦桑尼亚、肯尼亚、埃塞俄比亚、南非和尼日利亚 12 个国家建立了非洲联盟疾病控制中心区域合作中心、区域生物威胁监测网络。在埃及驻扎有海军医学研究第三分部实验室；在喀麦隆建立了卫生应急运行中心、危险病原体存储库站点；在几内亚建立了移动诊断实验室；在利比里亚建立了国家公共卫生研究所国家参考实验室和菲贝邦县区域实验室；在塞内加尔建立了国家牲畜兽医研究实验室和国家公共卫生实验室；在乌干达建立了 4 个国家生物安全实验室、1 个病毒研究所鼠疫站、中央公共卫生研究所、国家牲畜资源研究所和病原体样本库等；在肯尼亚驻扎有陆军医学研究非洲分部，建立了医学研究所、危险病原体存储库站点、区域人畜卫生实验室；在埃塞俄比亚建立了动物卫生诊断调查中心、公共卫生研究所国家参考实验室、阿马尔·汉森研究所、危险病原体存储库站点；在南非建立了二级生物安全实验室和危险病原体存储库站点。

五是在南美洲秘鲁驻扎了美国海军医学研究第六分部，主要进行流感等呼吸道疾病，登革热等出血热，疟疾、利什曼病等媒介传播疾病，细菌病毒和寄生虫等胃肠道感染病，艾滋病等性传播疾病的研究。

二、美军生物监测哨点主要任务

美军分布在国内外的生物实验室主要通过化生防御计划、生物威胁降低计划和 DARPA 生物战计划，进行医学和非医学生物防御技术和装备研发及其试验鉴定研究,提高美军在生化威胁环境中的作战能力。

(一) 化生防御计划

美国国防部自 1994 年开始实施化生防御计划,旨在为美军开发联合化生防御设备,保护其免受对手生化武器攻击,确保美军在生化污染环境中生存、作战并取胜。1996 年至今年均投入 12 亿美元,包括非医疗和医疗研发与采办项目。非医疗项目主要进行生化探测器、生化威胁预测软件、防护面罩和防护服、洗消剂和防护系统等装备研发。医疗项目包括传染病的预防、诊断和治疗的设备与药物研发。

(二) 生物威胁降低计划

美国国防部生物威胁降减局自 1992 年开始实施生物威胁降低计划,旨在通过合作消除外国生物武器库存和相关基础设施,处理高危病原体及其设施,降低生物威胁,并在危险疾病传播前加强检测,防止生物武器及其相关部件、技术与知识的扩散。2010—2022 年美国国防部共投资于生物威胁降低计划共计 26.851 亿美元,用于建立海外生物安全实验室,进行传染性疾病的研究。目前已在全球 35 个国家建立了 200 多个生物实验室,且管理大量第二次世界大战时期的苏联和日本的生物实验数据资料,进行生物战剂的动物实验。

(三) DARPA 生物战项目

DARPA 自成立以来长期部署生物战防御项目,2006—2022 财年共投入 8.26 亿美元。重点进行病原体检测、预防、治疗和补救相关的基础技术研发,主要资助支持创新性生物战防御方法,包括生物或化学攻击的病理生理医疗对策、宿主免疫应答增强剂、高危病原体及其分子机制的医学诊断、战术和战略生化传感器、先进洗消和中和技术以及综合防御系统。近几年主要进行大规模恐怖威胁防御项目研发,开发经济、可靠、广域地监测大规模杀伤性武器威胁,以及阻止城市和人口密集中心的化生放核爆威胁的传感器网络。

三、几点认识

(一)形成生物安全包围圈

冷战后,美国国防威胁降减局实施了"生物威胁降低计划",形成覆盖5大洲和43个海外基地的全球生物监测网络,具备了实时在线、快速灵敏、全谱应对能力,在俄罗斯周边12个国家部署30多处生物安全实验室,从事生物威胁的监测与研究,打造生物包围圈。例如,2014年西非埃博拉疫情期间,美国派出101空降师1000多名官兵执行应急任务,实际掌控联合国行动。

(二)加剧世界生物暗战

新型生物技术的军事应用价值日益突显,部分国家秘密开展生物武器研究,用于战略非对称制衡。美国以卫生防疫监测、生物安全合作、反恐防扩散等名目,在其海外实验室进行全球烈性病原微生物的搜集与病理研究,在其国内进行极危险生物制剂的武器化研制,在海外实验室进行散播和发病历程研究,实验室所在位置总有未明原因的传染病暴发。不排除美国利用生物武器对其对手实施战略打击。

(军事科学院军事科学信息研究中心 薛晓芳)

新冠抗体、药物、疫苗、检测新技术和新方法分析

由 SARS – CoV – 2 引起的新冠疫情由于其快速传播和高突变率而对全球经济、人类健康带来了巨大的灾难。各个国家和地区通过积极合作,迅速采取各种措施遏制新冠疫情的传播和发展,包括:开发各种药物治疗感染患者、研发疫苗预防感染、开发灵敏、反应迅速、操作简单的检测试剂和方法等。本文综述了疫情暴发以来,为了应对新冠疫情所产生的新的技术方法,包括疫苗、药物、检测技术等方面的研究进展。以期为后续应对新变异体的出现、新冠疫情的持续发展的措施提供参考。

一、概述

2020 年初的由新冠病毒(SARS – CoV – 2)引发的新冠疫情席卷全球,带来了严重的灾难。截至 2022 年 3 月,新冠病毒在全球共造成 4.4 亿人感染,将近 600 万人死亡,并且疫情还在持续,新的变异株不断出现,给全世界经济、政治、公共卫生安全等带来了巨大的挑战。各个国家积极采取各

种措施,应对新冠疫情,以恢复和保障人民健康、社会经济的稳定运行和发展。主要措施涉及各种限制出行政策以遏制新冠肺炎的传播、鼓励各种新冠肺炎新技术和新方法的研发等,研究包括疫苗和药物研发、检测试剂和技术、动物模型、流行病学等方向。在抗击新冠过程中,科技是重要手段,涌现出的许多新技术和新方法,可为控制此次新冠疫情、预防以后大流行做准备。

二、抗体研发新技术

2021年,在抗体开发领域,主要是分离特异性抗体、开发新型抗体。随着新冠病毒变体(VOCs)在世界范围内的出现,其传播性和对治疗性抗体的耐药性增强,增加了与新冠肺炎大流行相关的风险,凸显了继续研发具有广泛反应性的抗体的必要性。

(一) 分离特异性抗体技术

对新冠疫情的关键防御措施是自然感染或疫苗接种引发的 SARS-CoV-2 病毒中和抗体。中和 SARS-CoV-2 的单克隆抗体是迄今为止最有希望的治疗干预措施,它们可以阻断病毒进入细胞并通过 Fc 介导的效应器功能介导病毒颗粒的清除。从康复患者身上分离特异性抗体是进行抗体研发直接有效的方法,科研人员在这种方式的基础上,经过技术更新,获得了多种对 SARS-CoV-2 及其变体有效的抗体。

(1) 美国的研究人员从 3 名 COVID-19 早期康复患者身上发现了 4 种靶向受体结合域的抗体,它们对 23 种 SARS-CoV-2 变体具有强效中和活性,包括 B.1.1.7、B.1.351、P.1、B.1.429、B.1.526 和 B.1.617 变体,并发现有两种抗体的组合可减少体外逃逸突变体的产生,这表明它们在减轻病毒耐药性方面具有潜力。

（2）研究人员分离并人源化了一种血管紧张素转换酶-2（ACE2）阻断单克隆抗体（MAb），命名为h11B11，该抗体对SARS-CoV和全球传播的SARS-CoV-2谱系具有有效的抑制活性。对h11B11/ACE2和受体结合域（RBD）/ACE2复合物的结构分析显示，MAb和RBD对受体有阻碍和表位竞争。这些结果共同表明，h11B11是一种针对SARS-CoV、SARS-CoV-2和逃逸变体的潜在治疗对策。

（3）研究人员创造了一种能够快速筛选"精英"抗体的新方法。"精英"抗体，即广泛中和抗体，是罕见的免疫分子，能够识别病毒的不同变种用来掩盖其刺突蛋白的伪装。通过阐明可能携带"精英"抗体的患者的典型特征并优化发现过程，大大减少了需要筛选的细胞数量，加快了发现有效抗体候选药物的速度。

（二）开发新型抗体技术

为了提高抗体的效用、减少副作用和降低生产成本，科研人员开发了多种新型技术，用于抗体药物的研发。

（1）纳米抗体技术。研究人员开发出能有效阻断SARS-CoV-2及其危险新变种的微型纳米抗体，并优化了其稳定性和对极端高温的抵抗力。这些纳米抗体与病毒的结合和中和能力比以前开发的迷你抗体强1000倍，这种独特的组合使它们有望成为治疗COVID-19的药物。由于纳米抗体可以低成本大量生产，它们可以满足全球对COVID-19治疗药物的需求。

（2）FuG1抗体技术。加州大学戴维斯分校的研究人员开发了一种可直接干扰SARS-CoV-2传播链的新型抗体FuG1技术。FuG1抗体以弗林蛋白酶（furin）为靶标可竞争性地干扰SARS-CoV-2传播所需的furin系统功能，进而直接干扰SARS-CoV-2在细胞间传播的能力。FuG1可用于现有的COVID-19抗体混合物中，以应对新出现的SARS-CoV-2变体。

（三）混合抗体技术

Immunome生物制药公司开发出针对SARS-CoV-2的抗体混合物IMM-BCP-01，它包含三种单克隆抗体，可与SARS-CoV-2刺突蛋白的非重叠区域结合（包括高度保守的表位）。该抗体混合物对已测试的变体（Alpha、Beta和Gamma）具有同等或更好的抗活病毒活性，可有效激活吞噬作用和补体固定作用，这些作用对提高体内治疗效果至关重要。

（四）抗体给药新技术

Inhalon生物制药公司与Celltrion公司合作开发了IN-006，一种吸入形式的抗体regdanvimab（CT-P59），可用于治疗COVID-19患者和各种急性呼吸道感染。Regdanvimab是针对SARS-COV-2的第一种雾化式和吸入式抗体。Inhalon的黏液捕获抗体平台直接将病毒困在呼吸道黏液中，防止病毒在局部传播，并通过人体自然清除黏液的能力快速从肺部清除病毒。吸入疗法可以很容易地由患者自行给药，还可以通过减少所需剂量将药物供应给更多的患者，吸入性疗法也不会像静脉注射（IV）药物那样对医护人员和输液诊所空间有过度需求。

三、疫苗研发新技术

（一）DNA疫苗技术

DNA疫苗，又称裸DNA疫苗（naked DNA vaccine），是指将编码某种蛋白质抗原的重组真核表达载体直接注射到动物体内，使外源基因在活体内表达，产生的抗原激活机体的免疫系统，从而诱导特异性的体液免疫和细胞免疫应答的一种疫苗。DNA 疫苗具有成本低、稳定性高、安全性高、易于生产和保存等优势。

（1）ZyCoV – D 疫苗技术。印度 Zydus Cadila 公司研发的 ZyCoV – D 是一种质粒 DNA 疫苗，是世界上首个被批准用于人类的 DNA 疫苗，这一突破性疫苗标志着科学创新和技术进步的一个关键里程碑。ZyCoV – D 可以产生 SARS – CoV – 2 的刺突蛋白，并引起人体免疫系统的免疫反应。中期研究结果显示，该疫苗的有效性为 66.6%。另外，ZyCoV – D 在室温下可保持稳定至少 3 个月，在低温环境下（2~8°C）下可保持更长时间，具备稳定性高以及适于储备运送至偏远地区的优势，因此基于 DNA 的疫苗将比 mRNA 疫苗将更具发展优势。此外，ZyCoV – D 无须针头注射即可进入皮肤，是通过按压皮肤上的无针装置产生一种细微的高压液体流，刺穿皮肤表面，沉积在富含免疫细胞的皮下区，而不是肌肉组织深处。这种新型的"无针系统"比传统的肌肉注射（IM）或皮下注射（ID），给接种者带来的痛苦更小。

（2）口服新冠 DNA 疫苗技术。加拿大公司 Symvivo 研发的 DNA 疫苗 bacTRL – Spike 是全球唯一一个进入临床试验的采取口服给药方式的新冠 DNA 疫苗。口服的接种方式给普通民众提供了自我接种疫苗的可能性。同时，bacTRL – Spike 可以在室温下储存，避免了冷链运输。由 Vaxart 公司开发的另一种口服疫苗正处于临床二期阶段，动物实验的结果显示本疫苗减少了动物模型中 SARS – CoV – 2 的空气传播。

（二）RNA 疫苗技术

RNA 疫苗是将编码病原体特异性蛋白（抗原）的 mRNA 直接导入到体细胞内，并通过宿主细胞合成抗原，进而诱导宿主产生对该抗原的免疫应答。截至 2022 年 3 月 4 日，针对新冠病毒，全球共有 25 个 RNA 疫苗已进入临床研究阶段，占比为 17%。

（1）ComirnatyRNA 疫苗技术。2021 年 8 月 23 日，美国食品药物管理局正式批准由美国辉瑞（Pfizer）和德国 BioNTech 公司联合研发的新冠疫苗 Comirnaty 上市。Comirnaty 是人类历史上首支进入商业应用的 RNA 疫苗。RNA 疫苗不像传统灭活或减毒疫苗那样需要拿到特定的毒株，只需要根据病毒的基因序列就可以合成疫苗，具有研发周期短的优势。而且，可以针对病毒的突变株及时修改序列，快速生产针对突变株的疫苗。

（2）第二代 COVID–19 mRNA 疫苗技术。由 Gritstone 生物技术公司与曼彻斯特大学合作研发的第二代新冠 mRNA 疫苗 samRNA 可诱导接种者产生全面免疫反应。samRNA 疫苗是一种自扩增第二代新冠 mRNA 疫苗，其由病毒的刺突蛋白部分和非刺突蛋白部分组成抗原。samRNA 疫苗可诱导接种者产生广泛的 CD8 + T 细胞反应，以及针对病毒刺突蛋白的强效中和反应，其诱导产生的中和抗体水平与第一代 mRNA 疫苗的效果类似，但是 samRNA 疫苗的剂量可能比第一代 mRNA 疫苗所需的剂量低 10 倍。该疫苗具有良好的耐受性和安全性，疫苗接种者没有产生 3 或 4 级不良事件或意外安全事件。

（3）疫苗冻干技术。RNA 疫苗比较不稳定，需要在低温或超低温条件下运输，这一特点限制了 RNA 疫苗的应用。由江苏瑞科生物技术股份有限公司（Recbio）通过自主研发的冻干技术，将冻干的 mRNA–LNP 纳米颗粒疫苗通过 LNP 输送系统输送，可在 4°C 和 25°C 下稳定保存冻干 mRNA–LNP 纳米颗粒疫苗。冻干 mRNA–LNP 纳米颗粒疫苗在临床前研究中表现出良好的稳定性和免疫原性。这种冻干技术可以显著改善 mRNA 疫苗或治疗药物的可及性，有利于疫苗在偏远地区的应用。

（4）环状 RNA 疫苗技术。在提高新冠 RNA 疫苗稳定性方面，除了前文提到的冻干技术，北京大学魏文胜教授的团队使用"环状 RNA"这一技术开发的 RNA 疫苗兼具了 RNA 疫苗生产在时间上的优势和 DNA 疫苗的稳定性等特点，这一优势非常有利于未来疫苗的研发和使用。在动物实验中，环状 RNA 疫苗诱导产生的抗体具有强大的病毒中和能力，还可以诱发产生强大的 T 细胞免疫反应。

（三）植物疫苗技术

2022 年 2 月 24 日，加拿大卫生部批准了 Medicago 和葛兰素史克（GSK）生产的新型冠状病毒疫苗 Covifenz，可用于 18～64 岁成年人，防止其感染 SARS–CoV–2。Covifenz 是世界首个获批的植物源人体疫苗。加拿大是全球第一个授权使用基于植物新冠疫苗的国家。Medicago 的植物性生产平台使用一种澳大利亚植物的叶子作为生物反应器以生产刺突（S）蛋白，该蛋白自组装成病毒样颗粒（VLP），用于 CoVLP（冠状病毒样颗粒）候选疫苗，与 GSK 开发的佐剂配合使用。数据显示，Covifenz 对所有 SARS–CoV–2 变体的有效性为 71%。

（四）新型疫苗给药技术

目前获得许可的 COVID–19 疫苗都是为肌内注射（IM）免疫而设计的。然而，今天的疫苗接种未能防止病毒通过上呼吸道感染，这部分是由于缺乏黏膜免疫激活。尽管出现了严重的 SARS–CoV–2 变体，但下一代 COVID–19 疫苗仍有需求，科研人员根据 COVID–19 的传播方式、感染途径等方面的特点，开发出来一系列不同给药途经的 COVID–19 疫苗。

（1）鼻内注射疫苗技术。由于 COVID–19 疾病是一种在鼻子、喉咙和肺部发生的疾病，通过鼻内接种疫苗似乎更有效，研究结果表明，鼻内接种疫苗可减少病毒脱落。鼻内（IN）疫苗接种方法已被证明在诱导黏膜和全身免疫反应方面是有效的。研究人员发现，鼻内注射 ChAdOx1 nCoV–19/AZD1222 疫苗接种方法可减少恒河猴中新型冠状病毒 D614G 的脱落。目前，针对 SARS-CoV-2 的各种 IN 疫苗正在接受深入调查，有 12 种候选疫苗在不同阶段进入临床试验。

（2）皮肤贴片疫苗技术。英国一家公司开发出一种易于管理的皮肤贴片疫苗，使用 T 细胞杀死受感染的细胞，可以提供比现有疫苗更持久的免疫力。通过一个拇指指甲大小的皮肤贴片形式进行注射，贴片上面布满微型针头，可以在几秒钟内释放疫苗。

（3）鼻喷疫苗技术。荷兰研究人员开发出了 NANOVAC 和 AVACC-10 两种鼻喷雾冠状病毒疫苗。新疫苗 NANOVAC 基于微小的可溶性纳米球，含有合成的微型蛋白质，当作为鼻腔喷雾剂施用时，可在病毒到达肺部之前直接保护上呼吸道，包括鼻腔通道和喉咙（黏膜）。AVACC-10，这是一种基于外膜囊泡的鼻喷雾冠状病毒疫苗。NANOVAC 和 AVACC-10 旨在保护人类免受 SARS-CoV-2 及其变体的侵害。为了提高疫苗的有效性，研究人员还使用了乙型肝炎核心抗原佐剂 HBcAg，这种佐剂在预防肝脏炎症的鼻喷雾疫苗中有效。经鼻内给药的 HBcAG 颗粒十分安全，可作为鼻内疫苗的载体，以及鼻腔通道和上呼吸道黏膜免疫细胞的免疫刺激剂。该疫苗未使用 mRNA 技术或灭活的流感病毒（载体）。

四、COVID-19 药物研发技术

在新冠特效药物研发过程中，小分子药物可抑制病毒浸入、复制环节，该类药物对各种变异株有广谱作用，具有可居家口服治疗、易于迅速启动大规模生产应急供应、成本低、可及性好、适合大范围人群使用等优点，成为各国加快研发抗新冠肺炎特效药的集中发力点。从治疗机制来看，口服新冠小分子药物主要有以 Molnupiravir 为代表的 RdRp 抑制剂和以 Paxlovid

为代表的 SARS – CoV – 2 Mpro 抑制剂。

（1）默沙东（Merck）的口服抗病毒药物"孟努匹拉韦"（Molnupiravir），通过让病毒复制 RNA 的过程中引入错误的碱基，给病毒"假"的核苷类似物，来替代 C 和 G 碱基，从而生成突变的遗传物质，达到治疗 COVID – 19 的目的，该药物是 FDA 首批批准用于治疗 COVID – 19 的药物。试验表明，molnupiravir 将 COVID – 19 患者的住院或死亡风险降低了约 50%。此前用于治疗 COVID – 19 的其他抗病毒药物必须通过注射或静脉给药，molnupiravir 为口服药，为患者提供了极大的便利，患者每天口服两次，一共服用 5 天就可以达到治疗 COVID – 19 的目的。

（2）辉瑞公司研发的口服药物 Paxlovid 直接抑制了新冠病毒 RNA 聚合酶的作用，阻断了病毒复制过程，从而达到治疗 COVID – 19 的目的。该药由小分子药物 nirmatrelvir 和利托那韦组成，nirmatrelvir 是针对新冠病毒主蛋白酶的抑制剂，负责阻止病毒复制，利托那韦则是抗病毒药增效剂，负责放缓前者的分解，使其能在较高浓度下在体内停留更长时间。

五、新冠病毒的诊断检测

COVID – 19 在全球的大流行正严重危害着人类的生命安全，其极高的传染性为全球防疫工作带来了极大的困难和挑战。针对病原体 SASR – CoV – 2 的快速高效检测可为人们提供病毒的即时传染情况及患者的病毒感染状况，对防疫工作及患者的诊断治疗起着至关重要的作用。当前 COVID – 19 的诊断金标准是通过逆转录聚合酶链式反应（Reverse transcription polymerase chain reaction，RT – PCR）检测 SARS – CoV – 2 的基因组 RNA。尽管 RT – PCR 具有高度的敏感性和特异性，但由于病毒 RNA 只在急性感染期间大量存在，此方法也存在一定的局限性,并不能对既往感染的人群、无症状患者和病毒 RNA 假阴性感染患者进行有效的筛查检测。科研人员又开发了一系列新的技术来提高检测结果的准确性。

(一) 抗体检测技术

(1) "D4 检测"平台方法。杜克大学的生物医学工程师发明了一种平板电脑大小的设备,该设备可以同时可靠地检测多种 COVID-19 抗体和生物标志物,即"D4 检测"平台,新测试方法可 100% 区分 SARS-CoV-2 与其他冠状病毒。"D4 检测"是一个完全独立的免疫测定平台,可以实现抗体的即时检测(point-of-care test,POCT)。该检测平台通过喷墨打印的方式将检测试剂集成在由纳米级聚合物刷 POEGMA 作为微阵列制造的玻璃芯片上,这些芯片在没有冷藏的情况下显示出持久的储存稳定性,且只需要 60 微升样品,并在检测数据上展现出与 ELISA 全血检测相媲美的分析品质因数。

(2) 比率即插即用免疫诊断平台技术。比率即插即用免疫诊断(Ratiometric Plug-and-Play Immunodiagnostics,RAPPID)是一种混合和测量均质免疫测定平台,它将基于抗体的高度特异性检测与比率生物发光读数相结合。该检测平台利用 NanoLuc 萤光素酶片段互补技术实现抗原抗体结合的高灵敏特异性检测。该检测手段可以对抗 SARS-CoV-2 抗体进行低皮摩尔级别的检测,并具有易于实施的标准化工作流程,在学术环境、临床实验室和即时护理应用中为传统免疫测定提供了一种有吸引力、快速且低成本的替代方案。

(3) 有机电化学晶体管诊断平台技术。香港理工大学的研究人员开发了一种快速便宜的有机电化学晶体管诊断平台,来测试人类患者的 SARS-CoV-2 抗体水平。该设备使用有机电化学晶体管,这种晶体管在注入导体后会漏出电解质中离子控制的电流。在这种情况下，研究人员能够使用它们将体液中的生物信号转换为电信号，然后使用可在智能手机上运行的软件进行分析。为了利用晶体管，研究人员将它们放在单独的塑料条中，然后将其安装到外壳上。在使用过程中，将一滴血液或唾液滴放置在晶片上，让晶体管发挥作用。为了更方便地使用该设备，研究人员使用了蓝牙技术，使其可以通过无线方式进行测试，5 分钟就可获得结果。研究人员声称，这些塑料条的成本低至 1 美元。

（二）CRISPR 检测技术

哈佛大学威斯生物工程研究所、麻省理工学院（MIT）和波士顿地区几家医院的研究人员发明了一种价格低廉、基于 CRISPR 的诊断测试，这种诊断设备被称为微型仪器 SHERLOCK（minimally instrumented specific high-sensitivity enzymatic reporter unlocking，miSHERLOCK），易于使用，可以在 1 小时内通过配套的智能手机应用程序读取和验证结果。它在试验中成功区分了 3 种不同的 SARS-CoV-2 变体，并可以快速重新配置，以检测额外的变体，如 Delta。该设备可以使用 3D 打印机和常用部件组装，成本约为 15 美元，重复使用硬件可以将单个检测的成本降至 6 美元。

（三）分子检测技术

分子检测主要指对 SARS-CoV-2 的基因组 RNA 进行 RT-PCR 检测，作为当前 COVID-19 诊断的金标准，该检测包括了多个步骤：样品中病毒 RNA 的获取、RNA 逆转录为 DNA、DNA 的扩增放大信号，信号的收集等。而对这一检测流程的优化改进以提高检测效率，对于目前繁重严峻的防疫检测工作至关重要。

（1）SARS-CoV-2 基因组 RNA 免提取检测。美国国立卫生研究院（NIH）的研究人员开发了一种新的样品制备方法来检测 SARS-COV-2。

该方法绕过了病毒遗传RNA材料的提取,简化了样品纯化过程,可减少测试时间和成本。研究人员使用了由Bio-Rad公司制造的螯合剂,称为Chelex100树脂,以保存样本中的SARS-CoV-2病毒RNA,供RT-PCR检测。研究人员发现可以使用不同病毒粒子浓度的鼻咽和唾液样本进行直接RNA检测,而且灵敏度非常高。此外,这种制剂使病毒失活,使实验室人员处理阳性样本更安全。为了验证该检测方法,研究人员将收集的COVID-19患者样本分别用常规RNA提取手段及用新型的加热螯合树脂缓冲液对样品进行免提取处理,之后进行RT-PCR检测,与常规方法相比,免提取的样品处理方法显著提高了可用于测试的RNA产量。这种新检测方法可提高检测的灵敏度、节省检测成本和时间,此外可在室温下使病毒RNA稳定,便于在临床环境中运输、储存和处理。

(2) SARS-CoV-2基因组RNA的RTF-EXPAR检测。英国伯明翰大学的研究人员证实了一种新型、高度灵敏的COVID-19测试方法(RTF-EXPAR)的速度、准确性和简单性,该方法可以部署在娱乐场所、机场至航站楼区域和没有临床检测实验室的偏远地区。研究表明,RTF-EXPAR方法可在10分钟内将不到10条RNA链转化为数十亿份DNA拷贝。RTF-EXPAR在信号检测时间上比基于PCR和LAMP的检测有显著改进。此外,RTF-EXPAR方法可以在出现病毒新变体时快速调整,以检测病毒新变体。

(3) SARS-CoV-2样本库的高通量诊断测试技术。快速识别和隔离感染者仍然是控制SARS-CoV-2传播的一个关键策略。研究人员开发了一个自动化的样品池,使用一个液体处理机器人和一个自动网络界面来识别阳性样品,自动化的样品池可以可靠地进行SARS-CoV-2感染的RT-PCR检测,而且成本明显低于侧流抗原(LFA)检测。

(4) SARS-CoV-2的多重检测方法。COVID-19、流感和RSV感染

具有高度传染性，通常无法仅根据症状加以区分，而这就需要一种高效的多重检测方法对以上感染进行区分。珀金埃尔默（Perkin Elmer）公司研发的呼吸道 SARS－CoV－2 RT－PCR 平台已得到美国食品药品监督管理局（FDA）颁发的紧急使用授权。该平台可对从鼻咽拭子、前鼻拭子和中鼻拭子中分离出来的 SARS－CoV－2、甲型流感、乙型流感和呼吸道合胞病毒（RSV）进行同步定性检测和区分。此外，该方法可以让实验室节省宝贵的资源，避免对收集的样本进行多次测试。

（5）SARS－CoV－2 的直接唾液检测方法。Co－Diagnostics 公司研发的 SARS－CoV－2 DS（直接唾液检测）可直接从最少的人类唾液样本中检测 SARS－CoV－2 的 RdRp 和 E 基因的存在，同时省去样本 RNA 提取的过程，这是大多数 PCR 测试中昂贵且耗时的过程。直接唾液检测将在该公司正在进行的集中实验室计划以及即将推出的家庭和护理点检测策略中发挥关键作用。

六、未来应对新冠疫情的建议

随着新冠疫情的开始，全世界都在竞相开发疫苗。截至 2022 年 2 月 7 号，全球已开发出 338 种新冠肺炎候选疫苗，其中正在使用的疫苗有 27 种，临床 I 期 30 种，I／II 期 32 种，II 期 15 种，III 期 35 种，IV 期 9 种，217 种处于临床前研究阶段。不同的疫苗技术平台已被用于开发安全有效的疫苗，包括常规全病毒疫苗（减毒活疫苗或灭活疫苗）、病毒载体疫苗（非复制型和复制型）、核酸疫苗（基于 DNA 和 mRNA 的疫苗）和重组蛋白疫苗［蛋白亚单位疫苗，病毒样颗粒（VLP）。目前的疫苗和正在开发的疫苗大多数都专注于通过产生不同谱的抗体来靶向病毒刺突蛋白。这些疫苗的有效性和安全性已经在大量个体中进行了测试，但在特殊人群，如幼儿、免疫缺陷患者、孕妇和其他特殊人群等的研究仍需要进行。随着突破性感染的出现，新型冠状病毒及其变种的持续转化令人担忧。这些严峻的形势为疫苗平台的发展提出了新的挑战。因此，采用加强剂量、联合疫苗方法、不同的接种方式以及其他手段研发具有更长免疫期的疫苗的研究仍是一项重大的挑战。

目前，新出现的 SARS－CoV－2 变体和 COVID－19 疫苗接种运动增加了 COVID－19 检测的复杂性。保持诊断检测的准确性是监测 SARS－CoV－2 新变体至关重要的原因，也是推进疫苗接种计划的原因。随着对检测结果及其与疫苗接种的关系的关注日益增长，理解检测的准确性和相关性非常重要。由于 SARS－CoV－2 感染所引发的病情在不同的人群身上具有差异，因此，寻找新冠药物应从多个角度出发，分别针对轻、中症，重症。对轻症有效的药物可以减少更多患者发展成重症，减少死亡，这对新冠肺炎治疗很重要，但对于重症患者的救治，同样需要有效的药物，这可以减少重症所导致的死亡。在新冠药物研发过程中，需进一步观察药物的长期有效性和安全性。

COVID－19 检测是一个快速增长的领域，随着我们对 SARS－CoV－2 的理解的提高以及越来越多的检测制造商进入市场，该领域正在不断发展。检测对于确定病毒在哪些社区传播、谁感染了病毒以及病毒是如何传播的非常重要。在大流行期间，检测对于治疗患者和为良好的公共卫生决策提供信息同样重要。针对不同人群，开发操作简单、灵敏度高、成本低、方便运输和保存的检测方法是必要的。

（中国科学院武汉文献情报中心　梁慧刚　黄翠）

美军战场镇痛药物的应用与启示

美军经过大量的卫勤保障实践,在镇痛药物遴选方法和种类方面积累了丰富的经验。美军通过《战术战伤救治指南》(下称《指南》)规定了战场镇痛药物的使用策略,并根据战场实践不断调整优化,研究美军战场镇痛药物应用策略与发展。

一、美军镇痛药物应用策略概述

美军的《指南》包括一系列战场使用的创伤管理原则和技术,最初应用于特种作战部队。1996年美军发布首部《指南》,在伊拉克和阿富汗战争中逐步发展,成为美军所有军种应用的标准规范。《指南》通过战术战伤救治委员会定期讨论更新,并将战术战伤救治分为3个阶段:火线救治、战术战场救治和战术后送救治,分别制定详细的救治策略,在每个阶段都规定了应用的镇痛药物。

根据不同疼痛程度,美军已经形成了比较成熟的战伤镇痛药物应用策略。《指南》推荐在火线救治阶段不提供镇痛药物,而在战术战场救治和战术后送救治阶段的镇痛药物选择主要依据疼痛程度,并充分考虑在战场环境下药物的安全性、有效性及对战斗力的影响。根据疼痛程度,战场镇痛策略采用1~3种备选药物实现:①如果伤员的疼痛较轻,且仍能有效作战(知觉器官未受镇痛药物的影响),则使用"战伤药物包"(combat wound medication pack, CWMP)中的对乙酰氨基酚和美洛昔康;②如果伤员有轻到中度疼痛,未出现出血性休克或呼吸困难,则使用芬太尼透黏膜口含锭剂(oral transmucosal fentanyl citrate, OTFC);③如果伤员有中到重度疼痛,且出现出血性休克或呼吸困难,则使用氯胺酮。

二、轻度镇痛药物

(一)目前应用药物种类及其效果

美军《指南》推荐轻度疼痛伤员口服"战伤药物包"中的对乙酰氨基酚500毫克,每8小时给药一次;口服美洛昔康15毫克,每日一次。对乙酰氨基酚和美洛昔康推荐用于战场轻度疼痛,主要考虑其对血液系统,尤其是创伤所致血小板凝血功能的影响较小。

对乙酰氨基酚(Acetaminophen)是一种广泛使用的镇痛药,没有镇静作用,其可以通过不同于非甾体抗炎药(nonsteroidal anti-inflammatory drugs, NSAID)的机制达到镇痛效果,且如果与NSAID配合使用,可以提供单一药物无法实现的累加镇痛效果。

美洛昔康作为NSAID,属于选择性环氧酶-2(COX-2)抑制剂,相比其他NSAID药物,其主要优点是不会抑制血小板功能。血小板功能受损会加重创伤出血,进而使死亡率上升。美军之所以选择美洛昔康作为镇痛药物,是因为经综合比较认为,美洛昔康在可供选择的NSAID药物中价格适中。

（二）镇痛药物的调整

美军第一代"战伤药物包"中曾包含的罗非昔布（Rofecoxib），一种 COX-2 特异性 NSAID，2006 年，罗非昔布从中剔除，主要原因是有研究表明，长期服用会增加心脏病和卒中的发作风险。塞来昔布（Celecoxib）曾作为罗非昔布的替代品，但是因其不适用于磺胺类过敏患者而最终落选。

三、中度镇痛药物

（一）目前应用药物种类及其效果

对于轻度至中度疼痛的伤员，医务人员判断伤员无休克或呼吸困难时，《指南》推荐给予芬太尼透黏膜口含锭剂（OTFC）800 微克；首次给药无法控制疼痛，可在 15 分钟之后再次给药；或静脉给予芬太尼 50 微克，30 分钟后可重复给药一次；或经鼻给予芬太尼 100 微克，30 分钟后可重复给药一次。OTFC 是棒棒糖式的锭剂，使用时，将 OTFC 放在面颊和牙龈之间，不用咀嚼，可将锭剂棒粘在伤员手指上或者利用安全别针和橡皮筋将锭剂附于伤员的军装或战术背心上。

OTFC 用于战伤镇痛具有见效快、无须静脉注射、药效持续时间长、能在战场环境中安全使用等优势。口服 OTFC，约 25% 的芬太尼可以通过黏膜吸收快速进入血液，并在 5~10 分钟内达到镇痛效果；75% 的芬太尼进入消化道和门脉循环，约 67% 通过消化道"首过效应"清除，其余可以提供 2~6 小时的持续镇痛效果。芬太尼促进组胺释放的作用较小，相比多数麻醉药，其血液动力学更稳定。

（二）阵痛药物的调整

美军曾将吗啡作为处理战伤所致疼痛的首选镇痛药物。吗啡有见效快的特点,但极易引起低血压和呕吐等不良反应,在战场上有潜在危害。因此,战术战伤救护委员会在 1996 年将肌内注射吗啡从《指南》中移除,并建议只使用静脉注射吗啡。2006 年之后,增加 OTFC 为推荐药物。之后,OTFC 的使用率从 0.7% 上升到 7.9%。2018 年的《指南》推荐吗啡作为芬太尼的备用选择,如果已经建立了血管通路,则吗啡(每 10 分钟静脉或骨髓腔注射 5 毫克)可作为 OTFC 的备选药物。2020 年最新版《指南》已经将使用吗啡删除,主要原因是美军综合评价认为其吸收率极不稳定,临床有效性不可预测。

四、重度镇痛药物

(一)目前应用药物种类及其效果

对于存在失血性休克或呼吸困难的中、重度疼痛伤员,《指南》推荐,给予氯胺酮 30 毫克(或 0.3 毫克/千克)缓慢静注或骨髓腔注射;必要时 20 分钟后可重复给药;氯胺酮 50～100 毫克(或 0.5～1 毫克/千克)肌内注射或经鼻给药,必要时 20～30 分钟后可重复给药。对于出现恶心或呕吐的伤员,根据需要,经口腔崩解片(ODT)、静脉注射、骨髓腔注射或肌肉注射给予 4 毫克昂丹司琼,每 8 小时给药一次。如果 15 分钟之后恶心和呕吐无改善,则可重复每 8 小时给药一次。在 8 小时内给药剂量不可超过 8 毫克;口服昂丹司琼不可替代口腔崩解片。

氯胺酮是具有镇静和镇痛特性的精神类药品,用作镇痛剂对知觉器官影响较小,随着剂量加大,会引起显著的精神分离和健忘症状。在临床剂量范围内,氯胺酮可以维持伤员的气道反射,对气道和呼吸功能没有显著临床影响,并维持血液动力学稳定性。如果与阿片类药物配合使用,可以提高镇痛效果。1999 年，国际山地救援委员会推荐在山地救援汇总使用氯胺酮控制疼痛。2013 年，《指南》推荐增加氯胺酮（通过静脉、肌内、鼻腔、骨髓腔给药）为推荐药物，之后接受氯胺酮治疗的患者由 3.9% 上升到 19.8%。氯胺酮能提供有效的镇痛效果，有很好的血液动力学特征。一项多中心前瞻研究显示，氯胺酮是使用最多的院前镇痛药物，且通常由医疗后送人员实施。

（二）镇痛药物的调整

既往研究认为，氯胺酮不能用于有中到重度创伤性脑损伤（traumatic brain injuries，TBI）的伤员，因为氯胺酮可能引起颅内压力（intracranial pressure，ICP）上升。然而近年研究表明，氯胺酮对 ICP 没有影响，安全地用于治疗头部损伤，但不适用于脑积水伤员。对于血液动力学状态不稳定的伤员，所有镇痛剂都会引起显著风险，相比较而言，氯胺酮是理想的镇痛药。因此，《指南》推荐使用氯胺酮为血液动力学状态不稳定伤员的院前镇痛药物。

五、启示

（一）以卫勤保障需求为先导选择镇痛药物

战场环境下镇痛药物的选择和使用与平时环境不同，作为战伤救治技术的重要组成部分，镇痛药物应将战场环境和军事需求作为首要条件。美军针对不同场景下战伤救治的需求筛选确定镇痛药物，并形成镇痛药物使用策略。对于 NSAID 抗炎药充分考虑其对凝血功能的影响、战场使用的安全性和市场价格等因素，对于在平时临床环境下使用的一些镇痛药物（如 COX－2 抑制剂）因其存在的安全性问题，在战场环境下未必适用。对于中、重度疼痛，主张区分是否存在血液动力学不稳定或呼吸风险而选择镇痛药物。战场急救药物为战场环境设计，使用更加强调简单、有效和安全，能够提供快速镇痛。战场环境下的药物使用要首先考虑卫勤保障的需求，综合评价药物的有效性、安全性和价格，选择最适宜战场场景下使用的药物和技术，这对于军队战时药物研发和选择有重要借鉴价值。

（二）以循证医学评价作为药物选择的基本依据

循证医学（Evidence - Based Medicine，EBM），意为"遵循证据的医学"，其核心思想是医疗决策（治疗过程、治疗指南和医疗政策的制定等）应基于临床研究证据。临床证据主要来自大样本的随机对照临床试验、系统性评价或荟萃分析（meta - analysis）。美军《指南》由战术战伤救治委员会通过评价而不断更新，循证医学评价是其重要手段和途径。《指南》中镇痛药物的纳入和剔除都有临床证据，药物应用的适应证和用法用量是依据临床证据作出的判断。在战救药物筛选和评估中要引入循证医学的理念、方法和证据，尽可能应用当前最可靠的临床研究证据，促进战救药物应用科学化水平的提升。

（军事科学院军事医学研究院　李丽娟　刁天喜）

俄军探讨混合战争卫勤工作新理念

随着国际冲突的表现形式日益复杂,新型战争理论不断涌现。美国军事学界为适应作战任务和战争形态发展的需要提出"混合战争"理论。近年来,针对这种新型国家间对抗形式的讨论和研究逐渐深入,俄军卫勤部门也在积极探索混合战争条件下的卫勤工作特点以及应对重点。2021年7月,俄罗斯国防部总军事卫生部部长探讨了俄军混合战争条件下卫勤保障新理念。

一、俄军对混合战争的基本认识

俄罗斯军事学界认为,混合战争是当前一种新型的国家间对抗形式。与传统战争形态不同,混合战争并不一定需要使用武力占领他国或破坏其基础设施来达成政治目的,而是主要通过经济制裁和心理施压等非军事手段,以及最低限度地运用军事暴力来颠覆或控制他国政权。其中,非军事斗争手段的重要特点是具有隐蔽性、形式多样且没有固定的形态。目前,俄罗斯学者对混合战争各阶段有不同的划分方法。基于军队卫勤保障任务特点等因素，特里什金将混合战争简单划分为隐蔽对抗和公开军事对抗两个阶段。

二、俄军卫勤在混合战争各阶段的工作重点

俄军卫勤部门深入研究混合战争隐蔽对抗阶段和公开军事对抗阶段的战争目标、作战样式、战场环境等特点，分别提出了这两个阶段对卫勤工作的影响与要求，并基于此确定了不同阶段俄军卫勤的工作重点。

（一）隐蔽对抗阶段

在隐蔽对抗阶段，社会管理和生活保障系统遭到破坏、关键目标遭受恐怖袭击、大规模传染病和非传染性疾病暴发等事件发生的概率较高。面对潜在威胁与挑战，军队卫勤部门要从多方面做好准备，积极应对。

1. 该阶段影响卫勤工作的主要因素

在这一阶段，敌对势力会采取政治、经济、信息、心理等综合措施进行隐蔽打击，军队卫勤部门的工作也将遭受严重影响，主要表现在以下4个方面。一是破坏包括医疗卫生部门在内的国家政权和军事指挥机关。敌对势力可能采取多种措施，如对重要官员施加影响、破坏通信渠道、散播虚假信息等，从而导致机关决策失误以及不合理地使用卫勤保障力量与手段。二是通过破坏交通系统运转，严重降低兵力和装备的机动能力，中断物资器材的供应保障，使军队无法灵活快速应对威胁。三是通过信息媒介发动舆论战，挑起并激化社会矛盾，增加社会公众的反对和反叛倾向；针对军队医疗机构工作人员，在心理与情感层面削弱其履职动机、增加个人怠工以及在集体中发生冲突的可能。四是在经济领域采取打击行动导致物资匮乏，从而加大医疗保障任务难度。

此外，尽管隐蔽对抗阶段通常不涉及军事力量的使用，但是不排除敌对势力利用犯罪网络和非正规武装力量进行恐怖破坏活动。如果部分关键目标设施因此被破坏，一方面可能导致短时间内出现大规模伤亡；另一方面，如果被破坏的是生活保障系统设施，可能会使卫生防疫状况严重恶化。在此情况下，军队卫勤部门将面临复杂特殊的工作条件。

2. 卫勤工作面临的主要挑战

在隐蔽对抗阶段，军队卫勤部门面临的挑战主要有以下几点。

一是地方医疗卫生系统遭到破坏的概率很高，其中包括卫生管理系统、资源保障系统等。由此导致某些医疗与预防机构瘫痪，无法根据形势需求及时提供必要规模的医疗救护。军队医疗机构应做好向普通民众提供医疗救护的准备，在出现大规模人员损伤的情况下开展工作。

二是化学和放射性工业设施遭到破坏，造成大规模医疗卫生后果，伤员流的规模和构成发生巨大变化。由于普通民众缺乏有针对性的防护手段，甚至军队和地方医疗机构的人员也并未充分接受在污染条件下采取行动的相关训练，因此，消除化学或放射性医疗卫生后果将十分困难。

三是可能暴发当地罕见的传染病和针对特定人群的新型疾病。俄罗斯周边一些国家境内的生物实验室存有许多病原体，可能导致传染病暴发；在引发移民迁徙的紧急情况下，移民普遍缺乏免疫保护，同时还可能面临生活保障系统瘫痪、市政部门运转遭到破坏等情况，这些都会导致卫生防疫形势恶化，引发重大传染病疫情。除此之外，还存在通过基因工程技术引发针对特定族群的新型疾病的可能性。以上情况要求必须加强传染病预测、制定威胁应对预案。

四是敌对势力通过信息心理干预在民众中间引发大规模心理问题，特别是在以军人为首的重要目标人群中引发大量成瘾、自杀等社会性精神障碍。这将是对国家安全的直接威胁，因为这不仅在隐蔽对抗阶段起作用，还将决定未来几代人的心理健康问题。

3. 俄军卫勤在该阶段的工作重点

为应对隐蔽对抗阶段的各种潜在威胁，军队卫勤应该联合国家医疗卫生部门和其他权力执行机关协调一致，重点加强以下几方面的工作。

一是重视医疗领域的信息对抗工作。医疗机构应与信息保障机构协同，广泛传播军队卫勤工作的正面信息并确保此类信息占据优势；加强对舆论的监控和快速灵活处置，在重要社会事件发生后及时辟谣，减轻军队卫勤相关单位的形象损失；危机形势出现后，要注意形成对医疗部门有利的社会舆论。

二是确保医疗保障管理系统的正确决策和有序运行。需要采取的优先措施包括：培养军队医疗卫生管理领域的专家骨干；在信息交换、资源调配、决策制定和实施方面，加强与权力执行机关、强力机关和地方自治机关的协作；完善通信和信息协同渠道，包括建立基于人工智能的决策支持系统；与相关职能部门共同防止信息的泄露、非法获取和歪曲传播。

三是保障军队医疗机构能够在极端条件下连续、独立运转。为了在能源、供水、交通等系统被破坏的情况下正常开展医疗救护工作，要重点做好以下准备：储备必要的物资器材；提供个人与单位使用的核生化防护器材；建立足够数量且有效的防护设施，如掩蔽所、掩体等，并做好使用准备；储备极端条件下独立工作的技术设备；推行整套切实有效的反恐措施和设施的防护、警戒与保卫措施；加强核生化相关药品和防护用品的研发、生产与储备；培训相关人员如何在紧急状态下开展行动。

四是做好普通民众和部队人员的疾病预防工作。除了持续推行健康状况监测和传统防治措施外，要重点开展以下工作：研究旨在查明传染性疾病和身心性疾病的暴发是否经过人为干预的方法，开发这些疾病的诊断和治疗手段；组建能在最短时间内抵达任务区域的机动医疗队，并为其装备现代化医疗技术设备和器材，提高医疗保障能力和应对灵活性；通过职业和专业培训，提高医疗机构工作人员能力；针对可能影响居民健康状况的转基因产品和生物剂，开发先进的指示手段。

五是加强群体和个人精神障碍的预防和纠正手段。应当开发有效的信息－心理防护方法，包括技术对抗手段，帮助抵御破坏性信息。同时开发纠正手段，用于消除破坏性信息造成的后果。对于军人群体，要将信息－心理防护方法的应用与思想宣传工作结合起来，优化兵役对象选拔制度，建立"信息敏感"人员主动筛查系统，有效监控军人的心理健康和职业可靠性。

（二）公开军事对抗阶段

俄军认为，军队卫勤部门能否在隐蔽对抗阶段及时有效地完成上述工作重点，将极大影响公开军事对抗阶段的卫勤保障效果。同时，21世纪初期的战争经验表明，当前条件下公开军事对抗阶段的作战行动特点也给军队卫勤保障工作提出了新的要求。

1. 该阶段对卫勤工作的要求

通常，在发达国家进行侵略时，其军事行动的特点是使用精确制导杀伤武器对防御部队纵深目标实施快速、瞬间打击。由于部分非国家机构有可能掌握大规模杀伤性武器及其投送工具的研发技术，在一定条件下，军事行动中可能会发生使用大规模杀伤性武器的情况。这些因素都将导致卫勤保障力量瘫痪、医疗机构人员大量伤亡的风险升高，同时需要在最短时间内接受医疗救护的重伤和危重伤人员数量大幅增加。除此之外，近几十年的局部战争呈现出从阵地战（有清晰的敌我接触线）向独立部队执行任务（通常脱离主力部队）转变的趋势，战术环境具有迅速变化的显著特点，这要求军队卫勤建立与之相适应的灵活的医疗后送保障体系。

2. 俄军卫勤在该阶段的发展重点

针对上述要求，未来军队卫勤的发展重点包括以下方面。一是提高部队卫勤力量的装备现代化和灵活机动性，研发能够快速搭建的医疗后送设施，提高防护、警戒、自卫和伪装水平，用以保障提高医疗后送阶段的伤员生存率。二是力求在排除敌军影响的条件下展开医疗分队，扩大提供专业化医疗救护的规模。三是研究调整战时组建的医疗分队组织，使其能力符合新型军事冲突条件对卫勤保障的要求。四是提高作战行动过程中的伤员急救能力，优化医疗后送体系与后送装备，缩短后送时间。

三、结束语

混合战争理论的兴起有着复杂深刻的时代与现实背景。冷战结束后爆发的多起局部战争和武装冲突，以及"阿拉伯之春""颜色革命"等类似政权颠覆活动，明显体现出战争的外延正在拓展，战争形态从"政治－军事"冲突模式向"军事＋政治、经济、社会、文化"综合冲突模式转变。在"混合战争"的概念出现后，以俄罗斯武装力量总参谋长兼第一国防部副部长瓦列里·格拉西莫夫将军为代表的俄罗斯军事学界，对其进行了深入的理论研究，并通过解决 2014 年的克里米亚危机以及 2015 年在叙利亚战场的军事行动，对这种新型战争形式有了深刻的实践体会。

正是在理论和实践的双重指导下，俄军充分认识到，不管战争样式如何变化，保障目标为"人"这一有生力量的军队卫勤工作仍然发挥着不可替代的作用，甚至从某种程度上来说要比在传统战争中发挥更为关键的作用。例如,混合战争的战争目标已从传统的军事设施以及工厂、公路、桥梁、铁路等民用基础设施转移到了政治、社会、经济、文化等软目标,心理战、舆论战等攻击形式的运用已经变得十分广泛。在这种背景下,对新形势下的军队卫勤工作进行战略性、前瞻性的理念创新与规划就显得尤为必要与迫切。

(军事科学院军事医学研究院 周巍)

VR 技术在核化生医学模拟训练中的应用及启示

外军高度重视核化生领域的模拟训练，美国国防部制定了一系列的战略规划文件支持该技术服务于核化生模拟训练。目前主要采用虚拟现实（VR）技术和增强现实（AR）技术研发多种核化生模拟训练系统，节约了成本，提高了训练效果，大大提高了其核化生防护和医学救援能力。

一、虚拟现实技术概述

VR 概念首次出现在 1965 年的 IFIP 会议上，Ivan Sutherland 在此次会议上提交的一篇名为 The Ultimate Display（《终极的显示》）的学术论文中提出模拟环境下浸入、完全传感输入与输出的关键概念，这些概念是当今虚拟现实研究的基础。20 世纪 80 年代，美国 VPL 公司的创建人之一 Jaron Lanier 正式提出了"Virtual Reality"一词。VR 技术于 20 世纪 90 年代得到了蓬勃发展，2000 年以后，VR 技术整合 XML、JAVA 等先进技术，应用强大的 3D 计算能力和交互式技术，提高渲染质量和传输速度，进入了崭新的发展时代。根据电气和电子工程师协会（IEEE）的定义，VR 是指在视觉、听觉、触觉、嗅觉、味觉等方面高度逼真的计算机模拟环境，用户可与此环境进行互动，产生身临其境的体验。该技术是由计算机视觉、仿真技术、人机交互等多种信息技术演变发展而来的新型计算机技术。通过将视觉与现实世界隔离开，借助显示设备，使人能够沉浸于一个完全的虚拟世界。增强现实技术，是在虚拟现实基础上发展起来的新技术。它能够将计算机生成的虚拟物体、场景或系统提示等信息叠加到真实场景中，从而实现对现实世界的"增强"。同时，由于其与真实世界的联系并未被切断，因此交互方式也就显得更加真实、自然。为了把握 VR 技术优势，美、英、日等国政府及大公司不惜投入巨资在该领域进行研发，并显示出良好的应用前景，随着硬件性能的提升和成本的大幅度降低。近年来，VR 产品获得了广泛发展，特别是在 2016 年美国消费电子展上，VR 产品成为展会的绝对主角，国内外兴起一场史无前例的 VR "嘉年华"。

增强现实技术的最大优势就是它突破了仅限于虚拟现实所呈现的计算机合成的虚拟化世界中而不能真实地看到、感知到仿真存在的现实世界。增强现实技术与虚拟现实技术的本质区别在于增强现实技术可以给用户呈现出仿真世界的同时让用户也能同时看到在现实世界基础上虚拟出来的幻象。目前 VR 技术已经逐渐走向成熟，并且向着视觉、听觉、触觉多感官沉浸式体验的方向发展。同时，相应硬件设备也在朝着微型化、移动化发展。

二、外军高度重视模拟仿真在国防建设中应用

美国是世界上最早开始模拟训练的国家之一，美军是最早开始模拟训练的军队。早在 20 世纪中叶美军便开始将模拟训练用于飞行员、航天员、坦克驾驶员等的训练。美军为保持战斗力、减少战斗伤亡、节约培训成本，

以及获得更有效的训练方式、大力推动了模拟医学训练的发展，研制出一系列的局部以及全身的医学模拟训练器，具有较强的医学模拟训练能力。为了把握 VR 技术优势，美、英、日等国政府及相关大公司不惜巨资在该领域进行研发，并显示出良好的应用前景。近几年来，VR 技术随着美军 21 世纪数字化部队计划的实施，以及美国在热点地区部署维和部队所需的遥控医学技术中，得到了实际的应用并显示出传统手段无法比拟的作用。

美国国防部高度重视仿真技术的发展，美国一直将建模与仿真列为重要的国防关键技术。1992 年公布了"国防建模与仿真倡议"，并成立了国防建模与仿真办公室，负责倡议的实施。1992 年 7 月美国国防部公布了"国防科学技术战略"，"综合仿真环境"被列为保持美国军事优势的七大推动技术之一；1995 年 10 月，美国国防部公布了"建模与仿真主计划"，提出了美国国防部建模与仿真的 6 个主目标；1997 年度的"美国国防技术领域计划"，将"建模与仿真"列为有助于能极大提高军事能力的四大支柱的一项重要技术。同时美国国防科学局认为建立集成的综合仿真环境和仿真系统，必须解决五个层次的技术。美国军方先后制定了 SIMNET、ACTD STOW、JSIMS WARSIM 等计划，目的是打造一个逼真的虚拟战场，演示人在回路仿真器在作战环境下的功能和性能。

三、VR 技术在核化生医学模拟训练应用

美军高度重视运用新技术进行化生放核模拟训练。美军认为，化生放核模拟训练实施简单，物资与经费消耗少，安全可靠性高，不会对环境造成大的污染和破坏，综合效益明显。目前，美军各级部队普遍采用了化生放核模拟训练，节约了训练成本，提高了训练效果。美军依托现代计算机

网络技术和通信技术，经过多年努力，已建成多层次、多种类的信息化战斗训练中心体系，并在训练实践中逐步形成了各部队基地化化生放核训练的模式，其训练范围也从单兵化生放核训练发展到战术、战役层次化生放核综合演练，在化生放核训练中发挥了日益重要的作用。

目前，外军先后运用 VR 技术在计算机上生成虚拟战场核化生环境，可以模拟核爆沉降、化学毒剂云团扩散、放射性衰变、多次攻击/袭击模拟、低水平危险物质模拟等，通过选择地形、气象、温度、湿度等自然条件，采用高斯或粒子扩散模型，在电子地图上生成三维的危险物质扩散模型和大范围污染区域等。

（一）联合生物点源探测系统（JBPDS）

该系统由通用生物套件构成，可安装到车辆、舰船和固定场所，如安装在 M31A2 生物集成探测系统（BIDS）以及斯特瑞克核生化侦察车上，为三军人员提供生物战剂探测识别能力，能快速进行全自动地探测、报警，并能与联合报警报知网络（JWARN）连接。系统能同时识别 10 种不同的生物战剂，还能采集液体样品。计划的产品改进集中于减少体积、重量和功耗，同时提高系统的可靠性。

（二）固定地点的模拟、仿真训练与分析软件（STAFFS）

研制目的是基于陆军、海军、空军和海军陆战队联合核化生防护训练的需要。其主要功能：一是确定军事基地或固定地点核化生战场环境下的作战效能；二是与主要的核化生模拟、仿真模型及数据库进行接口。STAFFS 是一种通用的模拟仿真模型，可以显示在固定地点、设施的作战效能，例如空军基地、机场、港口等，具有分析毒剂、生物战剂袭击及作战效能的能力。STAFFS 目前投入使用并将进一步完善，支持分布交互环境下的实战演习和训练，作战分析与需求分析等主要功能。

作战演习软件与 STAFFS 交互运行，接受使用输入数据，为其他模型软件提供输出数据，实现了人机互动网络程序和仿真。分析软件包括许多不同的模拟和仿真案例并为不同的使用者提供了专用界面。STAFFS 由美国空军研究实验室（AFRL）研制，目前用于部分核化生防护训练。

（三）有效应急响应训练系统（VERTS）

有效应急响应训练系统（VERTS）是美国陆军新近研制的模拟训练系统，其主要功能是：一是为陆军国民警卫队的大规模杀伤性武器民事支援分队（WMDCST）进行特殊任务训练提供视觉效果真实的训练、环境；二是提供了军队兵力部署和装备部署情况显示，而且还可以显示地方应急救援人员和装备的部署使用情况；三是提供每个城市主要设施的图像和建筑结构数据库。

VERTS 系统支持个人和集体两种训练模式，提供了所有 CST 训练任务模拟。VERTS 还提供了现实场景的任务演习。通过交互式网络 VERTS，可以使部队不用集结到一起就能共同训练。一旦 VERTS 得到 CST 的验证，它还可以训练国防部其他机构和人员。该模拟系统由一个 PC 机平台的模块式网络组成，可作为监测站、作战/训练指挥站、医务站、网络服务器、数据记录站等使用。

（四）CBRNE 医学模拟训练系统（OLIVE）

在线虚拟交互环境 OLIVE（On-Line Interactive Virtual Environment，OLIVE）的软件是由 Forterra 公司在多玩家在线角色扮演游戏技术的基础上开发的，其目的是提高人们对 CBRNE 突发事件的第一反应。Forterra 公司还与斯坦福大学医学院合作，开设了一个 CBRNE 虚拟诊室培训课程，该课程介于书本学习和临床实践之间，能够为学生提供更加经济和安全的实战演习。目前，美国国防部小企业创新研究项目（SBIR）已向 Forterra 公司追加了拨款，以推动该产品的研发进程，该项目名称为化生放核应急医学救援。

将利用虚拟技术开发系统，开展 CBRNE 应急医学救援，主要包括 CBRNE 场景开发核心课程，释放沙林毒气和爆炸放射性"脏弹"。培训课程内容包括受训者、学习目标、培训方法、绩效评估和项目评估。CBRNE 医学模拟训练系统如图 1 所示。

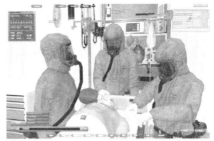

图 1　CBRNE 医学模拟训练系统

（五）创伤模拟器

2020 年 COVID-19 在全球爆发，并夺走了许多人的生命。军队医务人员保障任务繁重，接触感染人员概率大、风险高，因此，医生和护士需要培训如何穿戴和移除个人防护装备。适当使用个人防护装备是防止 SARS-CoV-2 在医护人员中传播的主要工具。基于此，创伤模拟器（Trauma Simulator）开发商 Exonicus 公司与拉脱维亚里加斯特拉金什大学医学教育技术中心联合开发了新的虚拟训练场景（图 2），主要是用于培训使用个人防护装备（PPE）。通过 VR 模拟一名军队医务人员，训练自己的医疗救护能力。该系统有多种伤员救治场景，如大出血、气道梗阻、张力性气胸、多发切割伤处置以及 COVID 个人防护等，目前仅有 COVID 个人防护装备穿戴培训场景是可以免费使用的。该软件获得了美国陆军医疗研究单位的支持。该系统还可以用于其他传染病的防护，以及培训照顾暴露于辐射或正在接受生物治疗或化疗的病人的场景。

图 2　Trauma Simulator 场景

（六）Zero Hour：AMERICA'S MEDIC

Zero Hour 是 2014 年 10 月 Virtual Heroes 公司发布，旨在通过治疗、分诊和事件指挥来训练急救人员对大规模伤亡事件，包括生物、化学、地震、爆炸和恐怖袭击的应急医学救援（图 3）。目标受众包括院前急救医生，特别是辅助医务人员；可以模拟检伤分类、救治的整个环节和流程；可以进行肺/呼吸系统项目、心脏复苏、外伤手术、急救等训练，包括防护装备，如面罩头盔、眼罩、N100 口罩、空气净化呼吸器、电动空气净化呼吸器、自备氧气呼吸器、防水服、靴子和橡胶手套、化学服、靴子和橡胶手套等装备的穿戴。

（七）奥地利利用 VR 技术用于 CBRN 的防御训练

奥地利国防研究院正在研究利用 VR 技术辅助 CBRN 防御训练，阐述了 VR 技术在 CBRN 事件响应应用的基本概念，开发的系统实现了多人协作和互动，演示了系统的训练能力。多用户虚拟现实培训系统可以创建多用户培训场景和自定义场景，以便后续进行多用户培训（图 4）。并且，具有开放的硬件和软件接口，允许各种设备接入使用。

图 3　Zero Hour 系统虚拟场景

图 4　多用户虚拟现实培训场景

四、国外核化生模拟训练特点

(一)核化生防护信息化、训练模拟化、数字化

国外建立了一整套行之有效的训练与人才培养手段,陆军训练与条令司令部提出的"21世纪陆军训练构想"中增设了核化生防护训练内容,积极利用计算机、虚拟现实和超实时模拟等技术用于训练。提高了参训人员遂行在信息化条件下的防化保障任务的能力。外军不仅依靠军事院校培养军事人才,还与地方院校、科研机构合作交流。通过多种渠道获取、了解最新咨询和技术,并积极应用到军事领域。

建设模拟核化生环境是实现核化生防护训练融合化、信息化、实战化的有效途径,同时也是世界各国军队发展核化生防护训练的趋势。目前,外军先后运用VR技术在计算机上生成虚拟战场核化生环境,其中RAD plume放射性烟羽模拟系统和美国陆军的近战战术训练系统最具代表。两者都可以模拟核爆沉降、化学毒剂云团扩散、放射性衰变、多次攻击/袭击模拟、低水平危险物质模拟等,通过选择地形、气象、温度、湿度等自然条件,采用高斯或粒子扩散模型,在电子地图上生成三维的危险物质扩散模型和大范围污染区域。

(二)充分开展网络化、模拟化和基地化训练

外军在核化生防护训练中,注重远程学习、计算机模拟和VR等新兴技术,使部队在驻地就可接受核化生训练。核化生训练计划包括个人和集体实战技能训练,同时尽可能最大程度地提高远程学习、计算机模拟和VR等新兴技术的使用效率。如专门负责生物武器防护的陆军传染病医学研究所为各军种开发研制了"生物武器伤亡的医疗管理"和"战场实地管理"的

网上训练平台,并与疾病控制与预防中心合作,通过长约 16 小时的网络视频使部队在驻地通过计算机就可进行训练;陆军通过在线录像、互联网和卫星使部队在驻地就可以接受核化生训练。

外军高度重视运用新技术进行核化生模拟训练。核化生模拟训练实施简单,物资与经费消耗少,安全可靠性高,不会对环境造成大的污染和破坏,综合效益明显。目前,外军各级部队普遍采用了核化生模拟训练,节约了训练成本,提高了训练效果。美军依托现代计算机网络技术和通信技术,经过多年努力,已建成多层次、多种类的信息化战斗训练中心体系,并在训练实践中逐步形成了各部队基地化核化生训练的模式,其训练范围也从单兵核化生训练发展到战术、战役层次核化生综合演练,在核化生训练中发挥了日益重要的作用。

(三)结合各类演习开展实战化模拟化训练

外军还通过参与各类反核生化恐怖演习和核化事故应急救援演练,提升部队的整体核化生训练水平。近年来,美军化学兵广泛参与了跨国或跨机构的"黑暗冬季""联合援助""高官一号""高官二号""高官三号"等反核生化恐怖演习。美军认为,通过上述联合演练,核化生训练实战水平将得到大幅提升。

外军训练装备的概念和内涵不断变化,训练装备的功能也不断拓展,已从单纯模仿作战装备的外形发展成为外形和性能兼顾,突出对防化装备性能的模拟。把科学技术作为训练装备发展的重要支撑,极大地推进了外军防化训练装备向仿真化、智能化和系统化方向发展。美军开发研制的"狐式"侦察车训练系统采用了分布交互式系统,虚拟原型系统、高层体系结构,将自然环境服务器、核化生辐射模拟器和核化生传感器模拟器集成于一体。美军还利用计算机仿真技术成功研制了洗消作业训练系统,为优化洗消作业训练提供依据。

（四）开发多种核化生模拟训练系统和装备

外军不断开发多种核化生模拟训练系统和装备。美国国防部研制的联合毒剂检测器，可适应不同任务和军用平台的需求，能机载、舰载、车载、单兵携带、工事使用等。为实现对人口稠密地区化生放危害的及时报警，美国国土安全部正计划投资研究一种能置于手机内的化生放探测器，该探测器利用手机已有的电池和全球定位系统，探测手机附近环境中的化生放危害。从未来作战模式和特点出发，考虑全方位防护需求和携带方便，外军提出单兵综合防护系统的发展思路，如美、俄、英、法等国都为单兵装备了便携式个人洗消器材，可以使受染人员在短时间内完成自行洗消。

（五）军民融合加强核化生模拟训练不断发展

经过多年发展，美军逐步建成了多层次的模拟系统，基本能够满足部队各个层次展开训练的需要。为了使训练装备发展更系统、更全面，美国成立了国家模拟中心，后又把国家模拟训练中心重组为美军联合武装力量中心的下属机构，作为美军模拟训练管理的执行部门，专门负责美军训练装备的开发、模拟训练系统的拓展和维护，并为美军各类演习提供技术支持。目前，外军在战略、战役和战术层次上都具有相应的训练装备模拟系统。战略层次有应对国家核化生危机的联合报警与报知网络，在战役层次上有提供核化生作战模拟的军团战役模拟系统，在战术层次上有提供化学/核防护模型以及烟幕伪装模型的旅/营作战模拟系统。

（军事科学院军事医学研究院　刘伟）

附 录

2021年国防生物与医学领域科技发展十大事件

一、美军研究利用生物水泥快速建设战区前沿机场

2021年，在DARPA"工程活体材料"项目前期研究基础上，美国空军、海军陆战队与DARPA合作，生物水泥研发试验取得重要进展。该生物水泥技术只需将生物细菌播种于当地土壤或石块骨料中，利用装有营养剂的喷雾器喷洒喂养，3天内就可胶结成坚固的生物水泥机场，具有工程建设周期短、成本低、隐蔽性高、可自修复等优点。该项目在3月完成倾转旋翼机CV-22停机坪建设试验，8月完成直升机MH-60停机坪建设，9月完成C-17战略运输机机场建设，相关性能达到飞机起降要求。未来作战中，美军可利用生物水泥技术在亚太地区快速、隐蔽、经济地建设并维持一个简易机场群，支撑空中力量实现分布式敏捷作战；可依托前沿简易机场，利用战略战术运输机快速投送陆基远程精确打击武器，突袭对手纵深战略目标和海上舰船等。

二、DARPA 生命铸造厂高性能材料生产向军种转化

2021 年，DARPA 生命铸造厂项目可生产超过 1630 个复杂稀缺的高性能分子和材料，成果已向各军种转化。项目主要利用合成生物学实现超常材料的设计和制造，开发了多功能生物合成平台，生物合成设计时间缩至 1 天，生物制品生产提速 7.5 倍，可生产低成本的耐高温涂料以及喷气式飞机和导弹燃料等超常材料。DARPA 与海军空战中心武器部合作开发了生产高性能化学品和材料的工具，将前体分子转化为高能量密度燃料、高能材料、热稳定聚合物和高性能复合材料；与陆军化生中心合作开发可抵御化生战剂的过滤器、织物和洗消湿巾等产品；与空军研究实验室合作开发生物衍生分子激光护眼罩；与空军航空系统局合作测试军机生物合成燃料；与陆军研究实验室合作研发车辆装甲黏合剂等材料。美军正聚焦食品、高性能材料、润滑剂等后勤保障物资的作战前沿快速按需生产，一旦研发成功将大大降低后勤保障需求，支撑敏捷作战。

三、美国陆军"集成视觉增强系统"进入快速部署阶段

2021 年 3 月，美国陆军宣布授予微软公司价值 219 亿美元的"集成视觉增强系统"生产协议，要求其在 10 年内向陆军交付 12 万台增强现实头盔。"集成视觉增强系统"是以微软公司混合现实头戴式显示器为基础的军用级增强现实头盔，旨在提供增强的态势感知、目标瞄准和知情决策能力，应用于作战、演练和训练。这标志着该项目从快速原型设计阶段进入生产制造和快速部署阶段，将为美国陆军"近距离作战部队"批量配备 AR 技

术,提供更强的态势感知能力、团队指挥能力和军事训练能力。美国陆军要求微软公司生产的"集成视觉增强系统"被认为是一种"作战－预演－训练"系统,具有战斗倍增器的作用,不仅能够使作战人员看到战场环境的增强显示信息,迅速调整作战策略,在快速变化的战场环境中谋求"先敌一步";也可通过构建基于AR等技术的高度逼真的虚拟战场,使作战人员在部署前掌握作战地域情况,提高军事训练效率和杀伤力。

四、美军新一代非侵入神经技术项目进入第二阶段

2021年3月,DARPA资助美国巴特尔纪念研究所,标志着该局"新一代非侵入性神经技术"(N3)项目研究正式进入第二阶段。该项目旨在开发新一代高分辨率非侵入式双向脑机接口,同时写入和读取多个位点信息。项目开发了一种名为"大脑风暴"的脑机系统,其核心元件是电磁纳米转换器,可通过磁场能量与电场能量的双向交换,非接触式激活目标神经元;将电磁纳米转换器注入人体循环系统,利用磁铁将其引导至目标脑区,在脑与神经接口之间搭建双向连接通道,为精准读取和写入神经元信号创造了条件。电磁纳米转换器是N3项目研发团队取得的关键性成果,未来相关人员将重点优化电磁纳米转换器,同步推进外部信息编写接口的构建和测试工作,实现脑接接口多信道无障碍联通,有望提高士兵与武器装备的高水平交互能力,实现士兵的超级认知、快速决策、超脑及脑控能力。

五、美国空军研发新的训练方法改善人体效能

2021年2月,美国空军研究实验室研发可提高人体效能的"人体工程

弹性优化"（HERO）的训练新方法，通过数据收集、参数确定、数据分析来改进和验证。项目组首先在阿拉巴马州亨茨维尔市警察局开展了这种训练技术的测试工作，跟踪参与者在数月内的训练情况来评估训练方法的有效性。训练中让受试者执行多类需要体力、集中、专注、回忆和决策能力的任务，包括在执行脑力任务或执行复杂机械任务的同时进行体育锻炼。研究发现，参与者的技能和完成时间均有所提高，表明参与者在认知和生理方面均显著进步。这种训练方法不仅可以用来训练飞行员表现得更好，而且还可以减少特殊任务训练时间，帮助飞行员在战场上遇到高风险情况下仍能更好完成任务。

六、美军研发单兵生物防护系统

2021年4月，DARPA授出"单兵生物防护系统"项目合同，旨在研发智能的轻质材料以及先进的组织防护技术，为应对生化威胁提供按需、广谱、快速、长期保护。该项目为期5年，主要包括两个技术领域：一是利用酶、分子、纳米孔或其他技术和材料的组合，研发覆盖活性涂层的新型隔离材料，通过阻断、降解等方式有效防护10种以上有害化学生物剂。同时，材料应具有抗磨损、防水、透气、持久耐用等特性，符合军用制服的标准和要求。二是利用共生的、合成的生物分子和纳米粒子成分研发新型技术平台，以消除有害化学生物剂对人体内部组织屏障的威胁，并可以在室温环境下保持稳定性。该项目研发成功后，将极大地解决美军目前列装的单兵防护装备往往仅针对单一化学或生物剂，对其他化生威胁没有很好的防护效果的问题，同时有效提高了美军部队的机动性和信息化水平。

七、美军研发生物混合机器人

2021年4月,美国陆军研究实验室的科学家将生物有机组织与机器融合在一起,打造生物混合机器人。生物混合机器人是把肌肉组织连接到两个固体表面,通过电脉冲或化学刺激来开启或关闭肌肉,使其像弹簧一样收缩或放松。生物混合机器人利用高超的生物控制系统,以及肌肉和肌腱灵活弯曲的能力,为机器人控制提供强大的自适应性和灵活性,效能明显优于传统机器人,比仅由金属和塑料等非生物成分制成的机器人更具通用性、适应性和复杂性,在进入不可预测的复杂环境时能够立即调整姿态以适应不稳定的地形。预计其未来应用主要在高敏捷性、多功能性的足式运动平台以及扑翼式无人机等,有助于进入目前无法涉及的区域,对未来多域战军事行动成功发挥重要作用。

八、美国空军研究应激和疲劳生物传感器

2021年3月,美国空军研究实验室纳米生物材料联盟启动可检测应激和疲劳的生物传感器项目,将用于实时监测飞行员的应激和疲劳状态。该项目将采用石墨烯场效应晶体管这一新型生物传感器,一旦分子识别元件识别到"目标"生物标志物(如神经肽Y或应激激素皮质醇)的数据大于正常数值,石墨烯场效应晶体管的电导率就会发生变化,继而传感器产生实时响应信号,可及时提示飞行员处于应激和疲劳状态。该传感器主要检测汗液和唾液中的目标生物标志物,因此可以达到完全无创。该传感器既可以集成到可穿戴设备(如健身跟踪器)中对飞行员健康状况进行长期持

续监测，确保飞行员处于最佳战备状态，也可以作为一次性传感器，在战场救治中大规模快速检测使用。

九、美国陆军研发出基于蛋白质纳米线的新型电子设备

2021年6月，美国陆军研究实验室的资助美国马萨诸塞大学阿默斯特分校的研究团队研发了一种能够处理超低电子信号的新型电子设备，其特点是能够在没有任何外部能量输入的情况下，对信息输入做出智能响应，希望能够借此打造自我维持智能微系统。这套微系统的两个关键组件包括由蛋白质纳米线制成的空气发电器（Air – Gen），可从周围环境/湿度中产生电力，以及利用蛋白质纳米线打造的"忆阻器"电子设备。新型微系统能够借助Air – Gen产生的电力，用于驱动忆阻器传感器和电路。这种方法避免了环境刺激和神经形态装置中的驱动幅度之间的信号不匹配，通过在生物水平上实现信号匹配，证明了多功能、自我维持的神经形态接口，可实现生物幅度（<100毫伏）的信号处理和能量收集。这套电子微系统能够从环境中汲取能量来支撑传感与计算，而无须电池等外部能源，且具有与生物体相当的"智能"和自我维持能力。该研究预示着由可持续生物材料制成的未来绿色电子产品将具有巨大的潜力，且这些材料更易于同人体或不同环境相互作用。

十、DARPA启动"全球核酸按需供应"项目

2021年2月，针对作战环境日益严峻的生化威胁，DARPA启动了全球核酸供应项目（NOW）。该项目旨在开发能够在作战环境快速大规模生产核

酸药物（包括 DNA 和 RNA）的移动平台，能够在几天内快速生产、配制和组装数百剂核酸治疗产品。该平台能够在各种环境条件下，以符合标准生产规范的流程完成产品制造。该项目将开发新的技术能力，包括：设计新的生物和化学过程，提升核酸合成的效率、精度和速度；设计满足管理标准的高质量自动化核酸药物生产线；开发新型在线提纯和分析工具。此外，该平台可以保证在开展军事行动的任何地方，即时提供应对各类威胁的救治产品。该移动平台在即时生产救治产品方面具有巨大优势，能减轻后勤负担。若项目获得成功，将为全球作战的美军提供更易获取的核酸药物，迅速应对生化威胁，减少疾病危害。

2021年国防生物与医学领域科技发展大事记

美军签署大气水分提取项目合同　1月，DARPA宣布与通用电气公司等5家单位签署大气水分提取项目（AWE）的研发合同。大气水分提取项目是DARPA 2021财年新增的研究项目，旨在利用先进工程制造技术和新型可吸附材料，从大气中提取可供美军士兵直接饮用的洁净水，为军事作业提供保障。大气水分提取项目将通过研发小型、轻薄、低功耗、可配置的系统，直接从大气中提取水分，为美军开展一系列的军事行动以及维和、人道主义救援等非战争军事行动提供饮用水。DARPA支持研究团队采用各种技术方法，重点是研发能够从空气中快速提取水分，并以最小的功耗来快速释放水分的先进吸附剂。这些吸附剂材料可以为大气水分提取项目提供潜在的解决方案，前提是能够以必要的规模生产，并在数千个提取周期内保持稳定。除了研发新型吸附剂外，研究人员还需要设计系统，通过大幅降低体积、重量和功耗，优化系统对高度机动部队的适用性。大气水分提取项目经理赛斯·科恩（Seth Cohen）表示，获得清洁用水对美军士兵至关重要，目前部队的饮用水供应需求对卫勤保障提出了巨大挑战。该项目承研单位需要综合利用高级建模、创新工程以及先进制造技术来进行系统研发，这将有助于美军保持战备状态，减少饮用水运输和配发等方面的成本。

美国发布《医疗卫生人工智能战略》 1月24日，美国卫生与公众服务部（HHS）发布了《医疗卫生人工智能战略》（artificial intelligence in health care strategy），纲领性地阐述了美国在医疗卫生领域推行使用人工智能技术的发展战略。该战略主要由卫生与公众服务部首席人工智能官奥基·梅克（Oki Mek）发布，主要由四个部分构成：一是提出了美国卫生与公共服务部的任务和人工智能未来构想；二是制定了人工智能在医疗卫生领域的战略方针；三是具体实施和监管；四是结论。从《医疗卫生人工智能战略》中可以看出，美国卫生与公众服务部认识到人工智能将在未来成为其使命的关键推动者，而制定该战略的最终目也是将卫生与公众服务部转变为人工智能驱动型事业，利用人工智能解决以前无法解决的问题，成立专人专管的委员会，在整个部门范围内扩大了值得信赖的人工智能的采用。毋庸置疑，这是美国医疗卫生人工智能革命的序曲。

DARPA启动"全球核酸按需供应"项目 2月，针对作战环境日益严峻的生化威胁，DARPA启动了全球核酸供应项目（Nucleic acids On-demand Worldwide，NOW）。项目旨在开发能够在作战环境快速生产大量核酸药物（包括DNA和RNA）的移动平台，能够在几天内快速生产、配制和组装数百剂核酸治疗产品。该平台有望提供超越当前基于细胞方法的技术体系，并能够在各种环境条件下，以符合标准生产规范（GMP）的流程完成产品制造。该项目将开发新的技术能力，包括：设计新的生物和化学过程，提升核酸合成的效率、精度和速度；设计满足管理标准的高质量自动化核酸药物生产线；开发新型在线提纯和分析工具。此外，该平台的可移动性可以保证在开展军事行动的任何地方，即时提供应对各类威胁的救治产品。

该移动平台在即时生产救治产品方面具有巨大优势，能减轻后勤负担。若项目获得成功，将为全球作战的美军提供弹性、容易获取的核酸药物生产线，迅速应对生化威胁，减少疾病危害。

美国空军研发训练方法改善人体效能 美国空军研究实验室（AFRL）2021年2月，空军研究实验室将与Engineering Sports Performance公司和RippleWorx公司合作，探索可提高人体效能的训练方法。AFRL于2014年首次与Engineering Sports Performance公司合作，对一组空军士兵进行了为期8周的强化训练。受试者完成一系列训练任务，包括在执行脑力任务或执行复杂机械任务的同时进行体育锻炼，这些任务不仅需要体力，还需要注意力、记忆力和决策能力。研究表明，训练显著提高了受试者的认知和生理效能，经改进后可以针对性地提高士兵的相关效能。为此，AFRL与上述公司合作制定了名为"人体工程弹性优化"（HERO）的训练方案。根据协议，Engineering Sports Performance公司和RippleWorx公司将负责训练开发和实施，而AFRL通过数据收集、参数确定、数据分析来改进和验证HERO模型。这两家公司将首先在阿拉巴马州亨茨维尔市警察局开展这种训练技术的测试工作，跟踪参与者在数月内的训练情况来评估训练方法的有效性。这种特殊训练方法不仅可以提高飞行员的相关效能，而且可以减少训练时间，帮助飞行员在战场上遇到高应激风险情况下仍能更好完成任务。

美军开展新冠肺炎队列研究 2月18日，美军医科大学传染病临床研究计划（IDCRP）正在开展一项多年期研究，确定军人感染新冠肺炎的危险因素、症状、病程及临床结果。该项目名为"具有大流行潜力的新发传染病的流行病学、免疫学和临床特征"（EPICC），希望帮助美军卫生系统改善新冠患者救治与感染预防。研究结果"将有助于进一步了解新冠病毒感染对现役军人战备水平、急性和慢性临床结果、新药物和疫苗有效性的影响，并解决与新冠变异株及其临床影响有关的问题。这项研究还将评估新冠疫苗的免疫反应持续时间、突破性感染以及它们随时间变化的情况，并评估疫苗的有效性。不仅有助于支持作战规划计划，而且为评估疫苗有效性提供了重要基础。

美军新一代非侵入神经技术进入第二阶段　3月消息，美国巴特尔纪念研究所获得资助，将继续推进该局"新一代非侵入性神经技术（N3）"项目的第二阶段。该项目将分3个阶段完成。目前，各研究机构已顺利完成第一阶段工作，开发了一种名为"大脑风暴"（brain STORMS）的脑机系统，可用于传输或接收磁电信号，其中磁电纳米转换器是这一阶段的核心成果之一。研究团队明确了磁电纳米转换器的主要物理原理，即通过磁场能量与电场能量的双向交换，实现神经元的非接触式激活。在脑机接口应用系统中，可将磁电纳米转换器注入人体循环系统，利用磁铁将其引导至目标脑区，实现脑与神经接口的双向连接。脑机系统团队利用"大脑风暴"在电磁、纳米材料以及神经学领域取得一系列成果，实现了对神经元信号的精准读取和写入。

美国空军研究应激和疲劳生物传感器　据美国空军研究实验室（AFRL）2021年3月报道，该实验室新成立的纳米生物材料联盟（NBMC）与美国凯斯西储大学合作研发可检测应激和疲劳生物标志物的生物传感器，实时监测飞行员的应激和疲劳状态。空军研究实验室提供项目经费200万美元，凯斯西储大学提供1∶1的配套经费。据介绍，研究将采用石墨烯场效应晶体管（FET）这一新型生物传感器，通过分子识别元件结合"目标"分子（例如神经肽Y或应激激素皮质醇），利用石墨烯场效应管的导电率变化生成可直接读出的实时电气响应结果。该传感器用于检测汗液和唾液中的目标生物标志物，因此完全无创。传感器既可以集成到可穿戴设备（如健身跟踪器）中进行长期研究，也可以在医院、战场等一次性使用。研发关键是找到最可能结合目标的分子识别元件，凯斯西储大学蛋白质组学和生物信息学中心利用同步加速器分析和研究了目前发现的几种分子识别元件的结构，显示它们很容易与目标激素和神经肽相互作用。

美军研发大数据和人工智能医疗算法 据 GCN 网站 2021 年 3 月 24 日报道，美国陆军资助开展"交互式操作治疗与护理算法"（iACT）项目，旨在更好救护因伤病而丧失能力的士兵。该项目为期 5 年，将采用人工智能算法为士兵和医护人员提供症状、警告和建议，使他们有更好的能力监测、诊断、分流和治疗。医疗技术企业联盟（MTEC）设计了一个可交互式操作的治疗和护理算法原型，可集成大数据和人工智能等多项技术，将算法和大规模的医疗数据库集成在一个基于机器学习的临床决策支持工具中。可访问的数据集将包括大量真实的医疗创伤病例数据，包括病人诊断、完整的生命体征数据集、治疗药物、病人的结果。"交互式操作治疗和护理算法"将分析人工输入的数据以及从生命体征监测仪收集到的数据，并利用其决策支持功能，提供医疗建议。该系统还具有预测功能，为军事人员提供基于人工智能的警报，预测患者受伤模式和可能恶化的时间。

美国陆军"集成视觉增强系统"进入快速部署阶段 3 月 31 日，美国陆军宣布授予微软公司价值 219 亿美元的"集成视觉增强系统"（IVAS）生产协议，要求其在 10 年内向陆军交付 12 万台增强现实头盔。"集成视觉增强系统"是以微软公司混合现实头戴式显示器（HoloLens）为基础的军用级增强现实头盔，旨在提供增强的态势感知、目标瞄准和知情决策能力，应用于作战、演练和训练。这标志着该项目从快速原型设计阶段进入生产制造和快速部署阶段，将为美国陆军"近距离作战部队"（CCF）批量配备增强现实技术，提供更强的态势感知能力、团队指挥能力和军事训练能力。美国陆军要求微软公司生产的"集成视觉增强系统"被认为是一种"作战－预演－训练"系统，具有战斗倍增器的作用，不仅能够使作战人员看到战场环境的增强显示信息，迅速调整作战策略，在快速变化的战场环境中谋求"先敌一步"；也可通过构建基于增强现实等技术的高度逼真的虚拟战场，使作战人员在部署前掌握作战地域情况，提高军事训练效率和杀伤力。

美军研发单兵生物防护系统 4月，DARPA宣布与FLIR Systems公司、Leidos公司和Charles River Analytics公司签署"单兵生物防护系统"（Personalized Protective Biosystem，PPB）项目合作协议，研发智能的轻质材料以及先进的组织防护技术，为应对化学生物（CB）威胁提供按需、广谱、快速、长期保护。"单兵生物防护系统"项目为期5年，涉及2个技术领域。一是利用酶、分子、纳米孔或其他技术和材料的组合，研发覆盖活性涂层的新型隔离材料，目标是通过阻断、降解等方式，有效防护10种以上有害化学生物剂。同时，材料应具有抗磨损、防水、透气、持久耐用等特性，符合军用制服的标准和要求。二是利用共生的、合成的生物分子和纳米粒子成分研发新型技术平台，可以消除有害化学生物剂对人体内部组织屏障的威胁，并可以在室温环境下保持稳定。

美军研发生物混合机器人 据美国陆军研究实验室2021年4月报道，陆军研究实验室的科学家们正着手将生物有机组织与机器融合在一起，打造生物混合机器人。现有军用机器人均为轮式，在平整路面上表现很好，但如果突然转到砾石路面上就会大打折扣，部分原因是其刚性执行机构无法快速适应意外情况。而动物则能很好适应这种突然变化，因为其具有高超的生物控制系统，以及肌肉和肌腱灵活弯曲的能力，为控制系统提供了适应性。肌肉组织在将能量转化为运动的过程中具有非常大的灵活性，明显优于传统电机。这种强大能力非常值得借鉴，因为军用机器人需要进入不可预测的未知环境，需要能够适应计划之外的各种情况。目前，陆军研究实验室正与杜克大学、北卡罗来纳大学合作，在实验室培育多种动物的肌肉组织，以便深入了解肌肉组织的工作原理，以及如何将其整合到机器系统中，从而完成长时间工作。科学家的想法是把肌肉组织连接到两个固体表面，通过电脉冲或化学刺激来开启或关闭肌肉，使其像弹簧一样收缩或放松。预计其未来应用将包括足式运动平台、足式班组支援系统以及扑翼式无人机等。

美国智库发布国防部全球卫生战略能力报告 5月，美国战略与国际研究中心（CSIS）发布《新冠疫情告诉我们如何加强国防部全球卫生安全能力?》报告。该报告明确国防部应是国家生物安全主要机构，并将抗击生物威胁作为其主要职能。报告主要包括六大部分，一是提高抗击生物威胁斗争的地位。国防部是国家生物安全的主要机构，明确抗击生物威胁为其主要职能之一。二是保护美军重要资产。报告指出，在应对全球卫生安全问题时，首先要明确美军的相关资产问题，包括资产的完整性、预算、领导力等。三是保留专业人才。美国国防部对国内外卫生安全的贡献主要是军队卫生系统（MHS）的"人才库"。四是启动盟友安全合作倡议。国防部应发起一项促进盟友合作的倡议，并在主要盟国间建立卫生安全合作。该倡议不仅应该符合美国的外交政策，还需要得到白宫和国会的资金支持。五是开展国际可持续项目。美国国防部应将现有的国际卫生参与活动转变为可持续的综合项目，将现有的国防部海外卫生计划与基于全球卫生战略的美国能力建设更紧密地结合。六是注重协调沟通。协调国防部等机构间的合作，将极大地提高美国政府实现国际卫生安全工作的效率。

美国国防部宣布2021财年生物技术计划项目 5月7日，美国国防部宣布"优化作战战术生物技术"(BOOST)计划2021财年资助的5个项目，经费共计500万美元。获得资助的5个项目分别是：①海军研究实验室的增强线性传感系统；②美国陆军作战能力发展司令部（CCDC）化生中心的炸药重要高能前体1，2，4-丁三醇的生物制造；③海军空战中心中国湖武器部的蛛丝纤维先进材料电纺生物合成；④海军研究实验室的热防护黑色素基烧蚀复合材料的生物制造；⑤美国陆军作战能力发展司令部士兵中心的基于生物技术士兵饮用水快速监测。BOOST计划由负责研究与工程的美国国防部副部长下属的国防研究与技术局（DDRE R&T）管理。旨在加强美军生物技术专家与企业研发人员之间的联系，加速作战生物技术的实战部署。国防研究与技术局代理局长雷吉芬（JihFen Lei）博士表示，国防部希望通过BOOST计划为美军推进生物技术研发提供指导和支持，加快军用生物技术现代化，保持美国的技术优势。国防研究与技术局生物技术处代理处长斯蒂芬妮·罗杰斯（Stephanie Rogers）博士表示，生物技术将从根本上改变未来战场和作战人员能力。为此美军必须预见并推动生物技术的重大进展与突破，其中BOOST计划将发挥不可或缺的作用。

美军研发战场用新型止血凝胶 据美国《军事》网站（Military.com）2021年5月7日报道，在美国国防卫生局小企业创新研究计划的资助下，混合塑料（Hybrid Plastics）公司、密西西比大学医学中心、范德比尔特大学和伊乔科技（Ichor Sciences）公司正在共同研发一种新型止血凝胶Stat-Bond，可以用于压力绷带无法止血的身体交接部位止血，如腹股沟、腋下、颈部和内脏器官的出血控制。该技术的突破性在于止血凝胶能够流入穿透性伤口深处，并立即密封防止血液流失，从而使血液自然凝固在凝胶表面。这项技术提供了一种在有限条件下止血的新材料。美国陆军过去已经部署了快速有效的凝血剂，如速凝剂（QuickClot），但对动脉出血的止血效果有限。StatBond 含有多面体低聚硅氧烷（POSS），这是一种硅胶材料，可以将治疗剂注入伤口，且不会灼伤。此外，到目前为止的研究表明，多面体低聚硅氧烷材料不会导致任何细胞死亡或对身体产生任何毒性。这种止血材料可以留在体内，并随着时间的推移自然排除。StatBond 还可用于治疗肺部穿刺、眼睛受伤和烧伤伤口，并防止感染。虽然出血并不总是与这些类型的伤害有关，但 StatBond 封堵了受损组织，防止血液进一步流失，同时保持氧气输送到损伤处，有助于保护组织，支持自然愈合和组织再生。目前，该研究团队正在与美国陆军合作开展进一步研究，并接受美国食品药品管理局（FDA）的审批。预计这项技术将在 2022 年供医生使用，并有可能在 2025 年供士兵携带。

美军研发出血治疗人工生物复苏制品 5 月 11 日，DARPA 新推出"出血治疗人工生物复苏制品"项目（FSHARP）。该计划旨在利用人工生物血液替代技术开发可部署、存储稳定的通用全血替代品，并实现按需大量生产，应用到战场救治更多伤员生命。该计划为期 4 年，将主要聚焦 2 个技术领域：一是血液替代品的开发，其目标是开发多种具有治疗作用的活性人工生物血液成分，将这些成分整合开发成接近全血的复苏产品，同时具备全血给氧、止血和容积扩张等功能，并且无不良反应；二是大批量制造和生产，其目标是开发使该血液替代品易于携带的生产制造方法，能够在各种复杂军事行动环境中保持性能稳定，并完成大批量生产以满足战场需求，促进生产方法的革命性进步。该项目最终将开发出具有全血功能的可保存长达 6 个月的人工血液替代品，具有便携、可储存、无不良反应等优点，同时实现快速、可扩展、低成本和稳定的大批量生产制造以满足战场需求。该产品将能够快速与液体（如水或生理盐水）重组，只需简单搅拌就可以通过常用给药系统对伤员进行救治，将减少目前战场伤员救治对全血等血液制品的依赖，以满足伤员在战场严峻环境中对血液制品的迫切需求，对战场伤员救治将有重大意义。

美国陆军开发可穿戴式脑震荡诊断仪 5月18日，美国陆军医学研究发展司令部（USAMRDC）资助Oculogica公司200万美元，用于开发可穿戴式脑震荡诊断技术。Oculogica公司将与美国西点军校的凯勒陆军医院和日内瓦基金会等机构合作开发该技术。脑震荡检测技术可以实现对伤员进行快速、无创、可穿戴式的现场检测。Oculogica公司首席执行官罗希纳·萨曼达尼（Rosina Samandani）博士表示，每年约有1000多万人受脑震荡影响，越早诊断发现脑震荡，治疗的效果就越好。该项工作将在2021年下半年或2022年初开始。研究人员正在开发的新型无摄像头眼球追踪技术作为脑震荡多模式评估的关键技术，将成为这种新型可穿戴设备的关键组成部分。这种眼球追踪系统架构设计，可在移动中产生高速、高保真的数据，可以全天舒适佩戴。凯勒陆军医院评论称，可穿戴式脑震荡诊断仪可提供部署伤员高效和客观的信息，辅助诊断伤员脑震荡，监测远端与野外环境中的伤势恢复。该产品在军事和运动医学领域也有潜在的应用，可以客观识别遭受脑震荡的伤员，用于战场伤员救治时轻度创伤性脑损伤（mTBI）的评估。

美国研发可检测感染的荧光智能绷带 据美国国家科学基金会网站、美国罗德岛大学网站、美国生物技术网站2021年5月18日综合消息，美国国家科学基金会资助罗德岛大学研发出一种可检测伤口感染的荧光智能绷带，通过内置的纳米传感器自动检测伤口是否感染，当伤口感染时该绷带能够自动"发光"，提示医护人员进行紧急救治。该绷带由聚合物纤维材料、碳纳米管和微型设备组成，科学家将改良的单壁碳纳米管嵌入到绷带的单个聚合物纤维中。当伤口发生感染时，人体白细胞会产生过氧化氢化合物，从而使碳纳米管发出不同颜色和强度的荧光，绷带上的微型设备可以触发并分析荧光，然后向智能手机等终端设备发出受感染警报。研发这种"智能绷带"使用了基于纳米材料的高通量筛选技术、近红外显微镜和光谱学、可穿戴技术等多种先进技术。未来在军事应用上，有望尽早快速自动检测伤员伤口感染情况，对伤员实施更精准的救治，大幅降低伤员的伤残率，有效提高战场伤员救治水平。

科学家打造蛋白质纳米线电子设备 6月，美国马萨诸塞大学阿默斯特分校的研究团队，展示了一种能够处理超低电子信号的新型电子设备，其特点是能够在没有任何外部能量输入的情况下，对信息输入做出智能响应，就像自主生物体那样。相关论文发表于《自然·通信》(Nature Communications)上。这项研究得到了美国陆军研究实验室的资助，希望能够借此打造自我维持智能微系统。据悉，这套微系统的两个关键组件均由蛋白质纳米线制成。2020年，研究团队已发现能够利用基于蛋白质纳米线的空气发电器(Air–Gen)，从周围环境/湿度中产生电力。同年，研究团队还利用蛋白质纳米线打造了"忆阻器"电子设备。科学家此次将上述两项研究结合起来，其打造的新型微系统能够借助来自 Air–Gen 产生的电子，用于驱动由蛋白质纳米线忆阻器制造的传感器和电路。这套电子微系统能够从环境中汲取能量来支撑传感与计算，而无须电池等外部能源，且具有与生物体相当的"智能"和自我维持能力。该研究预示着由可持续生物材料制成的未来绿色电子产品将具有巨大的潜力，且这些材料更易于同人体或不同环境相互作用。

美军发布人工智能和数据加速倡议 6月22日，在美国国防部人工智能(AI)研讨会和技术交流开幕式上，发布了新的《人工智能和数据加速倡议》(DOD AI and Data Acceleration initiative)，目标是快速推进数据和人工智能相关概念。美国国防部最近制定了一系列数据法律条令，这将帮助美国获得人工智能优势。目前正在开展如下工作：一是国防部正在组建数据操作团队，这些团队将被派遣到所有11个作战司令部，开展数据登记、管理和自动化处理等工作；二是国防部将与其他先进技术专家团队建立新的长期数据合作关系；三是国防部将收集并使用来自数据团队、人工智能团队和作战指挥演习的信息，更新网络基础设施，消除政策障碍，确保全球作战能力的可靠性和有效性。该计划提供了一种系统化利用数据和人工智能的方法，也为太空任务开辟了一条新道路。

美军装备病原体检测新型试剂盒　8月，美国陆军卫生物资开发局（USAMMDA）宣布，其与BioFire Defense公司合作研发的"Global Fever Panel"检测试剂盒正式生产上市。该试剂盒于2020年11月获得美国食品药品监督管理局（FDA）批准，用于检测四种重要传染病病原体——基孔肯雅热、登革热、钩端螺旋体病、疟疾，这些传染病对部署到南美洲、非洲和亚洲的美军部队构成严重健康威胁。"Global Fever Panel"是一种人体血液样本检测试剂盒，使用聚合酶链式反应技术扩增特定的病原体核酸序列，然后通过BioFire FilmArray仪器进行荧光检测，可在50分钟内提供检测结果，BioFire FilmArray是美军医院以及海军舰艇、陆军和空军野战实验室普遍配备的仪器。目前，该试剂盒的订单主要来自国防部、国务院以及其他美国政府机构。

美军开发战场移动式听力测试系统　战场作业环境噪声导致的听力损伤是美军退伍军人伤残索赔的主要原因之一，因此听力损伤防护研究始终是美军关注的重要方向。但是由于噪声损伤常常发病隐匿且需要在专业检测环境中由专业人员检测，易导致听力损伤在战场环境中难以迅速识别，造成诊断和治疗延误。针对上述问题，美军开发了一款可用于战场环境中的移动式听力测试系统，简称WAHTS（Wireless Automated Hearing Test System），包括耳机和带有听力测试软件的笔记本电脑两部分。耳机由外壳、内衬、听力计、扬声器、麦克风、保护膜和锂电池组成，该装备通过最大限度提高被动衰减来降低外界嘈杂环境的干扰，通过柔软舒适的贴肤保护膜提高佩戴的舒适性，通过远程无线数据传输实现操作的灵活性，可以在没有传统隔音间和专业测试人员的情况下使用，确保可以在第一时间监测听力损伤情况，提高诊断和治疗效率。该装备突破了传统的听力检测空间和技术的局限，实现了战场环境下的实时监测，为听力损伤早发现、早诊断、早治疗提供了重要保证。

2021年国防生物与医学领域重要战略政策

文件名称	阿波罗生物防御计划：战胜生物威胁		
发布时间	2021年1月	发布机构	美国生物防御两党委员会
内容概要	建议美政府紧急实施"阿波罗生物防御计划"，制定《国家生物防御科技战略》，开发和部署包括15项关键技术优先事项在内的生物威胁防御技术，在2030年前结束大流行病威胁时代，并消除美国应对生物攻击的脆弱性		

文件名称	医疗卫生人工智能战略		
发布时间	2021年1月	发布机构	美国卫生与公众服务部
内容概要	该战略纲领性地阐述了美国在医疗卫生领域推行使用人工智能技术的发展战略。主要由4个部分构成：一是提出了美国卫生与公共服务部的任务和人工智能未来构想；二是制定了人工智能在医疗卫生领域的战略方针；三是具体实施和监管；四是结论。对人工智能研发计划进行大量投资，旨在开发可抵御针对人工智能系统的安全风险，培养和吸引各类人才，抢占人工智能发展的战略制高点		

文件名称	新冠肺炎应对和防范国家战略		
发布时间	2021年1月	发布机构	美国政府
内容概要	该文件阐释了美国政府应对新冠肺炎和防范要达到的主要目标,联邦政府为公众提供清晰、科学、准确的新冠疫情信息。为了重新恢复美国民众的信任,政府将采取强有力的应对策略并把科学放在首位,为美国应对公共卫生危机提供了路线图		

文件名称	陆军生物防御战略		
发布时间	2021年3月	发布机构	美国陆军
内容概要	该战略旨在实现生物防御能力范式从高技术、专业化、小范围向广集成、常规化、全陆军转变,提高陆军应对生物威胁和危害的防御能力,确保陆军在面对生物威胁和危害时能够有效执行多域战、大规模作战行动,并为联合部队和国家提供生物防御支撑		

文件名称	新冠疫情告诉我们如何加强国防部全球卫生安全能力		
发布时间	2021年5月	发布机构	美国战略与国际研究中心
内容概要	面对新冠疫情,国防部领导层应与白宫以及国会密切协商,对《2022年国防战略》和《战略规划指南》进行修改,正式承认国防部是国家生物安全的主要机构,明确其主要功能之一即为打击生物威胁		

文件名称	保护美国关键和新兴技术,免受外来威胁		
发布时间	2021年10月	发布机构	美国国家反情报与安全中心
内容概要	该报告提出人工智能、量子信息科技、生物技术、半导体和自主系统5个关键领域将决定中美竞争的结果。此外,报告还为组织机构与个人制定了反情报风险的基本措施,并指出生物技术可能带来国家安全和经济隐患